ନୋବେଲ ପୁରସ୍କାର ବିଜେତା

ଟି.ଏସ୍. ଏଲିୟଟ

ଉଷର ଭୂମି ଏବଂ ଅନ୍ୟାନ୍ୟ କବିତା

(THE WASTE LAND OTHER POEMS)

ନୋବେଲ ପୁରସ୍କାର ବିଜେତା

ଟି.ଏସ୍. ଏଲିୟଟ

ଊଷର ଭୂମି ଏବଂ ଅନ୍ୟାନ୍ୟ କବିତା

(THE WASTE LAND OTHER POEMS)

ଇଂରେଜୀ

ଟି.ଏସ୍.ଏଲିୟଟ

ଅନୁବାଦ

ମନୋରଂଜନ ପଟ୍ଟନାୟକ

ବ୍ଲାକ୍ ଇଗଲ୍ ବୁକ୍ସ

ଭୁବନେଶ୍ୱର, ଓଡ଼ିଶା

BLACK EAGLE BOOKS

Dublin, USA

ଊଷର ଭୂମି ଏବଂ ଅନ୍ୟାନ୍ୟ କବିତା / ଟି.ଏସ୍. ଏଲିୟଟ୍

ଅନୁବାଦ: ମନୋରଂଜନ ପଟ୍ଟନାୟକ

ବ୍ଲାକ୍ ଈଗଲ୍ ବୁକ୍ସ : ଭୁବନେଶ୍ୱର, ଓଡ଼ିଶା • ଡବଲିନ୍, ଯୁକ୍ତରାଷ୍ଟ୍ର ଆମେରିକା

BLACK EAGLE BOOKS

USA address:
7464 Wisdom Lane
Dublin, OH 43016

India address:
E/312, Trident Galaxy, Kalinga Nagar,
Bhubaneswar-751003, Odisha, India

E-mail: info@blackeaglebooks.org
Website: www.blackeaglebooks.org

First International Edition Published by
BLACK EAGLE BOOKS, 2026

USHAR BHUMI AND ANYANYA KABITA
(THE WASTE LAND OTHER POEMS)
by **T.S. Eliot**
Translated by **Manoranjan Pattanaik**

Cover & Interior Design: Ezy's Publication

ISBN- 978-1-64560-832-5 (Paperback)

Printed in the United States of America

ଉତ୍ସର୍ଗ

ବାପା, ବୋଉଙ୍କ ସ୍ମୃତିରେ ଉତ୍ସର୍ଗୀକୃତ

- ବାବୁନି

କବି ଏଲିୟଟ୍ !

"ଊଷର ଭୂମି" ପାଇଁକି ହୋଇଅଛ ତୁମେ ପରା ଭାଟ।
ଅଜ୍ଞାନ-କୁହେଳୀ-ଘେରା ଏ ବିଶ୍ୱର ବିସ୍ତୀର୍ଣ୍ଣ ପ୍ରାନ୍ତରେ
ତୁମ ଚିନ୍ତାଧାରା ଯେତେ ବଖାଣିଛ କିବଳ ଚିତ୍କାରେ।
ଧରିତ୍ରୀର ସେ ଅବସ୍ଥା ତୁମ ପ୍ରାଣେ ଆଣିଲା ବେଦନା
ଦୁନିଆର ପାଇଁ ଥିଲା ତୁମର ତ ଅଶେଷ ଭାବନା।
ସେ ଭାବନା କଲ ତୁମେ ପ୍ରଦର୍ଶନ "ଊଷର ଭୂମି"ରେ
ଅନବଦ୍ୟ ସେହି କୃତି ବଞ୍ଚି ଅଛି ଏବେ ବି ବିଶ୍ୱରେ।
ଶତବର୍ଷ ପରେ ଆଜି ଖ୍ୟାତି ତା'ର ରଖିଛି କବିତା
"କବି ! ତୁମେ ମରି ନାହଁ" କହୁଅଛି ବିଶ୍ୱର ଜନତା।

- ଅନୁବାଦକ

ସୂଚୀପତ୍ର

ଭୂମିକା

ଟି.ଏସ୍.ଏଲିୟଟ (T.S. Eliot: ୨ ସେପ୍ଟେମ୍ବର ୧୮୮୮-୪ ଜାନୁୟାରୀ ୧୯୬୫) ଥିଲେ ଇଂରେଜୀ ଭାଷାର ଜଣେ କବି, ନାଟ୍ୟକାର ସାହିତ୍ୟ ସମାଲୋଚକ ଏବଂ ବିଂଶଶତାବ୍ଦୀର ଅନ୍ୟତମ ପ୍ରଭାବଶାଳୀ କବି। ତାଙ୍କୁ ବିଂଶ ଶତାବ୍ଦୀର ସାହିତ୍ୟ ଜଗତର ବିସ୍ମୟ ବୋଲି କୁହାଯାଏ। ତାଙ୍କର ସମ୍ପୂର୍ଣ୍ଣ ନାମ ଥିଲା ଥୋମାସ୍ ଷ୍ଟିୟର୍ନ୍ସ ଏଲିୟଟ କିନ୍ତୁ ଟି.ଏସ୍. ଏଲିୟଟ ଭାବରେ ସିଏ ବେଶି ଜଣାଶୁଣା। ତାଙ୍କର ପ୍ରସିଦ୍ଧି କବିତା ପୁସ୍ତକ The Waste Land (ଯାହା ୧୯୨୨ମସିହାରେ ପ୍ରକାଶିତ ହୋଇଥିଲା) ପାଇଁ ୧୯୪୮ ମସିହାରେ ସାହିତ୍ୟରେ ନୋବେଲ ପୁରସ୍କାର ପାଇଥିଲେ। ଏହି ପୁସ୍ତକଟିକୁ ବିଂଶ ଶତାବ୍ଦୀରେ ଇଂରେଜୀ ଭାଷାର ସବୁଠାରୁ ଗୁରୁତ୍ୱପୂର୍ଣ୍ଣ କବିତା ମଧ୍ୟରୁ ଗୋଟିଏ ଏବଂ ଆଧୁନିକତାବାଦୀ କବିତାର ଏକ କେନ୍ଦ୍ରୀୟ ଭାବରେ ବିବେଚନା କରାଯାଏ। ୧୯୨୨ ମସିହାରେ ପ୍ରକାଶିତ ଏହି ୪୩୩ ପଂକ୍ତିର କବିତା ପୁସ୍ତକଟି ପ୍ରଥମେ United Kingdomରେ ଏଲିୟଟଙ୍କ ପତ୍ରିକା 'ଦି କ୍ରାଇଟେରିଆନ୍'ର ଅକ୍ଟୋବର ସଂଖ୍ୟା (୧୬ ଅକ୍ଟୋବର ୧୯୨୨)ରେ ଏବଂ ୟୁନାଇଟେ୍ ଷ୍ଟେଟ୍ସ ଅଫ୍ ଆମେରିକାରେ 'ଦି ଡାଏଲ' ନାମକ ପତ୍ରିକାର ନଭେମ୍ବର ସଂଖ୍ୟା (୨୦ ଅକ୍ଟୋବର ୧୯୨୨)ରେ ପ୍ରକାଶ ପାଇଥିଲା। କିନ୍ତୁ ପୁସ୍ତକ ଆକାରରେ ଡିସେମ୍ବର ୧୯୨୨ ମସିହାରେ ପ୍ରକାଶକ 'ବୋନି ଆଣ୍ଡ୍ ଲିଭ୍‌ରାଇଟ'ଙ୍କ ଦ୍ୱାରା ନ୍ୟୁୟର୍କରୁ ପ୍ରକାଶିତ ହୋଇଥିଲା।

ଏଲିୟଟ ଏବଂ ପ୍ରସିଦ୍ଧ ଆମେରିକୀୟ କବି ଏଜ୍ରା ପାଉଣ୍ଡଙ୍କ ମଧ୍ୟରେ ଘନିଷ୍ଠ ବନ୍ଧୁତା ଥିଲା। ପ୍ରକାଶକ ଲିଭ୍‌ରାଇଟ୍‌ଙ୍କ ସହିତ ଏଲିୟଟ୍‌ଙ୍କର ପରିଚୟ ଏଜ୍ରା ପାଉଣ୍ଡ ହିଁ କରାଇଥିଲେ। ଜନ୍ କ୍ୱିନ୍‌ଙ୍କୁ ୧୪ ଜୁନ୍ ୧୯୨୨ ମସିହାରେ ଦେଇଥିବା ଚିଠିରେ ଏଲିୟଟ୍ ଲେଖିଛନ୍ତି: "ଗତ ଶୀତରତୁରେ ଚିକିତ୍ସା ପାଇଁ ମୁଁ ଲୌସାନ୍‌ରେ ପ୍ରାୟ ୪୫୦ ପଂକ୍ତିର ଏକ ଦୀର୍ଘ କବିତା ଲେଖିଥିଲି ଯାହା ସାଙ୍ଗରେ ମୁଁ ଯୋଡ଼ିଥିବା ନୋଟ୍ସ ସହିତ ୩୦ କିମ୍ବା ୪୦ ପୃଷ୍ଠାର ଏକ ପୁସ୍ତକ ହେବ। ମୁଁ ଭାବୁଛି ଏହା ମୁଁ କେବେ କହିଥିବା ସର୍ବୋତ୍ତମ ଏବଂ ପାଉଣ୍ଡ ମଧ୍ୟ ସେମିତି ଭାବନ୍ତି। ପାଉଣ୍ଡ ମୋତେ ପ୍ୟାରିସ୍‌ରେ ଲିଭ୍‌ରାଇଟ୍‌ଙ୍କ ସହିତ ପରିଚୟ କରାଇଥିଲେ ଏବଂ ଲିଭ୍‌ରାଇଟ୍ ମୋତେ ୧୫ ପ୍ରତିଶତ ରୟାଲ୍ଟି ଓ ୧୫୦ ଡଲାର ଆଗୁଆ ଦେବାର ପ୍ରସ୍ତାବ ଦେଇଥିଲେ। ମୁଁ ଭାବିଥିଲି ଯେ ମୁଁ ନପ୍‌ଫ (Knopf) ଯିଏ ଆମେରିକାର ପବ୍ଲିଶିଂ ହାଉସ୍ 'ଆଲଫ୍ରେଡ୍ ଏ.ନପ୍‌ଫ'ର

ମାଲିକ, ତାଙ୍କୁ ବିକଳ୍ପ ଦେବା ଉଚିତ ଏବଂ ତାହା କରିଥିଲି। କିନ୍ତୁ ନପ୍‌ଫ କହିଲେ ଯେ ଏହି ବର୍ଷ ତାଙ୍କର ଶରତ ଋତୁର ପ୍ରକାଶନ ପାଇଁ ଡେରି ହୋଇଗଲାଣି ଏବଂ ଲିଭ୍‌ରାଇଟ୍ ଏହି ଶରତରେ ଏହାକୁ ପ୍ରକାଶ କରିବାର ପ୍ରସ୍ତାବ ଦେଇଥିଲେ। ତେଣୁ ମୁଁ ତାଙ୍କୁ କେବଲ୍‌ରେ ଜଣାଇଲି ଯେ ସିଏ ଏହା ପାଇ ପାରିବେ। ତାପରେ ମୁଁ ତାଙ୍କଠାରୁ ପତ୍ର ଏବଂ ଚୁକ୍ତିର ସ୍ମାରକଲିପି ପାଇଲି, ଯାହା ମୁଁ ସଂଲଗ୍ନ କରୁଛି।"

ଏହା ବ୍ୟତୀତ ଆଉ ଗୋଟିଏ ବିଷୟ ଏଠାରେ ଉଲ୍ଲେଖ କରିବା ଉଚିତ ଯେ ପ୍ରକାଶିତ ପୁସ୍ତକ 'ଦି ୱେଷ୍ଟ ଲ୍ୟାଣ୍ଡ'ର ଆକାର ପୂର୍ବରୁ ଏହାର ଦ୍ୱିଗୁଣ ଥିଲା। ଏଲିୟଟ୍ ପରାମର୍ଶ ନେବା ପାଇଁ ତାଙ୍କ ବନ୍ଧୁ ଏଜ୍ରା ପାଉଣ୍ଡଙ୍କୁ ଦେଖାଇଥିଲେ ଏବଂ ଏଜ୍ରା ପାଉଣ୍ଡ ସେହି ପୁସ୍ତକଟିର ପ୍ରାୟ ଅର୍ଦ୍ଧାଂଶ କମ୍ କରି ଦେଇଥିଲେ। ଏଲିୟଟଙ୍କ ଭାଷାରେ- "ସିଏ (ଏଜ୍ରା ପାଉଣ୍ଡ) ବହୁତ ଅଦରକାରୀ ଜିନିଷ କାଟି ଦେଇଥିଲେ। ମୁଁ ଭାବୁଛି ଯେ ମୂଳ ଭାବରେ ଲେଖାଯାଇଥିବା କବିତାଟି ପ୍ରାୟ ଦୁଇଗୁଣ ଦୀର୍ଘଥିଲା। ଏଥିରେ କବି ପୋପ୍‌ଙ୍କ ଅନୁକରଣରେ କିଛିପଦ ଥିଲା ଏବଂ ଏଜ୍ରା ମୋତେ କହିଥିଲେ: 'ପୋପ୍ ଏହା ଏତେ ଭଲ ଭାବରେ ଲେଖିଛନ୍ତି ଯେ ତୁମେ ତାଙ୍କ ସହିତ ପ୍ରତିଯୋଗିତା କରିବାକୁ ଚେଷ୍ଟା ନ କରିବା ଭଲ', ଯାହା ଏକ ଉତ୍ତମ ପରାମର୍ଶ ଥିଲା।"

ଏହି ଇଂରେଜୀ ପୁସ୍ତକଟିରେ ଏଲିୟଟ ଅନ୍ୟ ଛଅଟି ଭାଷା (ଗ୍ରୀକ୍, ଲାଟିନ୍, ଜର୍ମାନ୍, ଫରାସୀ, ଇଟାଲୀୟ ଏବଂ ସଂସ୍କୃତ)ର କେବେ କିଛି ଶବ୍ଦ କିମ୍ବା ବାକ୍ୟ ବ୍ୟବହାର କରିଛନ୍ତି। ଏହି ପୁସ୍ତକର ଅନ୍ତରେ ସିଏ ସଂସ୍କୃତରେ ଲେଖିଛନ୍ତି-

ଦତ୍ତ। ଜୟଧ୍ୱମ୍। ଦମ୍ୟତ।

ଶାନ୍ତିଃ ଶାନ୍ତିଃ ଶାନ୍ତିଃ।

'ଦି ୱେଷ୍ଟ ଲ୍ୟାଣ୍ଡ' ଗୋଟିଏ କାଳଜୟୀ ବହୁସ୍ୱର ବିଶିଷ୍ଟ କବିତା। ପ୍ରକାଶନର କିଛି ସମୟ ପରେ 'ଦି ୱେଷ୍ଟ ଲ୍ୟାଣ୍ଡ' ପାଠକମାନଙ୍କ ମଧ୍ୟରେ ଏକ ଆଲୋଚନାର ବିଷୟ ପାଲଟିଥିଲା। କିଛି ସମାଲୋଚକ ଏହାକୁ ଏକ ଉନ୍ନତ ମାନର କୃତି ଭାବରେ ପ୍ରଶଂସା କରିଥିଲେ ଯାହା ହଜିଯାଇଥିବା ଆତ୍ମାର ଏକ ପିଢ଼ି ପାଇଁ କଥା କହୁଥିଲା ଏବଂ ଅନ୍ୟମାନେ ଏହାର ପ୍ରତୀକ ପାଇଁ ଏହାକୁ ପସନ୍ଦ କରିନଥିଲେ ଓ ଶୈଳୀ ପାଇଁ ନିନ୍ଦା କରିଥିଲେ। ଏହା ପାଠକଙ୍କୁ ବିଭାଜିତ କରି ଚାଲିଛି, କିନ୍ତୁ ବିଂଶ ଶତାବ୍ଦୀର ସବୁଠାରୁ ପ୍ରଭାବଶାଳୀ କବିତା ମଧ୍ୟରୁ ଗୋଟିଏ ବୋଲି ଏହାର ଖ୍ୟାତି ସୁରକ୍ଷିତ। ବିଖ୍ୟାତ ଇଂରେଜ ଶିକ୍ଷାବିତ୍, କବି, ବାଗ୍ମୀ ଏବଂ ସାହିତ୍ୟ ସମାଲୋଚକ ଆଇ.ଏ.ରିଚାର୍ଡ୍ସ 'ଦି ୱେଷ୍ଟ ଲ୍ୟାଣ୍ଡ'ର ଆଖ୍ୟା ଦେଇଛନ୍ତି (Music of Ideas) ବୋଲି। ଏହା ବ୍ୟତୀତ ଆମେରିକୀୟ କବି ଏବଂ ସାହିତ୍ୟ ସମାଲୋଚକ ଉଇଲିୟମ କାରଲୋସ

ଉଇଲିୟମ୍ସ ଏହି ପୁସ୍ତକଟି ପାଇଁ ମନ୍ତବ୍ୟ ଦେଇଛନ୍ତି। "ଆଧୁନିକ କବିତାରେ ଯେମିତି ସାକ୍ଷାତ ଏକ ଆଟମ୍‌ବମ୍"। ବ୍ରିଟିଶ କଲମ୍ବିଆ ବିଶ୍ୱବିଦ୍ୟାଳୟ-ଭାନ୍‌କୋଭର, କାନାଡ଼ାର ଅବସରପ୍ରାପ୍ତ ଇଂରେଜୀ ଅଧ୍ୟାପକ ଜନ୍ ଜିରୋସ୍ କୁପରଙ୍କ ମତରେ-

"The Waste Land is an infinitely mysterious poem which we have learned to handle, but not a poem, we have tamed."

'ଦି ୱେଷ୍ଟ ଲ୍ୟାଣ୍ଡ'କୁ ଭାଙ୍ଗିପଡ଼ିବା ଏବଂ କ୍ଷତିଗ୍ରସ୍ତ ହେବା ଏକ କବିତା ଭାବରେ ଦେଖାଯାଇ ପାରେ। ପ୍ରଥମ ବିଶ୍ୱଯୁଦ୍ଧ ପ୍ରତି ଏଲିୟଟଙ୍କର ଅନେକ ଇଂଗିତ ସୂଚାଇ ଦିଏ ଯେ ଏହି ସାମାଜିକ, ମାନସିକ ଏବଂ ଭାବପ୍ରବଣ ପତନ ଆଣିବାରେ ଯୁଦ୍ଧ ଏକ ଗୁରୁତ୍ୱପୂର୍ଣ୍ଣ ଭୂମିକା ଗ୍ରହଣ କରିଥିଲା। ଏଲିୟଟ ସ୍ନାୟୁବିକାର (Nervous Breakdown)ରୁ ସୁସ୍ଥ ହେବା ସମୟରେ କବିତାଟି ସମାପ୍ତ କରିଥିଲେ।

ବିଂଶ ଶତାବ୍ଦୀରେ ପ୍ରାରମ୍ଭରୁ ଆରମ୍ଭ ହୋଇଥିବା ଆଧୁନିକତାବାଦୀ କବିତା, ପାରମ୍ପରିକ ଲେଖା ପଦ୍ଧତି, ବିଶେଷକରି ବିସ୍ତୃତ ଏବଂ ସଚରିତ ଭିକ୍ଟୋରିଆନ୍ କବିତା ସହିତ ପରୀକ୍ଷଣ ଏବଂ ବିଚ୍ଛିନ୍ନତାକୁ ସମର୍ଥନ କରିଥିଲା। 'ଦି ୱେଷ୍ଟ ଲ୍ୟାଣ୍ଡ'କୁ ସାହିତ୍ୟିକ ପରିଭାଷିତ କବିତା ଭାବରେ ବିବେଚନା କରାଯାଏ, କାରଣ ଏହା ଭିକ୍ଟୋରିଆନ୍ ଆଦର୍ଶବାଦ ବଦଳରେ ଅବନତିଶୀଳ ସମସାମୟିକ ସମୟକୁ ଚିତ୍ରିତ କରିବା ସମୟରେ ପରୀକ୍ଷଣକୁ ବ୍ୟବହାର କରେ।

ବିଂଶ ଶତାବ୍ଦୀର ତୃତୀୟଦଶକର ଆରମ୍ଭରେ 'ଦି ୱେଷ୍ଟ ଲ୍ୟାଣ୍ଡ' ପ୍ରକାଶିତ ହେବା ସଙ୍ଗେ ସଙ୍ଗେ କବିତାଟିକୁ ନେଇ ତୁମୁଳ ତର୍କବିତର୍କ ଆରମ୍ଭ ହୁଏ। ଏହାର ମୂଳକାରଣ ସମକାଳୀନ କାବ୍ୟଭୋକ୍ତାମାନଙ୍କର ପାଖରେ କବିତାଟିର ନିର୍ମାଣଗତ ଅଭିନବତ୍ୱ- ଓ ବିଷୟଗତ ଅସ୍ୱଷ୍ଟତା। ଏହି ଆପାତ-ଅସ୍ୱଷ୍ଟତା ସତ୍ତ୍ୱେ କବିତାଟିକୁ କେହି ଅଗ୍ରାହ୍ୟ କରିପାରି ନାହାନ୍ତି।

ଏଲିୟଟ ୨୦ ସେପ୍ଟେମ୍ବର ୧୯୨୦ ମସିହାରେ ତାଙ୍କ ମା'ଙ୍କୁ ଦେଇଥିବା ଚିଠିରେ ଲେଖିଥିଲେ- "ମୁଁ ଅନେକ କାମ କରିବାକୁ ଚାହୁଁଛି; ଏବଂ ମୋ ମନରେ ଥିବା ଏକ କବିତା ଲେଖିବା ପାଇଁ ମୁଁ ଶାନ୍ତିର ସମୟ ଚାହୁଁଛି।" ତାପରେ ସିଏ ଏହି କବିତା ଲେଖିବା ଆରମ୍ଭ କରିଥିଲେ। ପ୍ରଥମେ ସିଏ ତାହାର ନାମ ରଖିଥିଲେ 'ହି ଡୁ ଦି ପୋଲିସ୍ ଇନ୍ ଡିଫରେଣ୍ଟ ଭଏସେସ୍' କିନ୍ତୁ ସେହି ନାମଟିକୁ ସିଏ ଏଜ୍ରା ପାଉଣ୍ଡଙ୍କ ପରାମର୍ଶ ଅନୁସାରେ 'ଦି ୱେଷ୍ଟ ଲ୍ୟାଣ୍ଡ' ଭାବରେ ପରିବର୍ତ୍ତିତ କରିଥିଲେ।

ଏହି କବିତାଟିକୁ ସାଥୀ କବି ଏଜ୍ରା ପାଉଣ୍ଡଙ୍କ ସହାୟତାରେ ସୁଗମ କରାଯାଇଥିଲା, ଯିଏ ଏହାର ସମ୍ଭାବନାକୁ ଚିହ୍ନି ପାରିଥିଲେ ଏବଂ ଏହାର ଗଠନକୁ

ସୁଧାରିବାରେ ସାହାଯ୍ୟ କରିଥିଲେ। ପ୍ରକାଶନ ପରେ 'ଦି ୱେଷ୍ଟ ଲ୍ୟାଣ୍ଡ' ଏହାର ଜଟିଳତା ସହିତ ସାହିତ୍ୟିକ ଶ୍ରୋତାଙ୍କୁ ଆଚମ୍ବିତ କରିଥିଲା। ଏହି କବିତାର ପ୍ରଭାବ ସାହିତ୍ୟ ଜଗତର ପ୍ରତିଫଳିତ ହୋଇଥିଲା ଏବଂ ବିଂଶ ଶତାବ୍ଦୀର ସାହିତ୍ୟରେ ଏକ ସ୍ଥାୟୀ ଐତିହ୍ୟ ପ୍ରତିଷ୍ଠା କରିଥିଲା।

ଏହି ପୁସ୍ତକଟି ପ୍ରକାଶ ପାଇବାର ୨୬ବର୍ଷ ପରେ ୧୯୪୮ ମସିହାରେ ଏହି ପୁସ୍ତକ ପାଇଁ ଏଲିୟଟଙ୍କୁ ସାହିତ୍ୟରେ ନୋବେଲ୍ ପୁରସ୍କାର ପ୍ରଦାନ କରାଯାଇଥିଲା। ହେଲେ ଭାରତୀୟ ଭାଷାରେ ଏହାର ଅନୁବାଦ ହେବାକୁ ବହୁତ ବର୍ଷ ଲାଗିଗଲା। ଇଣ୍ଟରନେଟ୍‌ରୁ ଯେତେବେଳେ ଆମେ ଖୋଜୁ ଯେ କେଉଁ ଭାରତୀୟ ଭାଷାରେ ଏହା ପ୍ରଥମେ ଅନୂଦିତ ହୋଇଥିଲା, ସେତେବେଳେ ଆସେ - "In 1956, acclaimed poet and novelist Jnanindra Verma translated T.S. Eliot's magnum opus The Waste Land along with a few other poems under the title " Poda Bhuin O Anyanya Kabita" which was published by Prafulla Chandra Das."

ଏଥିରୁ ଅନୁମେୟ ଯେ ଓଡ଼ିଆ ହେଉଛି ପ୍ରଥମ ଭାରତୀୟ ଭାଷା ଯେଉଁଥିରେ ପ୍ରଥମେ ଏହା ଅନୁବାଦ କରାଯାଇଥିଲା। ଇଣ୍ଟରନେଟ୍‌ରୁ ଦେଖିକରି ଏହା ସ୍ପଷ୍ଟ ହୁଏ ଯେ ୧୯୫୬ ମସିହାରେ, ପ୍ରଶଂସିତ କବି ଓ ଔପନ୍ୟାସିକ ଜ୍ଞାନୀନ୍ଦ୍ର ବର୍ମା ଟି.ଏସ୍.ଏଲିୟଟଙ୍କର ମହାନ ରଚନା 'ଦି ୱେଷ୍ଟ ଲ୍ୟାଣ୍ଡ' ସହିତ ଅନ୍ୟ କିଛି କବିତାର ଅନୁବାଦ ସଂଲଗ୍ନ କରି 'ପୋଡ଼ା ଭୂଇଁ ଓ ଅନ୍ୟାନ୍ୟ କବିତା' ଶୀର୍ଷକରେ ଅନୁବାଦ କରିଥିଲେ, ଯାହା ପ୍ରଫୁଲ୍ଲଚନ୍ଦ୍ର ଦାସଙ୍କ ଦ୍ୱାରା ପ୍ରକାଶିତ ହୋଇଥିଲା। ଦାସ ଅନୁବାଦ ସମ୍ପର୍କରେ ଏଲିୟଟଙ୍କ ସହିତ ପତ୍ରାଳାପ କରିଥିଲେ ଏବଂ ତାଙ୍କ ସମ୍ମତିରେ ସିଏ ଜ୍ଞାନୀନ୍ଦ୍ର ବର୍ମାଙ୍କୁ ଏଲିୟଟଙ୍କର ପ୍ରମୁଖ କବିତାଗୁଡ଼ିକୁ ଅନୁବାଦ କରିବାକୁ ପ୍ରେରଣା ଦେଇଥିଲେ। ସମସ୍ତ ସମ୍ଭାବନାରେ, ସିଏ ଅନ୍ୟ ଭାରତୀୟ ଭାଷାରେ ଏହାର ଅନୁବାଦ ପାଇଁ କପିରାଇଟ୍ ଅନୁମତି ମଧ୍ୟ ପାଇଥିଲେ। କିନ୍ତୁ ଏହି ପୁସ୍ତକଟି ଏବେ ଉପଲବ୍ଧ ନ ଥିବାରୁ କେତୋଟି କବିତା ଆଉ କେଉଁ କେଉଁ କବିତା ଜ୍ଞାନୀନ୍ଦ୍ର ବର୍ମାଙ୍କ ଦ୍ୱାରା ଅନୂଦିତ ହୋଇ ପ୍ରକାଶ ପାଇଥିଲା, ତାହା ଜଣା ପଡ଼େନି।

କିନ୍ତୁ ଅନ୍ୟ କୌଣସି ଭାରତୀୟ ଭାଷାରେ 'ଦି ୱେଷ୍ଟ ଲ୍ୟାଣ୍ଡ'ର ଅନୁବାଦ ପ୍ରଫୁଲ୍ଲ ଚନ୍ଦ୍ର ଦାସଙ୍କ ସାହଚର୍ଯ୍ୟରେ କରାଯାଇଛି କି ନାହିଁ ଜଣା ନାହିଁ। ଯଦିଓ ୧୯୫୬ ମସିହାରେ ଏହା ଜ୍ଞାନୀନ୍ଦ୍ର ବର୍ମାଙ୍କ ଦ୍ୱାରା ଓଡ଼ିଆରେ ଅନୂଦିତ ହୋଇଥିଲା, ତେବେ ଏହା ପ୍ରକାଶ ପାଇଥିଲା ୧୯୫୭ ମସିହାରେ, ଅର୍ଥାତ୍ ଏହାକୁ ନୋବେଲ୍ ପୁରସ୍କାର ପ୍ରାପ୍ତ ହେବାର ୯ବର୍ଷ ପରେ।

ପୁଣି ୨୦୧୯ ମସିହାରେ ଓଡ଼ିଆରେ ଦ୍ୱିତୀୟ ଅନୁବାଦ ପ୍ରକାଶ ପାଇଲା 'ତ୍ୟକ୍ତ ଉପତ୍ୟକା ଏବଂ ଅନ୍ୟାନ୍ୟ କବିତା' ନାମରେ ଦତ୍ତାତ୍ରୟ ଦାଶଙ୍କ ଦ୍ୱାରା ଅନୂଦିତ ହୋଇ। ଏଥିରେ ଅନ୍ୟାନ୍ୟ କବିତା ବିଭାଗରେ ମାତ୍ର ୨ଟି କବିତା ରହିଛି।

କିନ୍ତୁ ଏହାର ଓଡ଼ିଆ ଅନୁବାଦ ହାତକୁ ନେବା ପୂର୍ବରୁ ମୁଁ ବହୁତ ଖୋଜି କରି ଦେଖିଲି ଯେ 'ଦି ୱେଷ୍ଟ ଲାଣ୍ଡ ଆଣ୍ଡ ଅଦର ପୋଏମ୍‌ସ' ନାମରେ କୌଣସି ପୁସ୍ତକ ଏଲିୟଟଙ୍କର ଜୀବନକାଳ ଭିତରେ ପ୍ରକାଶିତ ହୋଇନି।

ଏହା ବ୍ୟତୀତ 'ଦି ୱେଷ୍ଟ ଲାଣ୍ଡ ଆଣ୍ଡ ଅଦର ପୋଏମ୍‌ସ' ନାମରେ ବହୁ ସଂକଳନ ଏବଂ ପ୍ରକାଶକଙ୍କର (ଉଭୟ ଅନ୍ତର୍ଜାତୀୟ ଏବଂ ଜାତୀୟ) ଦ୍ୱାରା ଏବେ ପ୍ରକାଶ ପାଉଥିବାର ଦେଖାଯାଏ। ତେବେ ଯେହେତୁ ଏଲିୟଟଙ୍କ ଜୀବନକାଳରେ ଏମିତି ଶୀର୍ଷକର କୌଣସି ପୁସ୍ତକ ପ୍ରକାଶ ପାଇନି, ମୋର ମନେହୁଏ ଯେ ହୁଏତ ସବୁ ପ୍ରକାଶନରେ ସେହି ଏକା କବିତାଗୁଡ଼ିକ ରହିନଥିବ। ତେଣୁ ମୁଁ ଦୁଇଜଣ ଭାରତୀୟ ସଂକଳନକାରୀଙ୍କ ଦ୍ୱାରା ଇଂରେଜୀରେ ସଂକଳନ କରାଯାଇଥିବା 'ଦି ୱେଷ୍ଟ ଲାଣ୍ଡ ଆଣ୍ଡ ଅଦର ପୋଏମ୍‌ସ'ର ଦୁଇଟି ବହି କିଣିଲି, ଜାଣିବା ପାଇଁ ଯେ ମୋର ଅନୁମାନ ଠିକ୍ କି ନୁହେଁ।

ପ୍ରଥମଟି ହେଲା ଓଡ଼ିଶାର ପ୍ରସିଦ୍ଧ କବି ଏବଂ ଅନୁବାଦକ ଡ. ଭଗବାନ ଜୟସିଂହଙ୍କର। ଏହା ବ୍ଲାକ୍ ଇଗଲ ବୁକ୍ସ ଦ୍ୱାରା ପ୍ରକାଶିତ ହୋଇଛି। ଦ୍ୱିତୀୟଟି ହେଲା ଡଃ ଆର୍.ଏଲ୍. ଭର୍ଣ୍ଣିଙ୍କର। ଦୁଇଟିଯାକ ବହି ଦେଖିକରି ମୁଁ ଯାହା ଅନୁମାନ କରୁଥିଲି, ତାହା ହିଁ ପାଇଲି। ଅର୍ଥାତ୍ ଭଗବାନ ଜୟସିଂହଙ୍କ ଦ୍ୱାରା ସଂକଳନ କରାଯାଇଥିବା ପୁସ୍ତକଟିରେ ଅନ୍ୟାନ୍ୟ କବିତା ବିଭାଗରେ ୧୬ଟି କବିତା ରହିଛି, କିନ୍ତୁ ଆର.ଏଲ୍.ଭର୍ଣ୍ଣିଙ୍କ ଦ୍ୱାରା ସଂକଳିତ ପୁସ୍ତକଟିରେ ୧୩ଟି କବିତା ରହିଛି। ୮ଟି କବିତା ଦୁଇଟିଯାକ ବହିରେ ସମାନ ଅର୍ଥାତ୍ ୮ଟି କବିତାକୁ ଛାଡ଼ି ଅନ୍ୟ ୮ଟି କବିତା ରହିଛି ଜୟସିଂହଙ୍କ ପୁସ୍ତକରେ ଏବଂ ଅନ୍ୟ ୫ଟି ରହିଛି ଭର୍ଣ୍ଣିଙ୍କ ପୁସ୍ତକରେ। ତେଣୁ ଦୁଇଟିଯାକ ପୁସ୍ତକରୁ ବାଛିନେଲେ ୨୧ଟି କବିତା ହେଉଛି। ସୁତରାଂ ମୁଁ ସେହି ୨୧ଟି କବିତା ଏବଂ ଏଲିୟଟଙ୍କ ଦ୍ୱାରା ଲିଖିତ ଆହୁରି ୧୧ଟି କବିତା- ଏହି ପରି ସର୍ବମୋଟ ୩୨ଟି କବିତାର ଅନୁବାଦ କଲି। ମୋ ଦ୍ୱାରା ଓଡ଼ିଆରେ ଅନୁବାଦ କରାଯାଇଥିବା ଏହି ବହିଟିର ନାମ 'ଦି ୱେଷ୍ଟ ଲ୍ୟାଣ୍ଡ'ର ୫ଟି କବିତାର ଅନୁବାଦ ସହିତ ଅନ୍ୟାନ୍ୟ କବିତା ବିଭାଗରେ ୩୨ଟି ଅନୂଦିତ କବିତା ସ୍ଥାନ ପାଇଛି।

ମୋର ଏହି ଅନୁବାଦଟି ଯଦି ଓଡ଼ିଶାର ସୁଧୀ ପାଠକପାଠିକାମାନଙ୍କର ପସନ୍ଦ ହେବ, ତେବେ ମୋର ଶ୍ରମ ସାର୍ଥକ ହୋଇଛି ବୋଲି ମନେ କରିବି।

ଅନୁବାଦକ

ଊଷର ଭୂମି ଏବଂ ଅନ୍ୟାନ୍ୟ କବିତା ବିଷୟରେ ପଦେ ଅଧେ

ଊଷର ଭୂମି

ଊଷର ଭୂମିରେ ପାଞ୍ଚଟି ବିଭାଗ ରହିଛି ।

୧. ମୃତକର ଅନ୍ତ୍ୟେଷ୍ଟିକ୍ରିୟା

ଏଲିୟଟ ପ୍ରଥମ ବିଶ୍ୱଯୁଦ୍ଧ ପରର ଗୋଟିଏ ଅନ୍ଧକାରାଛନ୍ନ ଚିତ୍ରର ବର୍ଣ୍ଣନା କରିଛନ୍ତି । ଅନେକ ଲୋକ ସେମାନଙ୍କର ଅତୀତ ଏବଂ ବର୍ତ୍ତମାନ ହଜିଯାଇଥିବା ଏବଂ ସଂଯୋଗ ବିଚ୍ଛିନ୍ନ ହୋଇଥିବା ବୋଧ କରନ୍ତି ।

କବିତାଟି 'ଏପ୍ରିଲ୍ ହେଉଛି ନିଷ୍ଠୁରତମ ମାସ' ଦେଇ ଆରମ୍ଭ ହୁଏ, ଯାହା ବିଦ୍ରୁପାତ୍ମକ । କାରଣ ଏପ୍ରିଲ୍‌କୁ ସଚରାଚର ପୁନର୍ଜନ୍ମ ଏବଂ ପୁନର୍ନବୀକରଣର ସମୟ ଭାବରେ ଦେଖାଯାଏ । ଏଲିୟଟ ଏହି ବିଦ୍ରୁପତାକୁ ବ୍ୟବହାର କରିଛନ୍ତି ପ୍ରାକୃତିକ ବିଶ୍ୱ ଏବଂ ମାନବ ଯୁଦ୍ଧଦ୍ୱାରା ସୃଷ୍ଟ ଧ୍ୱଂସ ମଧ୍ୟରେ ଅସମାନତା ତୋଳି ଧରିବାକୁ ।

ଏଲିୟଟ କବିତାଟିର ଗଭୀରତା ବଢ଼ାଇବା ପାଇଁ ବେଶ୍ କିଛି ସାଂସ୍କୃତିକ ସଂଦର୍ଭ ବ୍ୟବହାର କରିଛନ୍ତି । ଉଦାହରଣ ସ୍ୱରୂପ, ସିଏ ଲାଜାରସର ପୁନରୁତ୍ଥାନର ବାଇବଲ୍‌ର ଗଳ୍ପର ପାଖାପାଖି ହିନ୍ଦୁ ଧର୍ମର ଧ୍ୱଂସଯଜ୍ଞର ଦେବୀ କାଳୀଙ୍କ ପ୍ରତି ଇଂଗିତ କରିଛନ୍ତି । ଏହି ସଂଦର୍ଭଗୁଡ଼ିକ ହତାଶା ଏବଂ ଆଶାହୀନତାର ଅନୁଭୂତିକୁ ଗଭୀର କରନ୍ତି ଯାହା ଯୋଗୁ କବିତାଟି ହୁଏ ବିସ୍ତୃତ ।

ପୂରା ବିଭାଗଟିରେ ଏଲିୟଟ ବିଭିନ୍ନ ଧରଣର ସାହିତ୍ୟିକ କୌଶଳ ବ୍ୟବହାର କରି ବିଭକ୍ତତା ଏବଂ ଭ୍ରାନ୍ତିର ମଧ୍ୟରେ ପ୍ରାୟତ କୌଣସି ସ୍ପଷ୍ଟ ସ୍ଥାନାନ୍ତରଣ ଛାଡ଼ିକରି

ଯାଇଛନ୍ତି। ଏହା ଆଧୁନିକ ବିଶ୍ୱର କ୍ଷଣଭଙ୍ଗୁର ପ୍ରକୃତିକୁ ପ୍ରତିଫଳିତ କରେ, ଯେଉଁଠି ଲୋକମାନେ ଜଣେ ଅପରପାଖରୁ ଏବଂ ସେମାନଙ୍କର ନିଜସ୍ୱ ପରିଚୟର ଅନୁଭୂତିରୁ ବିଚ୍ଛିନ୍ନ ବୋଧ କରନ୍ତି।

୨. ଚେସ୍ ଖେଳ

ଏଇଟି କବିତାର ଅନ୍ୟତମ ଗୁରୁତ୍ୱପୂର୍ଣ୍ଣ ଅଂଶ ହିସାବରେ ବିବେଚିତ ହୁଏ।

କବିତାର ପ୍ରଥମ ବିଭାଗ ପରି ଦ୍ୱିତୀୟ ବିଭାଗ ଏକ ଧୀର ଲୟ ସହିତ ଆରମ୍ଭ ହୁଏ, ଯାହା ଜଣେ ବିଭବଶାଳୀନୀ ମହିଳାଙ୍କର ସଂବେଦନଶୀଳ ପରିବେଶକୁ ପ୍ରତିଫଳିତ କରେ। ଏହି ବିଭାଗରେ ବହୁତ ଭାଷା ଜଟିଳ ଏବଂ ସାହିତ୍ୟ ଓ ପୁରାଣର ଉଲ୍ଲେଖରେ ପରିପୂର୍ଣ୍ଣ। ଏଲିୟଟ ଏହାକୁ ବ୍ୟବହାର କରିଛନ୍ତି ଯାହା ମହିଳାଟିର ବିଳାସ ମହଲ ଆଉ ସଂବେଦନଶୀଳ ଜୀବନ ଏବଂ ଏହା ତଳେ ଲୁଚିରହିଥିବା ଶୂନ୍ୟତା ଓ ହତାଶାର ପ୍ରତୀକ ପାଲଟିଯାଏ।

ଏହି ବିଭାଗଟି ଦୁଇଟି ଅଂଶରେ ବିଭକ୍ତ ଏବଂ ଦ୍ୱିତୀୟ ଅଂଶଟି ଗୋଟିଏ ଭିନ୍ନ ଅଂଶ ଦେଖାଏ। ଦୁଇଜଣ ମହିଳା ଚରିତ୍ରର ମଧ୍ୟରେ ହେଉଥିବା କଥୋପକଥନକୁ ନେଇଯିବାକୁ ହୁଏ ଯେଉଁ ଦୁହେଁ ଗୋଟିଏ ମଦ ଦୋକାନରେ ଥିଲେ। କଥୋପକଥନଟି ଖାପଛଡ଼ା ଥିଲା। ତେଣୁ ଚରିତ୍ରଗୁଡ଼ିକ ଏକ ଅପର ସହିତ ଯୋଗାଯୋଗ କରିବାକୁ ସଂଘର୍ଷ କରୁଛନ୍ତି ବୋଲି ମନେ ହୁଏ।

ଏହି ବିଭାଗଟି କବିତାର ଗୋଟିଏ ସମାଲୋଚନାମୂଳକ ଅଂଶ ହିସାବରେ ବିବେଚନା କରାଯାଏ, କାରଣ ଏଇଟି ଆଧୁନିକ ବିଶ୍ୱ ଏବଂ ଏହାର ସମସ୍ୟା ସମ୍ପର୍କରେ ଏଲିୟଟଙ୍କର ଦୃଷ୍ଟିଭଙ୍ଗୀକୁ ପ୍ରତିଫଳିତ କରେ। ସିଏ କୋଠରୀରେ ଥିବା ମହିଳାଙ୍କର ସଂବେଦନଶୀଳତା, ଉପରଠାଉରିଆ ଜଗତ ଏବଂ ପାନଶାଳାର ଚରିତ୍ରଗୁଡ଼ିକ ଖଣ୍ଡିତ, ସଂଯୋଗ ବିଚ୍ଛିନ୍ନ ବିଶ୍ୱ ମଧ୍ୟରେ ପାର୍ଥକ୍ୟ ଦର୍ଶାଇଛନ୍ତି।

୩. ଅଗ୍ନି ଦୀକ୍ଷା

ଏଇଟି ଗୋଟିଏ ଦୀର୍ଘ ଏବଂ ଜଟିଳ ବିଭାଗ ଯେଉଁଥିରେ ଅନେକ ଗୁଡ଼ିଏ ବିଭିନ୍ନ ଚିତ୍ର ଏବଂ ବିଷୟବସ୍ତୁ ରହିଛି। ଏହା କବିତାଟିର ସବୁଠାରୁ ଉଲ୍ଲେଖଯୋଗ୍ୟ ଅଂଶଗୁଡ଼ିକ ମଧ୍ୟରୁ ଗୋଟି ହିସାବରେ ବିବେଚିତ ହୁଏ ଏବଂ ଏଇଟି ପ୍ରାୟତଃ ସାହିତ୍ୟର ପଣ୍ଡିତ ଓ ଛାତ୍ରମାନଙ୍କ ଦ୍ୱାରା ବିଶ୍ଳେଷଣ ଓ ଆଲୋଚନା କରାଯାଏ।

ଏହି କବିତାଟି ମହାନଗରର ସମକାଳୀନ ଯାନ୍ତ୍ରିକତା ଏବଂ କୁରୂପତାର ଅସ୍ଥିର କରୁଥିବା ଚିତ୍ର ପ୍ରସ୍ତୁତ କରେ। ଏଥିରେ ଭାବଗୁଡ଼ିକର ମହତ୍ତ୍ୱ ନାହିଁ, ଏଥିରେ ମୂଲ୍ୟର ଚିନ୍ତା ନାହିଁ। ଲୋକମାନେ ଜୀବନରେ ମୃତ୍ୟୁର ସାମ୍ନା କରିଥାଆନ୍ତି, ନିଜ ବୁଦ୍ଧିମତାକୁ ହଜାଇ ଦେଇ।

୪. ସଲିଳ ସମାଧ

ଏଇଟି ଗୋଟିଏ ସଂକ୍ଷିପ୍ତ କିନ୍ତୁ ଗୁରୁତ୍ୱପୂର୍ଣ୍ଣ ବିଭାଗ ଯେଉଁଥିରେ କବିତାର ସାମଗ୍ରିକ ବିଷୟବସ୍ତୁ ଏବଂ ପ୍ରସଙ୍ଗଗୁଡ଼ିକ ରହିଛି। ହାହାକାର ଏବଂ ବିଭୀଷିକା ପରେ ଗୋଟିଏ ଶୀତଳଛାୟା। ପାଣି କେବଳ ବୁଡ଼ାଇ ଦିଏନି, ପାଣି ନାହିଁ ତ ଜୀବନ ନାହିଁ। ଏହା ଅର୍ଥ ହେଲା ପାଣି ମାରେ, ରହିକରି ଆଉ ନ ରହି କରି ମଧ୍ୟ। ହୁଏତ ଏହି ପାଣିର ପ୍ରତୀକ ମରୁଡ଼ି ଏବଂ ବନ୍ଧ୍ୟାତ୍ୱର କାରଣ ପାଲଟିଯାଏ।

୫. ବଜ୍ରବାଣୀ

ଏଥିରେ ମରୁଡ଼ିର ହୃଦୟ ବିଦାରକ ଚିତ୍ର ରହିଛି। ଏହି ବିଭାଗଟି ଦର୍ଶାଉଛି ଯେ କେମିତି ଭାବରେ ଲୋକମାନେ ଆଧୁନିକ ବିଶ୍ୱରେ ବଞ୍ଚି ରହିଛନ୍ତି, ଏମିତି ବିଶ୍ୱରେ ଯେଉଁଠି ଅଛି ବିଘଟଣ, ବିନାଶ ଏବଂ ରିକ୍ତତା। ଏହା ଫରାସୀ କବି ବୋଦାଲିୟରଙ୍କର ମହାନଗର ନିଜର ସଂପୂର୍ଣ୍ଣ କୁରୂପତା ସହିତ ସାମ୍ନାକୁ ଆସେ। ମହାନଗର ଯାହା ଏକ କର୍କଟ ରୋଗରେ ପ୍ରପୀଡ଼ିତା ଧରଣୀ ଛାତିଉପରେ ଯିଏ ତାହାର ସମସ୍ତ ମର୍ଯ୍ୟାଦା ହଜାଇ ଦେଇ ବିରକ୍ତ ହୋଇ ରହିଛି।

ଏହି ବିଭାଗଟି ଜଟିଳ କଳ୍ପନା ଏବଂ ଇଂଗିତ ଦ୍ୱାରା ପୂର୍ଣ୍ଣ, କିନ୍ତୁ ଏହା ମୂଳରେ ଧ୍ୱଂସ ଏବଂ ହତାଶା ପରେ ପୁନର୍ନବୀକରଣର ଆଶା ସଂପର୍କରେ ଆଲୋଚନା କରେ।

ଏହି ବିଭାଗଟି ଗୋଟିଏ ଶୁଷ୍କ ଏବଂ ଅନୁର୍ବର ଭୂଦୃଶ୍ୟର ବର୍ଣ୍ଣନା ନେଇ ଆରମ୍ଭ ହୁଏ। ବକ୍ତା କହନ୍ତି କେମିତି ବଜ୍ରପାତ ବୃଷ୍ଟି ନେଇ କରି ଆସେ ଯାହା ଫଳରେ ପୃଥିବୀକୁ ପ୍ରାଣ ଫେରି ଆସେ। ଏଇଟି ଏହି ଧରଣର ଗୋଟିଏ ରୂପକ ଯେ, ଏମିତି ଅନ୍ଧକାରତମ ସମୟରେ ସର୍ବଦା ପୁନର୍ନବୀକରଣ ଏବଂ ବୃଦ୍ଧିର ସମ୍ଭାବନା ଥାଏ।

ଆତ୍ମିକ ଅଭିଯାତ୍ରୀଙ୍କର କାର୍ଯ୍ୟ ହେଲା ଯୀଶୁଙ୍କର ପଥ ଅନୁସରଣ କରିବା ଏବଂ ଦୁଃଖକଷ୍ଟର ମଧ୍ୟଦେଇ ମୃତ୍ୟୁ ବରଣ କରିବା। ଜଳଶୂନ୍ୟ ପ୍ରାନ୍ତର ପାରିହୋଇ

ତାଙ୍କୁ ଯିବାକୁ ହେବ ସେହି ସ୍ଥାନକୁ ଯେଉଁଠି ଖାଲି ପତର ଆଉ ପଥର। ଦୁଃସ୍ୱପ୍ନର ଭିତର ଦେଇ ଅଭିଯାତ୍ରୀଙ୍କୁ ଯିବାକୁ ହେବ। ହିମାଳୟରେ ପାଣି ଉଚ୍ଛୁଳି ପଡୁଛି। ବୃହଦାରଣ୍ୟକ ଉପନିଷଦରୁ କବି ଅଭିଯାତ୍ରୀଙ୍କର ଶେଷ ପରୀକ୍ଷାର ବିଷୟ ବାଛି ନେଇଛନ୍ତି। ପ୍ରଜାପତିଙ୍କର ସଂକ୍ଷିପ୍ତ ଉଚ୍ଚାରଣ 'ଦ' ଯାହାର ଅର୍ଥ କରିବାକୁ ହେବ ଦତ୍ତ ଜୟଧ୍ୱମ ଦମ୍ୟତ। କବିତାର ସମାପ୍ତିରେ କେବଳ ଉଚ୍ଚାରିତ ହୋଇଛି ଶାନ୍ତିର ବାଣୀ - 'ଶାନ୍ତିଃ ଶାନ୍ତିଃ ଶାନ୍ତିଃ'। ପାଶ୍ଚାତ୍ୟର ଯୁଦ୍ଧୋପରାନ୍ତ ଭୂମି ଉପରେ ପ୍ରାଚ୍ୟର ଏହି ଶାନ୍ତିଜଳର ଛିଟା ଦେଇ 'ଊଷର ଭୂମି' କାବ୍ୟ ଗ୍ରନ୍ଥଟି ସମାପ୍ତ ହୋଇଛି।

ଅନ୍ୟାନ୍ୟ କବିତା

'ଅନ୍ୟାନ୍ୟ କବିତା' ବିଭାଗରେ ଏଲିୟଟଙ୍କ ଦ୍ୱାରା ଲିଖିତ ୩୨ଟି କବିତା ରହିଛି।

୧. ଜେ.ଆଲଫ୍ରେଡ୍ ପ୍ରୁଫ୍ରକ୍ଙ୍କ ପ୍ରେମଗୀତ

ଏହି କବିତାଟି ଏଲିୟଟଙ୍କର ଏକ ଉଲ୍ଲେଖନୀୟ ସାହିତ୍ୟ କୃତି। ଏଲିୟଟ ଫେବ୍ରୁୟାରୀ ୧୯୧୦ ମସିହାର ଜୁଲାଇ କିମ୍ବା ଅଗଷ୍ଟ ୧୯୧୧ ମସିହା ମଧ୍ୟରେ ଏହି କବିତାଟିକୁ ଲେଖିଥିଲେ। ୧୯୧୪ ମସିହାରେ ଅକ୍ସଫୋର୍ଡର ମେର୍ଟନ କଲେଜରେ ପଢ଼ିବା ପାଇଁ ଲଂଲଣ୍ଡ ଆସିବାର କିଛି ସମୟ ପରେ, ଏଜ୍ରା ପାଉଣ୍ଡ ଏହି କବିତାଟିକୁ 'ପୋଏଟ୍ରି' ପତ୍ରିକାରେ ପ୍ରକାଶ କରିବା ପାଇଁ ପତ୍ରିକାର ପ୍ରତିଷ୍ଠାତା ହାରିଏଟ୍ ମନରୋଙ୍କୁ ସୁପାରିଶ କରିଥିଲେ। କବିତାଟି ପତ୍ରିକାରେ ୧୯୧୫ ମସିହାରେ ଜୁନ୍ ସଂଖ୍ୟାରେ ପ୍ରକାଶିତ ହୋଇଥିଲା। ତାପରେ ଏହା ୧୯୧୭ ମସିହାରେ 'ପ୍ରୁଫ୍ରକ୍ ଆଣ୍ଡ ଅଦର ଅବ୍‌ଜରଭେସନ୍ସ' ନାମକ ପୁସ୍ତକର ଅଂଶ ଭାବରେ ମୁଦ୍ରିତ ହୋଇଥିଲା।

'ଜେ.ଆଲଫ୍ରେଡ୍ ପ୍ରୁଫ୍ରକ୍ଙ୍କ ପ୍ରେମ ଗୀତ' ଶୀର୍ଷକଟି ଏକ ବିଡ଼ମ୍ବନାପୂର୍ଣ୍ଣ ଉପସ୍ଥାପନା। ଏହା ଏକ ପ୍ରେମଗୀତକୁ ସୂଚିତ କରେ, କିନ୍ତୁ କବିତାଟି ଏକ ପାରମ୍ପରିକ ପ୍ରେମ ଅପେକ୍ଷା ପ୍ରୁଫ୍ରକ୍ଙ୍କର ଆଭ୍ୟନ୍ତରୀଣ ଦ୍ୱନ୍ଦ୍ୱ ବିଷୟରେ ଅଧିକ କହିଥାଏ। କବିତାଟି ଆଧୁନିକ ଯୁଗର ଏକ ପ୍ରସିଦ୍ଧ ନାଟକୀୟ ଏକକ ସଂଳାପ। ଏହା ନାୟକଙ୍କ ମନକୁ ଅନୁସନ୍ଧାନ କରେ ଏବଂ ତାଙ୍କର ଅନ୍ତର୍ନିହିତ ଅଶାନ୍ତି, ଚିନ୍ତା ଏବଂ ଅସୁରକ୍ଷାକୁ ପ୍ରଦର୍ଶନ କରେ। ପ୍ରଥମ-ପୁରୁଷ, ଦୃଷ୍ଟିକୋଣ ମାଧ୍ୟମରେ ଏବଂ ଦ୍ୱିତୀୟ ଚରିତ୍ରର ଅନୁପସ୍ଥିତିରେ, ସମୃଦ୍ଧ ପ୍ରତୀକାତ୍ମକତା ଏବଂ ଚିତ୍ରର ବ୍ୟବହାର ଏହି କବିତାଟିକୁ ଏକ ପ୍ରକୃତ ନାଟକୀୟ ଏକକ ସଂଳାପ କରିଥାଏ।

୪. ଗୋଟିଏ ଝଡ଼ରାତି ଉପରେ ଚାରଣଗୀତ

ଏହି କବିତାଟି ୧୯୧୦ କିମ୍ବା ୧୯୧୧ ମସିହାରେ ଲେଖାଯାଇଥିଲା, ଯେତେବେଳେ ଏଲିୟଟ୍ ପ୍ୟାରିସ୍‌ରେ ରହି ପାଠପଢୁଥିଲେ। ଏହା ଜୁଲାଇ ୧୯୧୫ ମସିହାରେ ସମସାମୟିକ ପତ୍ରିକା 'ବ୍ଲାଷ୍ଟ'ରେ ପ୍ରକାଶ ପାଇଥିଲା। ପରେ ୧୯୧୭ ମସିହାରେ ପ୍ରକାଶିତ ତାଙ୍କର ପ୍ରଥମ କବିତା ସଂକଳନ "ପ୍ରୁଫ୍ରକ୍ ଆଣ୍ଡ ଅଦର ଅବଜର୍‌ଭେସନ୍ସ" ପୁନଃ ମୁଦ୍ରିତ ହୋଇଥିଲା।

୫. ଛୋଟ ବୁଢ଼ାଲୋକ

Gerontion ହେଉଛି ଗୋଟିଏ ଗ୍ରୀକ୍ ଶବ୍ଦ ଏବଂ ଇଂରାଜୀରେ ଏହାର ଅର୍ଥ ହେଉଛି Little Oldman (ଓଡ଼ିଆରେ ଛୋଟ ବୁଢ଼ା ଲୋକ)।

ଏହି କବିତାଟି ଏହାର ସ୍ୱତନ୍ତ୍ର ଖଣ୍ଡିତ ରୂପ ସହିତ, ପ୍ରଥମ ବିଶ୍ୱଯୁଦ୍ଧ ଯୋଗୁ ହୋଇଥିବା ଧ୍ୱଂସକୁ ସ୍ପଷ୍ଟ ଭାବରେ ପ୍ରକାଶ କରେ, ପାଠକମାନଙ୍କୁ ନିରାଶ କରିବା ସହିତ ସେମାନଙ୍କ ବିଶ୍ୱର ଦୟନୀୟ ଅବସ୍ଥା ଅନୁଭବ କରାଏ।

ଏହି କବିତାଟି ୧୯୧୯ ମସିହାରେ ରଚିତ, ଯେତେବେଳେ ଭର୍ସେଲ୍ସ ଚୁକ୍ତି ସ୍ୱାକ୍ଷରିତ ହୋଇଥିଲା। ଏହି କବିତାଟି ଏଲିୟଟଙ୍କର ପୁସ୍ତକ POEM(1920)ରେ ପ୍ରକାଶ ପାଇଥିଲା।

ଏହି କବିତାଟି ଗୋଟିଏ ନାଟକୀୟ ଏକକ ସଂଳାପ ଯାହା ଜଣେ ବୃଦ୍ଧ ବ୍ୟକ୍ତିଙ୍କର ମତାମତ ଏବଂ ଭାବନାକୁ ସମ୍ବନ୍ଧିତ କରିଥାଏ, ଯାହା ପ୍ରଥମ ବିଶ୍ୱଯୁଦ୍ଧ ପରେ ୟୁରୋପକୁ ଜଣେ ବ୍ୟକ୍ତିଙ୍କ ଚକ୍ଷୁ ମାଧମରେ ବର୍ଣ୍ଣନା କରିଥିଲେ ଯିଏ ତାଙ୍କ ଜୀବନର ଅଧିକାଂଶ ସମୟ ଉନବିଂଶ ଶତାବ୍ଦୀରେ ବଞ୍ଚିଛନ୍ତି। ଏହା ପ୍ରକାଶିତ ହେବାର ଦୁଇବର୍ଷ ପରେ ଏଲିୟଟ ଏହି କବିତାଟିକୁ 'ଦି ୱେଷ୍ଟଲ୍ୟାଣ୍ଡ'ର ଭୂମିକା ଭାବରେ ଅନ୍ତର୍ଭୁକ୍ତ କରିବାକୁ ବିଚାର କରିଥିଲେ, କିନ୍ତୁ ଏହାକୁ ଏଜ୍ରା ପାଉଣ୍ଡ ସେଥିରୁ ବାଦ୍ ଦେଇଥିଲେ।

ଏହି କବିତାଟିରେ ଏଲିୟଟ ଧର୍ମ, ଯୌନ ଏବଂ ଆଧୁନିକବାଦରୀ କବିତାର ଅନ୍ୟାନ୍ୟ ସାଧାରଣ ବିଷୟଗୁଡ଼ିକ ଉପରେ ଆଲୋଚନା କରିଛନ୍ତି।

୬. ବେଡେକର ସହିତ ବରବାଙ୍କ:ସିଗାର ସହିତ ବ୍ଲେଷ୍ଟାଇନ

ଏହି କବିତାଟି ହେଉଛି ସାଂସ୍କୃତିକ ଏବଂ ନୈତିକ ଅବକ୍ଷର ଏକ ମର୍ମସ୍ପର୍ଶୀ ଓ ଅସ୍ଥିର ଅନୁସନ୍ଧାନ। ଏହାର ଖଣ୍ଡିତ ବର୍ଣ୍ଣନା, ନିନ୍ଦାପୂର୍ଣ୍ଣ ସ୍ୱର ଏବଂ ସ୍ପଷ୍ଟ ଚିତ୍ର ମାଧମରେ

କବିତାଟି ଭୌତିକବାଦ, ଦୁର୍ନୀତି ଏବଂ ପାରମ୍ପରିକ ମୂଲ୍ୟବୋଧର କ୍ଷତିଦ୍ୱାରା ଗ୍ରସିତ ଭେନିସ୍‌ର ଚିତ୍ରଣ କରେ। ଭେନିସ୍‌ର ଧ୍ୱଂସାବଶେଷ ମାନବ ସଫଳତାର କ୍ଷଣସ୍ଥାୟୀତା ଏବଂ ସବୁଠାରୁ ଚମତ୍କାର ସୃଷ୍ଟିକୁ ମଧ୍ୟ କ୍ଷୟ କରିବା ପାଇଁ ସମୟର ସ୍ଥାୟୀ ଶକ୍ତିର ଏକ ଶକ୍ତିଶାଳୀ ପ୍ରତୀକ ହୋଇଯାଏ।

ଏହି କବିତାଟି POEM(1920) ନାମକ ପୁସ୍ତକରେ ପ୍ରକାଶିତ।

୭. ସ୍ୱିନି ଇରେକ୍ଟ

ସ୍ୱିନି ଇରେକ୍ଟ କବିତାଟି ଏଲିୟଟ ୧୯୧୯ ମସିହାରେ ରଚନା କରିଥିଲେ। ଏହି କବିତାଟି POEM(1920) ନାମକ ପୁସ୍ତକରେ, ୧୯୨୦ ମସିହାରେ ପ୍ରକାଶ ପାଇଥିଲା। ଏହି 'ସ୍ୱିନି' ଚରିତ୍ରଟି ପ୍ରଥମ ଥର ପାଇଁ 'ବୁଲ୍‌ବୁଲ୍‌ମାନଙ୍କ ମଧ୍ୟରେ ସ୍ୱିନି'ରେ ୧୯୧୮ ମସିହାରେ ବ୍ୟବହୃତ ହୋଇଥିଲା। ତାପରେ 'ଶ୍ରୀଯୁକ୍ତ ଏଲିୟଟଙ୍କ ରବିବାର ସକାଳ ସେବା'ରେ ସେହି ୧୯୧୮ ମସିହାରେ ଏବଂ 'ଊଷର ଭୂମି'ରେ ମଧ୍ୟ ଏହି ଚରିତ୍ରର ଉଲ୍ଲେଖ କରିଥିଲେ।

'ସ୍ୱିନି ଇରେକ୍ଟ' କବିତାଟି ନିର୍ଜନତା ଏବଂ ଭାବପ୍ରବଣ ବିଚ୍ଛିନ୍ନତାର ବିଷୟବସ୍ତୁଗୁଡ଼ିକର ଅନୁସନ୍ଧାନ କରେ। ମନୋଭାବ ସବୁବେଳେ ପୂର୍ବାନୁମାନ ଏବଂ ଦୁଃଖଦାୟକ। କବି ତାଙ୍କର ମୁଖ୍ୟ ଚରିତ୍ର ପରି ମହିଳାଙ୍କ ପ୍ରତି ଅନାଗ୍ରହର ସ୍ୱର ଉତ୍ତୋଳନ କରିଛନ୍ତି।

୮. ଗୋଟିଏ ରନ୍ଧା ଅଣ୍ଡା

ଏହି କବିତାଟି ୧୯୧୯ ମସିହାରେ ଲେଖାଯାଇଥିଲା ଏବଂ POEM(1920) ନାମକ କବିତା ସଂକଳନରେ ୧୯୨୦ ମସିହାରେ ପ୍ରକାଶିତ ହୋଇଥିଲା।

'ଗୋଟିଏ ରନ୍ଧା ଅଣ୍ଡା' ହେଉଛି ଏକ ବାସି ଅଣ୍ଡା ଯାହାକୁ କେବଳ ରୋଷେଇ କରି ବ୍ୟବହାର କରାଯାଇପାରିବ। ଏହାକୁ କଞ୍ଚା ଖାଇ ହେବନି କିମ୍ବା ତାଜା ଅଣ୍ଡା ପରି ବ୍ୟବହାର କରାଯାଇ ପାରିବନି।

ଏହି କବିତାଟିରେ ବର୍ତ୍ତମାନକୁ ଅତୀତ ଏବଂ ଭବିଷ୍ୟତ ସହିତ ତୁଳନା କରାଯାଏ, ଆଉ ଏହି ନିଷ୍କର୍ଷରେ ପହଞ୍ଚିବାକୁ ହୁଏ ଯେ ବର୍ତ୍ତମାନର ବାସ୍ତବତା ଅତ୍ୟନ୍ତ କଳୁଷିତ ଏବଂ ଘୃଣ୍ୟ।

୯. ଜଳହସ୍ତୀ

ଏହି କବିତାଟିର ବିଷୟବସ୍ତୁ ହେଉଛି ଧର୍ମ। ଏଲିୟଟ ଚର୍ଚ୍ଚର ଅସ୍ତିତ୍ୱକୁ ଜଳହସ୍ତୀ ସହିତ ବାକ୍‌ଚାତୁରୀର ସହ ତୁଳନା କରିଛନ୍ତି। ଉଭୟ ବୃହତ୍ ପିଣ୍ଡ, କିନ୍ତୁ ଜଳହସ୍ତୀର ଓଜନ ଆକ୍ଷରିକ ହୋଇଥିଲେ ମଧ୍ୟ, ଚର୍ଚ୍ଚର ଓଜନ ରୂପକ। ଜଳହସ୍ତୀମାନେ ସରଳ, ସଚ୍ଚୋଟ ପ୍ରାଣୀ। ସେମାନେ ବଞ୍ଚିବାର ନିଜର ଉପାୟ ଖୋଜନ୍ତି ଏବଂ ନିଜର ଓଜନକୁ ସମର୍ଥନ କରନ୍ତି। କିନ୍ତୁ ଏଲିୟଟ କହନ୍ତି, ମୂଳତଃ ଦାତାମାନଙ୍କ ଦ୍ୱାରା ଚର୍ଚ୍ଚ ତାହାର ଜୀବନ ବିତାଏ। ଏଲିୟଟ ପଶୁର ନିର୍ଦ୍ଦୋଷତାକୁ ଚର୍ଚ୍ଚର ଦୁର୍ନୀତି ସହିତ ତୁଳନା କରିଛନ୍ତି।

ଏହି କବିତାଟି ହେଉଛି ଏଲିୟଟଙ୍କର ଚାରିଧାଡ଼ିର କବିତା (Quartrain Poem) ମଧ୍ୟରୁ ଗୋଟିଏ, ଯାହା ପ୍ରଥମ ବିଶ୍ୱଯୁଦ୍ଧ ପରେ ଲେଖାଯାଇଥିଲା। ଏହି କବିତାଟି POEM(1920)ରେ ୧୯୨୦ ମସିହାରେ ପ୍ରକାଶ ପାଇଥିଲା।

୧୦. ଶ୍ରୀଯୁକ୍ତ ଏଲିୟଟଙ୍କ ରବିବାର ସକାଳ ସେବା

ଏହି କବିତାଟିକୁ ଏଲିୟଟ ୧୯୧୭ ମସିହା ଏବଂ ଜୁନ୍ ୧୯୧୮ ମସିହା ମଧ୍ୟରେ ରଚନା କରିଛନ୍ତି। ଏହା ପ୍ରଥମେ ଚିକାଗୋର ପତ୍ରିକା 'ଲିଟିଲ୍ ରିଭ୍ୟୁ'ର ୧୯୧୮ ମସିହାରେ ସେପ୍ଟେମ୍ବର ସଂଖ୍ୟାରେ ପ୍ରକାଶ ପାଇଥିଲା। ପରେ ଏହା ୧୯୨୦ ମସିହାରେ ଏଲିୟଟଙ୍କର କବିତା ସଂକଳନ POEM(1920)ରେ ପ୍ରକାଶ ପାଇଥିଲା।

୧୧. ବୁଲବୁଲ୍‌ମାନଙ୍କ ମଧ୍ୟରେ ସ୍ୱିନି

୧୯୧୮ ମସିହାରେ। ଜୁନ୍ ମାସରେ ଲିଖିତ ଏହି କବିତାଟି 'ଶ୍ରୀଯୁକ୍ତ ଏଲିୟଟଙ୍କ ରବିବାର ସକାଳ ସେବା' ସହିତ ସାହିତ୍ୟ ପତ୍ରିକା 'ଦି ଲିଟିଲ୍ ରିଭ୍ୟୁ'ର ସେପ୍ଟେମ୍ବର ସଂଖ୍ୟାରେ ପ୍ରକାଶ ପାଇଥିଲା। ପରେ ଏହି ଦୁଇଟିଯାକ କବିତା ୧୯୨୦ ମସିହାରେ ଏଲିୟଟଙ୍କର କବିତା ସଂକଳନରେ ମୁଦ୍ରିତ ହୋଇଥିଲା।

ଅନୈତିକ ଆଧୁନିକ ମଣିଷର ପ୍ରତିନିଧିତ୍ୱ କରୁଥିବା 'ସ୍ୱିନି' ଚରିତ୍ରଟି ପ୍ରଥମେ 'ବୁଲବୁଲ୍‌ମାନଙ୍କ ମଧ୍ୟରେ ସ୍ୱିନି'ରେ ଦେଖାଯାଇଥିଲା ଏବଂ ଏହାକୁ ପଦ୍ୟ ନାଟକ ସ୍ୱିନି ଆଗୋନିଷ୍ଟେସ୍ ୧୯୩୨ରେ ଆହୁରି ବିକଶିତ କରାଯାଇଥିଲା। ଏହି କବିତାରେ ଅନେକ ଶାସ୍ତ୍ରୀୟ ଇଂଗିତ ଏବଂ ମାନବିକତାର ଆଧୁନିକ 'ସମ୍ବେଦନଶୀଳତା' ଉପରେ ଏକ ବିଡ଼ମ୍ବନାପୂର୍ଣ୍ଣ ବ୍ୟାଖ୍ୟା ରହିଛି।

୧୨. ଫମ୍ପା ମଣିଷମାନେ

ଏହି କବିତାଟି 'ଦି ଡାଏଲ' ପତ୍ରିକାର ୧୯୨୫ ମସିହାର ମାର୍ଚ୍ଚ ସଂଖ୍ୟାରେ ପ୍ରକାଶ ପାଇଥିଲା। ପରେ ଏହା ଏଲିୟଟଙ୍କ କବିତା ସଂକଳନ POEM(1920)ରେ ୨୩ ନଭେମ୍ବର ୧୯୨୫ ମସିହାରେ ପୁନଃ ପ୍ରକାଶିତ ହେଲା।

ଏହା ଗୋଟିଏ ମୁକ୍ତପଦ କବିତା ଯାହା କୌଣସି ନିର୍ଦ୍ଦିଷ୍ଟ ଛନ୍ଦ ଯୋଜନାକୁ ମନରେ ନ ରଖି ଲେଖାଯାଇଥିଲା। ଏହା ପ୍ରଥମ ବିଶ୍ୱଯୁଦ୍ଧ ପରବର୍ତ୍ତୀ ମାନବ ଅବସ୍ଥାକୁ ଅବିଶ୍ୱସନୀୟ ଭାବରେ ଚିତ୍ରିତ କରେ, ଯୁଦ୍ଧ ପୂର୍ବ ଆଦର୍ଶରୁ ହତାଶ ହୋଇ କାର୍ଯ୍ୟହୀନ ଲୋକଙ୍କୁ ଉଦ୍ଦେଶ୍ୟହୀନ ଜୀବନଯାପନ କରୁଥିବା ପ୍ରଦର୍ଶନ କରି।

ଫମ୍ପା ମଣିଷମାନଙ୍କ ଚାରିପାଖରେ ଥିବା ସବୁକିଛି ଭାଙ୍ଗି ପଡୁଥିବା ପରି ମନେ ହେଉଛି। "ଭଙ୍ଗାସ୍ତମ୍ଭ"ଠାରୁ ଆରମ୍ଭ କରି ମହଲାରେ ଥିବା ଭଙ୍ଗା କାଚ ଏବଂ ମଣିଷମାନେ ପ୍ରାର୍ଥନା କରିବା ପାଇଁ "ଭଙ୍ଗା ପଥର" ପର୍ଯ୍ୟନ୍ତ। ପାଠକମାନେ ଧ୍ୟାନ ଦେବା ଉଚିତ ଯେ ଅନ୍ୟ ଗୁରୁତ୍ୱପୂର୍ଣ୍ଣ ଚିତ୍ରଗୁଡ଼ିକ ହେଉଛି ସ୍ୱର୍ଗ କିମ୍ବା ଏହି ପରି ସ୍ଥାନ ସହିତ ଜଡ଼ିତ ଏବଂ ଏକ ଅସ୍ପଷ୍ଟ ଭାବରେ ପରିଭାଷିତ ଛାୟାମୟ ଉପସ୍ଥିତି।

୧୩. ଜ୍ଞାନୀପୁରୁଷଙ୍କ ଯାତ୍ରା

ଏଲିୟଟ ୧୯୨୫ ମସିହାରେ 'ଫମ୍ପା ମଣିଷମାନେ' ପ୍ରକାଶିତ ହେବା ପରେ, ଜୁଲାଇ ୧୯୨୭ରେ 'ଜ୍ଞାନୀ ପୁରୁଷଙ୍କ ଯାତ୍ରା' ଲେଖିବା ପର୍ଯ୍ୟନ୍ତ ଆଉ କୌଣସି କବିତା ଲେଖି ନଥିଲେ।

ଏହା ପାଞ୍ଚଟି କବିତା ମଧ୍ୟରୁ ଗୋଟିଏ ଯାହାକୁ ନେଇ ଏଲିୟଟ ଅନେକ ଲେଖକଙ୍କ ସହିତ ମିଳିତ ଭାବରେ 'ଏରିୟଲ ପୋଏମ୍ସ' ଶୀର୍ଷକରେ ୩୮ଟି ମୁଦ୍ରିତ ପତ୍ର ପାଇଁ ଯୋଗଦାନ କରିଥିଲେ ଏବଂ ବ୍ରିଟିଶ ପ୍ରକାଶନ ସଂସ୍ଥା 'ଫାବର ଆଣ୍ଡ ଗ୍ୱାୟାର' (ଯାହା ପରେ 'ଫାବର ଆଣ୍ଡ ଫାବର'ରେ ପରିଣତ ହେଲା) ଦ୍ୱାରା ପ୍ରକାଶିତ ହୋଇଥିଲା। ଅଗଷ୍ଟ ୧୯୨୭ ମସିହାରେ ପ୍ରକାଶିତ 'ଜ୍ଞାନୀ ପୁରୁଷଙ୍କ ଯାତ୍ରା' ସିରିଜ୍‌ର ଅଷ୍ଟମ ଥିଲା। ଏହା ସହିତ ଆମେରିକାରେ ଜନ୍ମିତ ଆଭାଣ୍ଟ ଗାର୍ଡ଼େ କଳାକାର 'ଏଡୱାର୍ଡ ମ୍ୟାକ୍‌ନାଇଟ କାଉଫର'ଙ୍କ ଦ୍ୱାରା ଅଙ୍କିତ ଚିତ୍ର ଥିଲା। 'ଜ୍ଞାନୀପୁରୁଷଙ୍କ ଯାତ୍ରା' ସହିତ କବିତାଗୁଡ଼ିକ ପରେ ୧୯୩୬ ଏବଂ ୧୯୬୩ ମସିହାରେ ଏଲିୟଟଙ୍କ ସଂଗୃହିତ କବିତାର ଉଭୟ ସଂସ୍କରଣରେ ପ୍ରକାଶିତ ହୋଇଥିଲା।

'ଜ୍ଞାନୀ ପୁରୁଷଙ୍କ ଯାତ୍ରା' ହେଉଛି ଆଧ୍ୟାତ୍ମିକ ପୁନର୍ଜନ୍ମର ଯନ୍ତ୍ରଣା ବିଷୟରେ

ଏକ ଗଭୀର ରୂପକ କବିତା। ଯଦିଓ ଏହି କବିତାଟି ଜଣେ ଜାଦୁକରଙ୍କ ବିଷୟରେ ତିନିଜଣ ଜ୍ଞାନୀପୁରୁଷ ଯେଉଁମାନେ ତାଙ୍କ ଜନ୍ମ ସମୟରେ ଶିଶୁ ଯୀଶୁଙ୍କୁ ଦେଖା କରିବାକୁ ଯାଇଥିଲେ, ଏହି କବିତାଟି ସାଧାରଣତଃ ଜୀବନର ଗୋଟିଏ ପଥ-ଗୋଟିଏ ବିଶ୍ୱାସ-ଛାଡ଼ିବା ଏବଂ ଅନ୍ୟ ଏକ ଜନ୍ମକୁ ସ୍ୱୀକାର କରିବାର ଯନ୍ତ୍ରଣା ବିଷୟରେ।

୧୪. ସିମିଓନ ପାଇଁ ଗୋଟିଏ ଗୀତ

ଏହି କବିତାଟି ୧୯୨୮ ମସିହାରେ ଏଲିୟଟଙ୍କ ଦ୍ୱାରା ଲିଖିତ ଏବଂ ଏହା 'ଏରିଏଲ୍ ପୋଏମ୍ସ' ସିରିଜ୍‌ରେ ଏଲିୟଟଙ୍କ ଦ୍ୱାରା ଦିଆଯାଇଥିବା ପାଞ୍ଚଟି କବିତା ମଧ୍ୟରୁ ଗୋଟିଏ। ଏହା ସିରିଜ୍‌ର ଷୋଡ଼ଶ ଥିଲା ଏବଂ ଏଥିରେ ଆଭାଣ୍ଟ ଗାର୍ଡ କଳାକାର ଏଡ୍‌ୱାର୍ଡ ମ୍ୟାକ୍‌ନାଇଟ କାଉଫରଙ୍କ ଦ୍ୱାରା ଏକ ଚିତ୍ର ଅନ୍ତର୍ଭୁକ୍ତ ଥିଲା।

'ସିମିଓନ ପାଇଁ ଗୋଟିଏ ଗୀତ' ହେଉଛି ବାର୍ଦ୍ଧକ୍ୟ, ବିଶ୍ୱାସ ଏବଂ ମୃତ୍ୟୁ ଉପରେ ଏକ ମର୍ମସ୍ପର୍ଶୀ ଧ୍ୟାନ। ସିମିଓନଙ୍କ କ୍ଲାନ୍ତି ଏବଂ ଶାନ୍ତି ପାଇଁ ଇଚ୍ଛା ସ୍ପଷ୍ଟ, ତଥାପି ତାଙ୍କର ବିଶ୍ୱାସ ସ୍ଥିର ରହିଛି। ଏହି କବିତା ଆମକୁ ଦୁଃଖର ସାମ୍ନାରେ ସାନ୍ତ୍ୱନା ପାଇଁ ସାର୍ବଜନୀନ ମାନବ ଆକାଂକ୍ଷା ଏବଂ ଆଧ୍ୟାତ୍ମିକ ଆତ୍ମସମର୍ପଣରେ ମିଳୁଥିବା ଆଶାର ସ୍ମୃତିଚାରଣ କରେ। ଶେଷରେ ସିମିଓନ ପାଇଁ ଗୀତ ହେଉଛି ଏକ ନୀରବ ବିଦାୟ, ପରମେଶ୍ୱରଙ୍କ ଇଚ୍ଛାର ଏକ ନମ୍ର ଆଉ ମୃତ୍ୟୁର ସାମ୍ନାରେ ବିଶ୍ୱାସର ସ୍ଥାୟୀ ଶକ୍ତିର ପ୍ରମାଣ।

୧୫. କ୍ଷୁଦ୍ର ଆତ୍ମା

ଏଲିୟଟଙ୍କର ଏହି କବିତାଟି ୧୯୨୯ ମସିହାରେ 'ଏରିଏଲ୍ କବିତା'ରେ ପ୍ରକାଶ ପାଇଥିଲା।

ANIMULA ହେଉଛି ଗୋଟିଏ ଲାଟିନ୍ ଶବ୍ଦ ଯାହାର ଇଂରେଜୀରେ ଅର୍ଥ ହେଉଛି Little Soul (ଓଡ଼ିଆରେ ଯାହାର ମାନେ 'କ୍ଷୁଦ୍ର ଆତ୍ମା')।

'କ୍ଷୁଦ୍ର ଆତ୍ମା'ରେ ଏଲିୟଟଙ୍କ ସ୍ମୃତି ଉଇଲିୟମ ୱାର୍ଡ୍ସୱର୍ଥଙ୍କ 'ODE: Intimations of Immortality ସହିତ ତୁଳନା କରିବାକୁ ଆମନ୍ତ୍ରଣ କରେ, ଯେଉଁଠାରେ 'କାରାଗାରର ଛାଇ' ବଢୁଥିବା ବାଳକକୁ ଘେରି ରହିଛି। ତଥାପି, ଏଲିୟଟଙ୍କ ଅଭିବ୍ୟକ୍ତି ଅଧିକ ସଂକ୍ଷିପ୍ତ ଏବଂ ତୀବ୍ର, ସ୍ୱଚ୍ଛ ଶବ୍ଦରେ ଆତ୍ମାର ଫାଶ ଏବଂ ସ୍ୱାଧୀନତା ପାଇଁ ଆଗ୍ରହ ପ୍ରକାଶ କରେ।

'କ୍ଷୁଦ୍ର ଆତ୍ମା'ରେ ଆତ୍ମାକୁ ଆଶ୍ଚର୍ଯ୍ୟ ଏବଂ ଭ୍ରମରେ ପରିପୂର୍ଣ୍ଣ ଏକ ବିଶ୍ୱର ପରିକ୍ରମା କରୁଥିବା ଜଣେ ପଥିକ ଭାବରେ ଚିତ୍ରିତ ହୋଇଛି।

୧୬. ମେରିନା

ଏହି କବିତାଟି 'ଏରିଏଲ୍ କବିତା' ଶୀର୍ଷକ ପୁସ୍ତକର ଅନ୍ତର୍ଭୁକ୍ତ। ଏହା ୧୯୩୦ ମସିହାରେ ପ୍ରକାଶ ପାଇଥିଲା।

Marina ହେଉଛି ଗୋଟିଏ ଲାଟିନ୍ ଶବ୍ଦ, ଯାହାର ଇଂରେଜୀରେ ଅର୍ଥ ହେଉଛି Of The Sea (ସମୁଦ୍ରର)। ଏହି କବିତାଟି ଏଲିୟଟଙ୍କ ଦ୍ୱାରା ଲିଖିତ ସବୁଠାରୁ ସ୍ପର୍ଶକାତର ବ୍ୟକ୍ତିଗତ କବିତା। ଶୀର୍ଷକରେ ନିର୍ଦ୍ଦିଷ୍ଟ ପ୍ରସଙ୍ଗ ହେଉଛି ସେକ୍ସପିୟରଙ୍କ ପେରିକ୍ଲିସ୍‌ରେ ପେରିକ୍ଲିସ୍‌ଙ୍କର ତାଙ୍କ ହଜି ଯାଇଥିବା ଝିଅ ମେରିନା ସହିତ ପୁନର୍ମିଳନ।

୧୭. ଭସ୍ମ-କ୍ରୁଶ ବୁଧବାର

ଏହି ଦିନଟି ଖ୍ରୀଷ୍ଟିୟାନ ଧର୍ମର ପବିତ୍ର ଦିବସ। ଏହାହେଉଛି ମାନବର ମୃତ୍ୟୁ ଏବଂ ଈଶ୍ୱରଙ୍କ ସହିତ ପୁନର୍ମିଳନର ଆବଶ୍ୟକତାର ଏକ ଗମ୍ଭୀର ସ୍ମରଣୀୟ ଦିବସ ଏବଂ ଏହା ପ୍ରାୟଶ୍ଚିତ ଲେଣ୍ଟେନର ଆରମ୍ଭକୁ ଚିହ୍ନିତ କରେ। ଏହା ସାଧାରଣତଃ ଭସ୍ମ ବଣ୍ଟନ ଏବଂ ଉପବାସ ସହିତ ପାଳନ କରାଯାଏ।

ଏଲିୟଟ ଆଙ୍ଗ୍‌ଲିକାନିଜିମ୍ ଗ୍ରହଣ କରିବା ପରେ ଲେଖିଥିବା ପ୍ରଥମ ପ୍ରମୁଖ କବିତା। ଏହି ଧର୍ମାନ୍ତରଣର ତିନିବର୍ଷ ପରେ ୧୯୩୦ ମସିହାରେ ଏହି କବିତାଟି ପ୍ରକାଶିତ ହୋଇଥିଲା।

୧୮. ବର୍ଣ୍ଟ ନର୍ଟନ

ଏହି କବିତାଟି ଇଂଲଣ୍ଡର ଗ୍ଲୌସେଷ୍ଟରଶାୟାରର ବର୍ଣ୍ଟ ନର୍ଟନ ମାନୋରର ଗୋଲାପ ଉଦ୍ୟାନ ବିଷୟରେ ଏକ କବିତା। ଏହି କବିତାଟି ସମୟର ଧାରଣାର ଅନୁସନ୍ଧାନ ଏବଂ ମୁକ୍ତି ପାଇଁ ଏକ ସନ୍ଧାନ। ଏହି କବିତାରେ ଏଲିୟଟ କହିଛନ୍ତି 'ସମସ୍ତ ସମୟ ଅସଂପୂର୍ଣ୍ଣ' ଅର୍ଥାତ୍ ସମୟ ଚାଲିଗଲେ, ଏହାକୁ ପୁନରୁଦ୍ଧାର କରାଯାଇ ପାରିବନି।

'ବର୍ଣ୍ଟ ନର୍ଟନ' ହେଉଛି 'ଚାରି ଚତୁର୍ଭୁଜ' କ୍ରମର ପ୍ରଥମ କବିତା ଏହା ପ୍ରଥମ ଥର ପାଇଁ ୧୯୩୫ ମସିହାରେ ପରିବେଷଣ ହୋଇଥିବା ଏଲିୟଟଙ୍କର ନାଟକ

'ମର୍ଡର ଇନ୍ ଦି କ୍ୟାଥେଡ୍ରାଲ'ରୁ ଉତ୍ପନ୍ନ ହୋଇଥିଲା। କବିତାଟିର ଶୀର୍ଷକ ହେଉଛି ଇଂଲଣ୍ଡର ଗ୍ଲୋସେଷ୍ଟରଶାୟାରରେ ଥିବା ଏକ ମାତ୍ର ହାଉସ୍‌ର ନାମ। ଏହି ଘରକୁ 'ବର୍ଣ୍ଣ ନର୍ଟନ' କୁହାଯାଏ କାରଣ ଏହା ସେହି ସ୍ଥାନରେ ଥିବାଏକ ପୁରୁଣା କୋଠା, ଯାହାକୁ ନର୍ଟନ ହାଉସ୍‌ରେ ବଦଳାଇ ଦିଆ ଯାଇଥିଲା ଏବଂ ଯାହା ୧୭୪୧ ମସିହାରେ ଜଳିଗଲା। କେବଳ ଏହି ଘରଟି ନୁହେଁ, ବରଂ ଏହାକୁ ଘେରି ରହିଥିବା ଗୋଲାପ ଉଦ୍ୟାନକୁ ଏକ ଗୁରୁତ୍ୱ ଭୂମିକା ଦିଆଯାଇଛି।

୧୯. ଇଷ୍ଟ କୋକର

ଏଲିୟଟ ୧୯୩୬ ମସିହାରେ 'ଚାରି ଚତୁର୍ଭୁଜ' ମଧ୍ୟରୁ ପ୍ରଥମେ 'ବର୍ଣ୍ଣ ନର୍ଟନ' ପ୍ରକାଶ କରିଥିଲେ। ଏହା ପରେ ସିଏ ଗୋଟିଏ ନାଟକ 'ଦ ଫାମିଲି ରିଟର୍ଣ୍ଣ' ଲେଖିଥିଲେ, ଯାହା ୧୯୩୯ ମସିହାରେ ଲଣ୍ଡନରେ ପ୍ରଦର୍ଶିତ ହୋଇଥିଲା। କିନ୍ତୁ ସେତେବେଳେ ଏହା ସଫଳ ହୋଇନଥିଲା। ୧୯୩୦ ଦଶକର ଶେଷ ଭାଗରେ, ଏଲିୟଟ ଭାବିଥିଲେ ଯେ ପୁଣି କେବେ କବିତା ଲେଖିବେନି। ତାଙ୍କର ଇଚ୍ଛା ଥିଲା ଶୀଘ୍ର ଆଉ ଗୋଟିଏ ନାଟକ ଲେଖିବେ। କିନ୍ତୁ ସେପ୍ଟେମ୍ବର ୧୯୩୯ ମସିହାରେ ଦ୍ୱିତୀୟ ବିଶ୍ୱଯୁଦ୍ଧ ଆରମ୍ଭ ହେବା ଫଳରେ ଆଗାମୀ ଭବିଷ୍ୟତରେ ନୂତନ ନାଟକ ପାଇଁ ନା ସୁଯୋଗ ରହିବ ନା ଦର୍ଶକ ରହିବେ। ଏହା ମନରେ ରଖି, ସିଏ କବିତା ଆଡ଼କୁ ଫେରିଲେ ଏବଂ ବର୍ଣ୍ଣ ନର୍ଟନରେ ଗ୍ରହଣ କରିଥିବା ନମୁନା (model) ଏବଂ ଶୈଳୀ ଅନୁସରଣ କରି 'ଇଷ୍ଟ କୋକର' ପରିଦର୍ଶନ କରିଥିଲେ। ତାଙ୍କ ପୂର୍ବପୁରୁଷ ଆଣ୍ଡ୍ରୁ ଏଲିୟଟ ଓ ତାଙ୍କ ପରିବାର ୧୬୬୨ ମସିହାରେ ଆମେରିକା ଯିବା ପର୍ଯ୍ୟନ୍ତ ସେଠାରେ ବସବାସ କରୁଥିଲେ।

ଏହି ସମୟରେ ଏଲିୟଟ ପାଶ୍ଚାତ୍ୟ ସମାଜର ଅବସ୍ଥା ପ୍ରତି ନିରାଶବାଦୀ ଥିଲେ। ଜର୍ମାନୀ, ଇଟାଲୀ, ଗ୍ରେଟ୍ ବ୍ରିଟେନ୍ ଏବଂ ଫ୍ରାନ୍ସ ଦ୍ୱାରା ସ୍ୱାକ୍ଷରିତ ସେପ୍ଟେମ୍ବର ୧୯୩୮ ମସିହାରେ ମ୍ୟୁନିକ୍ ଚୁକ୍ତିଦ୍ୱାରା ସିଏ ନିରାଶ ହୋଇଥିଲେ। ବ୍ରିଟିଶ ପ୍ରଧାନମନ୍ତ୍ରୀ ନେଭିଲ୍ ଚେମ୍ବରଲେନ ବିଶ୍ୱାସ କରିଥିଲେ ଯେ ଏହି ଚୁକ୍ତି ଯୁଦ୍ଧକୁ ଏଡ଼ାଇ ଦେବ, କିନ୍ତୁ ଆଡଲଫ ହିଟ୍‌ଲରଙ୍କ ଆକ୍ରମଣାତ୍ମକ ଅଭିପ୍ରାୟକୁ ରୋକିବାରେ ଏହା ଅକ୍ଷମ ହୋଇଗଲା।

୨୦. ଦି ଡ୍ରାଇ ସାଲଭେଜେସ୍

'ଦି ଡ୍ରାଇ ସାଲଭାଜେସ୍' ହେଉଛି ଏଲିୟଟଙ୍କର 'ଚାରି ଚତୁର୍ଭୁଜ'ର ତୃତୀୟ କବିତା, ଯାହା ସେହି ସମୟର ଆରମ୍ଭକୁ ଚିହ୍ନିତ କରେ ଯେତେବେଳେ ଧାରାବାହିକାଟି ଚାରୋଟି କବିତାର ଗୋଟିଏ ସେଟ୍ ଭାବରେ ସଚେତନ ରୂପେ ଆକାର ପାଇଥିଲା। ୧୯୪୧ ମସିହାରେ ଗ୍ରେଟ୍ ବ୍ରିଟେନ୍‌ରେ ବିମାନ ଆକ୍ରମଣ ସମୟରେ ଲେଖାଯାଇଥିଲା ଏବଂ ପ୍ରକାଶିତ ହୋଇଥିଲା।

ଏହି କବିତାଟି ସମୟର ପ୍ରକୃତି ଏବଂ ସମୟ ମଧ୍ୟରେ ମାନବତାର ସ୍ଥାନ ବିଷୟରେ ଆଲୋଚନା କରେ। ଜୀବନକୁ ରୂପକ ଭାବରେ ଏକ ଡଙ୍ଗାରେ ଯାତ୍ରା କରିବା ଏବଂ ବିଜ୍ଞାନ ଓ ଭବିଷ୍ୟତ ଲାଭ ଉପରେ ମାନବତାର ସ୍ଥିରତା ଭାବରେ ବର୍ଣ୍ଣନା କରାଯାଇଛି ଯାହା ଯାତ୍ରୀମାନଙ୍କୁ ସେମାନଙ୍କ ଗନ୍ତବ୍ୟ ସ୍ଥଳରେ ପହଞ୍ଚିବାକୁ ବାଧା ଦିଏ। କବିତାଟିରେ ଏଲିୟଟ ବ୍ୟକ୍ତିଗତ ଲାଭ ଖୋଜିବା ପରିବର୍ତ୍ତେ ଈଶ୍ୱରୀୟ ଇଚ୍ଛା ଅନୁସରଣ କରିବାର ଆବଶ୍ୟକତା ଉପରେ ଗୁରୁତ୍ୱାରୋପ କରିବା ପାଇଁ କୃଷ୍ଣଙ୍କ ପ୍ରତିମୂର୍ତ୍ତିକୁ ଆହ୍ୱାନ କରିଛନ୍ତି।

ଏହି କବିତାଟିର କେନ୍ଦ୍ରୀୟ ପ୍ରତିଛବି ହେଉଛି ପାଣି ଏବଂ ସମୁଦ୍ର। ଏଲିୟଟ ଅନ୍ୟ ଯେ କୌଣସି ଉପାଦାନ ଅପେକ୍ଷା ପାଣିକୁ ମୃତ୍ୟୁ ସହିତ ଅଧିକ ଜଡ଼ିତ କରିଛନ୍ତି। ଏହି କବିତାଟିର ମାଧ୍ୟମରେ ମୃତ୍ୟୁର ଏକ ଭାବନା ପ୍ରବାହିତ ହୁଏ। କବିତାଟିକୁ ମୃତ୍ୟୁର ଏକ ଚଳପ୍ରଚଳ ପ୍ରତିଛବି ବୋଲି କୁହାଯାଇ ପାରେ।

୨୧. ଲିଟିଲ୍ ଗିଡିଂ

'ଲିଟିଲ୍ ଗିଡିଂ' ହେଉଛି ଏଲିୟଟଙ୍କର 'ଚାରି ଚତୁର୍ଭୁଜ'ର ଚତୁର୍ଥ ଏବଂ ଶେଷ କବିତା ଯାହା ସମୟ, ଦୃଷ୍ଟିକୋଣ, ମାନବତା ଏବଂ ମୁକ୍ତି ବିଷୟରେ ଆଲୋଚନା କରୁଥିବା କବିତାଗୁଡ଼ିକର ଏକ ଶୃଙ୍ଖଳା। ଦ୍ୱିତୀୟ ବିଶ୍ୱଯୁଦ୍ଧ ସମୟରେ ଗ୍ରେଟ୍ ବ୍ରିଟେନ୍ ଉପରେ ବିମାନ ଆକ୍ରମଣ ଏବଂ ଏଲିୟଟଙ୍କର ସ୍ୱାସ୍ଥ୍ୟାବସ୍ଥା ହ୍ରାସ ପାଇବାରୁ ଏହା ଏକବର୍ଷରୁ ଅଧିକ ସମୟ ବିଳମ୍ବ ହେବା ପରେ ସେପ୍ଟେମ୍ବର ୧୯୪୨ ମସିହାରେ ପ୍ରଥମ ଥର ପାଇଁ ପ୍ରକାଶିତ ହୋଇଥିଲା। ଏହି ଶୀର୍ଷକ ହଣ୍ଟିଂଡନ ଶାୟାରରେ ଲିଟିଲ୍ ଗିଡିଂରେ ଥିବା ଏକ ଛୋଟ ଆଙ୍ଗ୍ଲିକାନ୍ ସଂପ୍ରଦାୟକୁ ବୁଝାଏ ଯାହା ସପ୍ତଦଶ ଶତାବ୍ଦୀରେ ନିକୋଲାସ୍ ଫେରାର୍ଙ୍କ ଦ୍ୱାରା ପ୍ରତିଷ୍ଠିତ ହୋଇଥିଲା ଏବଂ ଇଂରେଜ ଗୃହଯୁଦ୍ଧ ସମୟରେ ବିକ୍ଷିପ୍ତ ହୋଇଥିଲା।

ଲିଟିଲ୍ ଗିଡିଂ ସେହି ସ୍ଥାନ ଯେଉଁଠି ପାବନ ଅଗ୍ନି ଦେଖାଯାଏ। ଅଗ୍ନି ଏବଂ ପେଣ୍ଟେକୋଷ୍ଟାଲ ଅଗ୍ନିର ମିଳିତ ପ୍ରତିଛବି ବ୍ୟବହାର କରି ଶୁଦ୍ଧିକରଣ ଏବଂ ଶୁଦ୍ଧିର ଆବଶ୍ୟକତାକୁ ଗୁରୁତ୍ୱ ଦିଏ। କବିଙ୍କ ମତରେ, ଜୀବନ ପ୍ରତି ମାନବତାର ତ୍ରୁଟିପୂର୍ଣ୍ଣ ବୁଝାମଣା ଏବଂ ଈଶ୍ୱରଙ୍କଠାରୁ ଦୂରେଇ ଯିବା ଯୁଦ୍ଧର ଏକ ଚକ୍ରକୁ ନେଇଯାଏ, କିନ୍ତୁ ଶିକ୍ଷାକୁ ଚିହ୍ନି ଏହାକୁ ଦୂର କରାଯାଇ ପାରିବ। କବିତା ମଧ୍ୟରେ ବର୍ଣ୍ଣନାକାରୀ ଏକ ଭୂତକୁ ଭେଟିଥାନ୍ତି, ଯାହା ବିଭିନ୍ନ କବି ଏବଂ ସାହିତ୍ୟିକ ବ୍ୟକ୍ତିତ୍ୱଙ୍କ ମିଶ୍ରଣ। ଲିଟିଲ ଗିଡିଂ ଅତୀତ, ବର୍ତ୍ତମାନ ଏବଂ ଭବିଷ୍ୟତର ଏକତା ଉପରେ ଧ୍ୟାନ ଦିଏ ଏବଂ ଦାବୀ କରେ ଯେ ଏହି ଏକତାକୁ ବୁଝିବା ମୁକ୍ତିପାଇଁ ଆବଶ୍ୟକ।

୨୨. ପାହାଡ଼ ନାଟକର ଏକ ସମବେତ ଗାନ

ଏହି କବିତାଟି ହେଉଛି ୧୯୩୪ ମସିହାରେ ପ୍ରକାଶିତ ଏଲିୟଟଙ୍କର 'ଦି ରକ୍' ନାମକ ନାଟକର ଏକ ସମବେତ ଗାନ। ଏହା ଏକ ପଦ୍ୟ ପ୍ରତିଯୋଗିତା- 'ଦି ରକ୍' ନାଟକ ପାଇଁ ସିଏ ଲେଖିଥିବା ସମବେତଗାନଗୁଡ଼ିକର ପ୍ରତିନିଧିତ୍ୱ କରେ। ସଂଗୀତ ଏବଂ ନୃତ୍ୟ ସହିତ ସମ୍ପୂର୍ଣ୍ଣ ଏହି ନାଟକଟି ୨୮ ମଇରୁ ୯ ଜୁନ୍ ୧୯୩୪ ମସିହା ପର୍ଯ୍ୟନ୍ତ 'ସାଡ୍‌ଲର୍ସ ୱେଲ୍ସ ଥିଏଟର'ରେ ଲଣ୍ଡନରେ 'ଡାୟୋସିସ୍' ପାଣ୍ଠିର ସମର୍ଥନରେ ପରିବେଶଣ କରାଯାଇଥିଲା। ଏହା ଏକ ଧର୍ମ ସଂସ୍ଥା। ଯାହା ଲଣ୍ଡନର ପୁରୁଣା ଚର୍ଚ୍ଚଗୁଡ଼ିକୁ ସଂରକ୍ଷଣ କରିବାରେ ସାହାଯ୍ୟ କରୁଥିଲା। ନାଟକରେ ଏଲିୟଟଙ୍କ ଅବଦାନ ଚର୍ଚ୍ଚର ଇତିହାସ, ଏହାର ଧର୍ମଶାସ୍ତ୍ରର କିଛି ଦିଗ, ଆଧୁନିକ ବିଶ୍ୱରେ ଏହାର ସ୍ଥାନ ଏବଂ ଭବିଷ୍ୟତରେ କ'ଣ ହେବ ସେ ବିଷୟ ଅନୁମାନ ଉପରେ କେନ୍ଦ୍ରିତ।

ଏହି ନାଟକରେ ୫ଟି ସମବେତଗାନ ରହିଛି, ସେଥିରୁ ପ୍ରଥମ ସମବେତ ଗାନଟିର ଅନୁବାଦ ମୁଁ ଏହି ପୁସ୍ତକରେ ସନ୍ନିବିଷ୍ଟ କରିଛି।

୨୩. ବୋଷ୍ଟନ ସଂଧ୍ୟା ପ୍ରତିଲିପି

'ବୋଷ୍ଟନ ସଂଧ୍ୟା ପ୍ରତିଲିପି' ହେଉଛି ମାସାଚୁସେଟ୍ସର ବୋଷ୍ଟନରେ ଏକ ଦୈନିକ ଅପରାହ୍ଣ ଖବରକାଗଜ ଯାହା ୨୪ଜୁଲାଇ ୧୮୩୦ ମସିହାରୁ ୩୦ ଏପ୍ରିଲ ୧୮୪୧ ମସିହା ପର୍ଯ୍ୟନ୍ତ ଏକ ଶତାବ୍ଦୀରୁ ଅଧିକ ସମୟ ଧରି ପ୍ରକାଶିତ ହେଉଥିଲା।

ଏଲିୟଟ୍ ୧୯୧୫ ମସିହାରେ ଖବରକାଗଜକୁ ଉଲ୍ଲେଖ କରି 'ବୋଷ୍ଟନ ସଂଧ୍ୟା ପ୍ରତିଲିପି' କବିତାଟି ଲେଖିଥିଲେ।

ଏହି କବିତାଟିର ବିଷୟବସ୍ତୁ ହେଉଛି ଏଲିୟଟଙ୍କର ୟୁରୋପୀୟ ସାହିତ୍ୟିକ ଇତିହାସ ପ୍ରତି ଆକର୍ଷଣ ଏବଂ ନୂତନ ବିଶ୍ୱର ସଂସ୍କୃତି ପ୍ରତି ଘୃଣାର ସୂଚକ। ଏହା ସେହି ସମୟରେ ଲେଖାଯାଇଥିଲା ଯେତେବେଳେ ଏଲିୟଟ ଆମେରିକାରୁ ୟୁରୋପକୁ ସଫଳତାର ସହିତ ସ୍ଥାନାନ୍ତରିତ ହୋଇଥିଲେ ଏବଂ ତାଙ୍କ ତାଙ୍କ ଜନ୍ମଭୂମି ସମ୍ପର୍କରେ ମତାମତ ପରିପୂର୍ଣ୍ଣ ଥିଲା।

୨୪. ଅମରତାର ଫୁସ୍‌ଫୁସ୍ ସ୍ୱର

'ଅମରତାର ଫୁସ୍‌ଫୁସ୍ ସ୍ୱର' ହେଉଛି ଏଲିୟଟଙ୍କ ଦ୍ୱାରା ଲିଖିତ କବିତା ଯାହା ୧୯୧୫ ରୁ ୧୯୧୮ ମସିହା ମଧ୍ୟରେ ଲେଖା ଯାଇଥିଲା। ଏହି କବିତାଟି ମୂଳତଃ 'ଲିଟିଲ୍ ରିଭ୍ୟୁ'ର ସେପ୍ଟେମ୍ବର ସଂଖ୍ୟାରେ ପ୍ରକାଶ ପାଇଥିଲା ଏବଂ ଜୁନ୍ ୧୯୧୯ ମସିହାରେ ଲିଓନାର୍ଡ ଏବଂ ଭର୍ଜିନିଆ ଉଲ୍ଫଙ୍କ ହୋଗାର୍ଥ ପ୍ରେସ୍ ଦ୍ୱାରା ପ୍ରକାଶିତ ପୋଏମ୍ସ ନାମକ ଏକ ଚତୁଷ୍ପଦୀ କବିତା ମଧ୍ୟରୁ ଗୋଟିଏ, ଏକ ଧାରା ଯାହାକୁ ଏଲିୟଟ ଊନବିଂଶ ଶତାବ୍ଦୀର ମଧ୍ୟଭାଗରେ ଫରାସୀ କବି ଥିଓଫାଇଲ ଗୌଟିଅରଙ୍କ ଠାରୁ ଗ୍ରହଣ କରିଥିଲେ।

୨୫. ଦକ୍ଷିଣ ଆଫ୍ରିକାରେ ମରିଥିବା ଭାରତୀୟମାନଙ୍କ ପ୍ରତି

କର୍ଣ୍ଣେଲିଆ ସୋରାବଜୀଙ୍କ ଅନୁରୋଧରେ ଏଲିୟଟ ଏହି କବିତାଟିକୁ ରଚନା କରିଥିଲେ। କର୍ଣ୍ଣେଲିଆ ସୋରାବଜୀ: ୧୫ ନଭେମ୍ବର ୧୮୬୬ - ୬ ଜୁଲାଇ ୧୯୫୪) ଜଣେ ଭାରତୀୟ ମହିଳା ଓକିଲ, ସମାଜ ସଂସ୍କାରକ ଏବଂ ଲେଖିକା ଥିଲେ। ସିଏ ବମ୍ବେ ବିଶ୍ୱବିଦ୍ୟାଳୟରୁ ପ୍ରଥମ ମହିଳା ସ୍ନାତକ ଏବଂ ଅକ୍ସଫୋର୍ଡ ବିଶ୍ୱବିଦ୍ୟାଳୟରୁ ଆଇନ ଅଧ୍ୟୟନ କରିଥିବା ପ୍ରଥମ ମହିଳା।

ଏଲିୟଟ ତାଙ୍କ ରଚନାରେ ନୂତନ କାବ୍ୟିକ ଶୈଳୀ ପ୍ରଦାନ କରିଥିଲେ, ଯେଉଁଥିରେ ତୀକ୍ଷ୍ଣ ଚିତ୍ର, ପୌରାଣିକତା ଏବଂ ସାହିତ୍ୟିକ ସଂଦର୍ଭ ରହିଛି। ସିଏ ସାମୟିକ କବିତା ଲେଖିଥିଲେ। ଏହି କବିତାଟି ସେଗୁଡ଼ିକ ମଧ୍ୟରୁ ଗୋଟିଏ।

ଭାରତୀୟ ଦର୍ଶନ, ଭାରତୀୟ ପୌରାଣିକତା, ପରମ୍ପରା ଏବଂ ଧର୍ମ ତାଙ୍କୁ ପ୍ରଭାବିତ କରିଥିଲା। ଏହି କବିତାଟି ସେହି ଦିଗଗୁଡ଼ିକୁ ଦର୍ଶାଏ।

କବି ଦକ୍ଷିଣ ଆଫ୍ରିକାରେ ମୃତ୍ୟୁବରଣ କରିଥିବା ଭାରତୀୟ ସୈନିକମାନଙ୍କୁ ଶ୍ରଦ୍ଧାଞ୍ଜଳି ଅର୍ପଣ କରିଛନ୍ତି। ଭାରତୀୟ ସୈନ୍ୟମାନେ ବ୍ରିଟିଶ ସେନାର ଅଂଶ ଥିଲେ। ଦ୍ୱିତୀୟ ବିଶ୍ୱଯୁଦ୍ଧ ସମୟରେ ସେମାନଙ୍କୁ ବିଭିନ୍ନ ସ୍ଥାନକୁ ପଠାଯାଇଥିଲା। ସେମାନେ

ଦକ୍ଷିଣ ଆଫ୍ରିକା ମଧ୍ୟ ଯାଇଥିଲେ ଏବଂ ଲଢ଼େଇ କରି ମୃତ୍ୟୁ ବରଣ ମଧ୍ୟ କରିଥିଲେ। ଜଣେ ସୈନିକ ଘରଦ୍ୱାର, ପରିବାର, ସ୍ୱଦେଶ ଛାଡ଼ି ବିଦେଶରେ ଲଢ଼େଇ କରି ମୃତ୍ୟୁ ବରଣ କରେ। ଏହାର ଅର୍ଥ ହେଉଛି ଫଳ ବିଷୟରେ ଚିନ୍ତା ନକରି କର୍ତ୍ତବ୍ୟ କରିବାକୁ ପଡ଼ିବ। ଏହା ବିଚ୍ଛିନ୍ନତା ଭାବରେ ଜଣାଶୁଣା। ଏହି ଦର୍ଶନ ଶ୍ରୀମଦ୍ ଭଗବଦ୍ ଗୀତାରେ ପ୍ରକାଶିତ।

୨୬. ମୋ ପତ୍ନୀ ପ୍ରତି ଉତ୍ସର୍ଗ

ଏଲିୟଟ ୧୯୫୭ ମସିହାରେ ଏହି କବିତାଟି ତାଙ୍କର ଦ୍ୱିତୀୟା ପତ୍ନୀ ଏସ୍‌ମେ ଭାଲେରୀ ଏଲିୟଟଙ୍କ ଉଦ୍ଦେଶ୍ୟରେ ରଚନା କରିଥିଲେ। ବିବାହ ପୂର୍ବରୁ ସିଏ ଥିଲେ ଏସ୍‌ମେ ଭାଲେରୀ ଫ୍ଲେଚର୍, ଯିଏ ଫାବର ଆଣ୍ଡ ଫାବରରେ ଏଲିୟଟଙ୍କର ସେକ୍ରେଟାରୀ ଥିଲେ ଏବଂ ୩୮ ବର୍ଷ ଛୋଟ ଥିଲେ ଏଲିୟଟଙ୍କଠାରୁ।

୨୭. ହ୍ୟାମ୍ପଶାୟାର

ଏଲିୟଟଙ୍କର ଏହି ଛୋଟ କବିତାଟି 'ଭୂଦୃଶ୍ୟ'ରେ ରହିଛି। ଏହା ବ୍ୟତୀତ ଭର୍ଜିନିଆ ଏବଂ ୟୁସ୍କ ମଧ୍ୟ ଭୂଦୃଶ୍ୟର ଅନ୍ତର୍ଗତ।

ଏଲିୟଟଙ୍କର 'ଭୂଦୃଶ୍ୟ'ରେ ପ୍ରକୃତିର ଅନେକ ପ୍ରତିଛବି ଅଛି, ବିଶେଷ କରି ପକ୍ଷୀମାନେ। ଏଠାରେ ପ୍ରାୟ ସତର ପ୍ରକାରର ପକ୍ଷୀ ଅଛନ୍ତି। ପିଲାମାନେ ଖେଳୁଥିବା, ହରିଣ ଶିକାର କରୁଥିବା ଏବଂ ପ୍ରାଚୀନ ଯୁଦ୍ଧର ପ୍ରତିଛବି ମଧ୍ୟ ଅଛି। ଏଲିୟଟଙ୍କ ଶୈଳୀ ଅସ୍ଥିର। ହୁଏତ ଏଲିୟଟଙ୍କ ସମୟ କେତେ ଶୀଘ୍ର ବିତିଯାଏ ତାହା ଅନୁକରଣ କରୁଛନ୍ତି, ଯାହା କବିତାକୁ ଏକ ଜରୁରୀ ଭାବନା ଦେଉଛି।

କବିତାର ଶେଷ ଭାଗରୁ ଜଣା ପଡୁଛି: 'ପଲାଭର ସମାପ୍ତ ହୋଇଛି'। ପଲାଭର ହେଉଛି ଏକ 'ଆଲୋଚନା', ତେଣୁ କବିତାଟିକୁ ଦ୍ୱିତୀୟ ଥର ପଢ଼ିବା ସମୟରେ ଆମେ ଦେଖିପାରୁ ଯେ ଏଲିୟଟ ଏକପାଖିଆ ଆଲୋଚନା କରୁଛନ୍ତି- ପଦ୍ୟରେ।

ପ୍ରଥମ ଅନୁଚ୍ଛେଦ ଯାହାର ଶୀର୍ଷକ 'ନ୍ୟୁ ହ୍ୟାମ୍ପଶାୟାର"ରେ, ପିଲାମାନଙ୍କ ବିଷୟରେ କୁହାଯାଇଛି।

୨୮. ଭର୍ଜିନିଆ

ଏଲିୟଟ 'ଭର୍ଜିନିଆ' ଦକ୍ଷିଣ ଭୂଦୃଶ୍ୟର ଶାନ୍ତ ଏବଂ କାଳଜୟୀ ପ୍ରକୃତିକୁ ଉଜାଗର

କରିବା ପାଇଁ ପ୍ରତୀକାତ୍ମକ ଏବଂ ତାଳ ବ୍ୟବହାର କରିଛନ୍ତି। କବିତାର ଲୟବଦ୍ଧ ଗଠନ ଭର୍ଜିନିଆର ନଦୀଗୁଡ଼ିକର ମୃଦୁ ପ୍ରବାହକୁ ପ୍ରତିଫଳିତ କରେ ଯେତେବେଳେ ମ୍ୟାଗୋଲିଆ ବୃକ୍ଷ ଏବଂ ପୁରୁଣା ବୃକ୍ଷାରୋପଣ ଘର ଭଳି ପ୍ରତୀକଗୁଡ଼ିକ ଅଞ୍ଚଳର ଐତିହାସିକ ଏବଂ ସାଂସ୍କୃତିକ ଐତିହ୍ୟକୁ ପ୍ରତିଫଳିତ କରେ। ଏକାଠି, ଏହି ଉପାଦାନଗୁଡ଼ିକ ଭର୍ଜିନିଆର ସୌନ୍ଦର୍ଯ୍ୟ ଏବଂ ଜଟିଳତାର ଏକ ସ୍ପଷ୍ଟ ଓ ଚିନ୍ତାଶୀଳ ଚିତ୍ରଣ ସୃଷ୍ଟି କରେ।

୨୯. ୟୁସ୍କ

'ୟୁସ୍କ' ହେଉଛି ୱେଲ୍ସର ମନମାଉଥଶାୟାରରେ ଥିବା ଏକ ସହର, ଯାହା ନ୍ୟୁ ପୋର୍ଟର ୧୦ମାଇଲ (୧୪ କିଲୋମିଟର) ଉତ୍ତର-ପୂର୍ବରେ ଅବସ୍ଥିତ। ଏହା ୟୁସ୍କ ନଦୀ ଉପରେ ଅବସ୍ଥିତ, ଯାହା ସହରର ପଶ୍ଚିମ ପ୍ରବେଶ ଦ୍ୱାରରେ ଏକ ଧନୁଯୁକ୍ତ ପଥର ସେତୁ ଦ୍ୱାରା ପରିବ୍ୟାପ୍ତ। ସହରର ୟୁସ୍କ କ୍ୟାସେଲ୍ ପ୍ରାଚୀନ କ୍ରସିଂ ପଏଣ୍ଟକୁ ଅଣଦେଖା କରେ। ଏହା ଏକ ଛୋଟ ବଜାର- ସହର ଭାବରେ ବିକଶିତ ହୋଇଥିଲା, ଯେଉଁଠି ଜାପାନୀ ସାମଗ୍ରୀ ତିଆରି କରିବା ସମେତ କିଛି ଶିଳ୍ପ ଏବଂ ୧୯୪୧-୪୨ ନିର୍ମିତ ଏକ ଉଲ୍ଲେଖନୀୟ ଜେଲ୍ ଥିଲା। ସାଂପ୍ରତିକ ବର୍ଷଗୁଡ଼ିକରେ 'ୟୁସ୍କ ଇନ୍ ବ୍ଲୁମ୍' ପ୍ରତିଯୋଗିତାରେ ବ୍ରିଟେନ୍‌ରେ ସଫଳତାର ଇତିହାସ ପାଇଁ ଜଣାଶୁଣା ହୋଇଛି। ୧୯୮୨ ମସିହାରୁ ୨୦୧୬ ମସିହା ମଧ୍ୟରେ କ୍ରମାଗତ ୩୫ଥର 'ୱେଲ୍ସ ଇନ୍ ବ୍ଲୁମ୍' ପ୍ରତିଯୋଗିତା ଜିତିଛି। ୨୦୧୧ ମସିହାରେ ସହରର ବାସିନ୍ଦା ଜନସଂଖ୍ୟା ୨୮୩୪ ଥିଲା, ଯାହା ୨୦୨୧ ମସିହାରେ ପ୍ରାୟ ୨୬୦୦କୁ ହ୍ରାସ ପାଇଛି। ଜନସଂଖ୍ୟାର ୬.୮% ୱେଲ୍ସ କହିପାରୁଥିବା ଭାବେ ରେକର୍ଡ କରାଯାଇଛି।

ଏଲିୟଟଙ୍କର କବିତା ଭୂଦୃଶ୍ୟରେ ଛୋଟ କବିତା 'ନ୍ୟୁ ହ୍ୟାମ୍ପଶାୟାର' ଏବଂ 'ଭର୍ଜିନିଆ' ସହିତ ରହିଛି ଛୋଟ କବିତା 'ୟୁସ୍କ'।

୩୦. ଚାରିଟା ବେଳେ ପବନ ବହିଲା

ଏହା ହେଉଛି ଗୋଟିଏ କ୍ଷୁଦ୍ର କବିତା। ଏହି କବିତାର ବର୍ଣ୍ଣନାକାରୀ ରାତିର ମଧ୍ୟଭାଗରେ ତାଙ୍କର ଭୟ ଏବଂ ବ୍ୟକ୍ତିଗତ ରାକ୍ଷସମାନଙ୍କର ସାମ୍ନା କରିବା ବିଷୟରେ କହନ୍ତି। ସିଏ ତାଙ୍କର ମୃତ୍ୟୁର ଭୟକୁ ବର୍ଛା ଧରିଥିବା ଏକ ବଣୁଆ ଜନଜାତିର ସାମ୍ନା କରିବା ସହିତ ତୁଳନା କରନ୍ତି। ସିଏ ଜୀବନରୁ ମୃତ୍ୟୁକୁ ପୃଥକ କରୁଥିବା ନଦୀ ପାରି ହେବା ବିଷୟରେ କହନ୍ତି।

ଏହି କବିତାର ବିଷୟବସ୍ତୁ, ଏଲିୟଟଙ୍କର ଅନେକ କବିତା ପରି, ଯେତେବେଳେ ଆମେ ଏକୁଟିଆ ଥାଉ, ମୃତ୍ୟୁ ଏବଂ ଆମ ନିଜର ମୃତ୍ୟୁର ସତ୍ୟତାକୁ ସାମ୍ନା କରିବା। ବିଶ୍ରାମର ଶାନ୍ତ ସମୟରେ ମହାନ ଶାନ୍ତି ମିଳିପାରେ; ତଥାପି ଏହି ସମୟରେ ଆମର ମନ ଦୀର୍ଘ-ସମାଧିପ୍ରାପ୍ତ ସ୍ମୃତିଗୁଡ଼ିକୁ ଖୋଜି ବାହାର କରେ ଏବଂ ସେଗୁଡ଼ିକୁ ପୁନର୍ଜୀବିତ କରେ। ଯଦି ସ୍ମୃତିଗୁଡ଼ିକ ଯନ୍ତ୍ରଣାଦାୟକ ହୋଇଥାଏ, ତେବେ ଆମେ ସେଗୁଡ଼ିକୁ ପୁଣି ଥରେ ବଶ କରିବାକୁ ଚେଷ୍ଟା କରୁ, କାରଣ ଆମେ ଏକାକୀ ଆଉ ଦୁର୍ବଳ ଅନୁଭବ କରୁ।

୩୧. ଝରକାରେ ସକାଳ

ଏହା ଗୋଟିଏ ଛୋଟ କବିତା, ଯାହା ପ୍ରଥମେ କବିଙ୍କର ୧୯୧୭ ମସିହାର ସଂକଳନ "ପ୍ରୁଫ୍ରକ୍ ଆଣ୍ଡ ଅଦର ଅବ୍‌ଜରଭେସନ୍ସ" ରେ ପ୍ରକାଶିତ ହୋଇଥିଲା। ଝରକା ଦେଇ ଏକ ସହରାଞ୍ଚଳ ରାସ୍ତାକୁ ଚାହିଁ (ହୁଏତ ଲଣ୍ଡନରେ ଯେଉଁଠି କବିତାଟି ଲେଖା ଯାଇଥିଲା) ବକ୍ତା ଶୁଣନ୍ତି ଏବଂ ଦେଖନ୍ତି ଯେ ଦଳିତ ଚାକରମାନେ ଆନନ୍ଦରେ ସେମାନଙ୍କର ସକାଳର କାମ କରୁଛନ୍ତି। ବାୟୁମଣ୍ଡଳ ବାଦାମୀ କୁହୁଡ଼ି (ପ୍ରଦୁଷଣର ଏକ ଚିହ୍ନ) ରେ ପରିପୂର୍ଣ୍ଣ, ଯାହା ମାଧ୍ୟମରେ ବକ୍ତା, ଯନ୍ତ୍ରଣା କିମ୍ବା ଯନ୍ତ୍ରଣାରେ ବିକୃତ ମୁହଁର ଝଲକ ପାଆନ୍ତି। ଏହି କବିତାରେ ଆଧୁନିକ ସହର ଜୀବନ ତୀବ୍ର, ଅସମାନତା, ହତାଶା ଏବଂ ବିଚ୍ଛିନ୍ନତା ଦ୍ୱାରା ଚିହ୍ନିତ।

୩୨. ସମ୍ପର୍କୀୟା ଭଉଣୀ ନାନ୍‌ସି

ଏହି କବିତାଟି ୧୯୧୭ ମସିହାରେ ଏଲିୟଟଙ୍କର ପ୍ରଥମ କବିତା ପୁସ୍ତକ 'ପ୍ରୁଫ୍ରକ୍ ଆଣ୍ଡ ଅଦର ଅବ୍‌ଜରଭେସନ୍ସ'ରେ ପ୍ରକାଶିତ ହୋଇଥିଲା। ଏହା ଏହି ପୁସ୍ତକର ଅନ୍ତର୍ଭୁକ୍ତ କବିତାଗୁଡ଼ିକର ଏକ ଶୃଙ୍ଖଳା ମଧ୍ୟରୁ ଗୋଟିଏ ଯାହା ନ୍ୟୁ ଇଂଲଣ୍ଡ ସମାଜର ସ୍ଥୂଳତାକୁ ବ୍ୟଙ୍ଗ ଏବଂ ବିଶ୍ଳେଷଣ କରେ। ଏହି କ୍ଷେତ୍ରରେ ସମ୍ପୂର୍ଣ୍ଣ ଆଧୁନିକ ଚାରିପାଖରେ ଥିବା ଲୋକଙ୍କର ପାରମ୍ପରିକ ମନୋଭାବ ସହିତ ବିଭେଦ ସୃଷ୍ଟି କରେ।

ଊଷର ଭୂମି

ମୃତକର ଅନ୍ତ୍ୟେଷ୍ଟିକ୍ରିୟା

ଏପ୍ରିଲ୍ ହେଉଛି ନିଷ୍ଠୁରତମ ମାସ, ଜନ୍ମାଏ
ଲାଇଲାକ ମୃତ ଭୂମିରେ, ମିଶାଇ କରି
ଏକାସାଙ୍ଗରେ
ସ୍ମୃତି ଆଉ ଅଭିଳାଷ, ସ୍ପନ୍ଦିତ କରି
ନିର୍ଜୀବ ମୂଳକୁ ବାସନ୍ତୀ ବର୍ଷାରେ।
ଶୀତଋତୁ ଆମକୁ ଉଷ୍ମ କରି ରଖିଲା, ଢାଙ୍କିଦେଇ
ଧରିତ୍ରୀକୁ ବିସ୍ମୃତ ତୁଷାରରେ, ଯୋଗାଇ
କ୍ଷୀଣପ୍ରାଣ ଶୁଷ୍କ କନ୍ଦମୂଳେ।

ଗ୍ରୀଷ୍ମ ଦେଲା ଚମକାଇ,
ଆସିଥିଲା ଷ୍ଟାର୍ଣ୍ଣବର୍ଗେସିର ଆକାଶରେ ଭାସି
ଅସରାଏ ବର୍ଷାର ସହିତ;
ଆମେ ଅଟକିଲୁ ସ୍ତମ୍ଭଶ୍ରେଣୀର ଭିତରେ,
ପୁଣି ତ ଚାଲିଲୁ ଆମେ
ସୂର୍ଯ୍ୟ କିରଣରେ, ହଫ୍‌ଗାର୍ଟନ ଆଡ଼େ,
ଆଉ କଫି ପିଇଥିଲୁ,
ପୁଣି ଆମେ ଗୋଟେ ଘଣ୍ଟା କଲୁ ବାର୍ତ୍ତାଳାପ।
ମୁଁ ନୁହେଁ ରୁଷୀୟ,
ଲିଥୁଏନିୟାରୁ ଆସିଛି, ମୁଁ ଖାଣ୍ଟି ଜର୍ମାନ
ଆଉ ଯେବେ ଆମେ ପିଲାଥିଲୁ, ରହୁଥିଲୁ
ଆର୍କ ଡିଉକ୍‌ଙ୍କ ଘରେ,

ମୋର ସମ୍ପର୍କୀୟ ଭାଇ ଜଣେ,
ସ୍ଲେଜ୍‌ରେ ବସାଇ
ନେଇ ଯାଇଥିଲେ ମୋତେ ବହୁ ଦୂର ଦିନେ,
ଭୟ ଥିଲା ମୋ ମନରେ ଛାଇ।
କହିଲେ ସେ, "ମେରୀ, ମେରୀ,
ଜାବୁଡ଼ି ଧର ତୁ ମୋତେ ଅତି ଦୃଢ଼ କରି,"
କହୁ କହୁ ଉଭୟେ ଖସିଲୁ,
ତଳେ ପହଞ୍ଚିଲୁ।
ପର୍ବତ ଶ୍ରେଣୀରେ,
ସ୍ୱାଧୀନତା ଅନୁଭୂତ ହେବ ଯେ ତୁମର।
ରାତିରେ ତ ଅଧିକାଂଶ ବେଳେ
ବସି ପଢୁଥାଏ,
ଶୀତକାଳ ଆଗମନେ ଦକ୍ଷିଣକୁ ମୁହିଁ ଚାଲିଯାଏ।

କେଉଁ ଚେର ଧରି ରଖେ, କେଉଁ ଶାଖା ବଢ଼ିଥାଏ କ୍ରମେ
ପଥୁରିଆ ଭୂଇଁର ଉପରେ? ମାନବ-ସନ୍ତାନ,
ତୁମେ କହି ପାରିବନି କିମ୍ବା ଭାବି ପାରିବନି, କାହିଁକି ନା
ଜାଣିଅଛ ତୁମେ
ଖାଲି ଏକ ସ୍ତୂପ ପରା ଭଗ୍ନ ପ୍ରତିମାର,
ଯେଉଁଠାରେ ସୂର୍ଯ୍ୟ ଢାଳେ ପ୍ରଖର କିରଣ,
ଆଉ ମୃତ ବୃକ୍ଷମାନ
ଦିଅନ୍ତିନି ଏବେ ତ ଆଶ୍ରୟ,
ମିଳେ ନାହିଁ ଶାନ୍ତି ଝିଣ୍ଟିକାର
ରହିଥାଏ କିଛି ଶିଳା ହୋଇ ଶୁଷ୍କପ୍ରାୟ,
ଅଥବା ନ ଥାଏ ଶବ୍ଦ ନିର୍ଝର ଜଳର। କେବଳ
ଥାଏ ଯେ ଛାୟା ଲୋହିତ ଚଟାଣ ତଳେ,
(ଚୋଲି ଆସ ତୁମେ ଲୋହିତ ଚଟାଣ ତଳେ ଥିବା ସେ ଛାୟାକୁ)
ପୁଣି ମୁହିଁ ଖାସ୍ କରି କିଛି ଦେଖାଇବି
ତୁମ ପଛେ ଚାଲୁଥିବା ସକାଳର ଛାଇ

ସଂଜ ହେଲେ ଉଠୁଥିବ ତୁମ ସଙ୍ଗେ ଭେଟିବାର ପାଇଁ;
ମୁଁ ତୁମକୁ ଭୟ ଦେଖାଇବି ଆଞ୍ଜୁଳାଏ ଧୂଳିର ଭିତରେ।

ବହିଆସେ ସତେଜ ପବନ
ଗୃହ ଅଭିମୁଖେ
ଆଗୋ ମୋର ଆଇରିଶ୍ ବାଳା
କେଉଁଠାରେ କରିଛ ପ୍ରତୀକ୍ଷା ?

"ତୁମେ ମୋତେ ଦେଲ ଯେ ପ୍ରଥମେ ହ୍ୟାସିନ୍ଥ ଫୁଲ ବର୍ଷକର ତଳେ;
ହ୍ୟାସିନ୍ଥ ବାଳିକା ମୋତେ କହିଲେ ସକଳେ"
- କିନ୍ତୁ ଆମେ ଫେରିଲୁ ଯେବେଳେ, ବିଳମ୍ବରେ
ହ୍ୟାସିନ୍ଥର ବଗିଚାରୁ,
ତୁମ ଦୁଇ ହାତ ପୂର୍ଣ୍ଣ, ଓଦା ହୋଇଥିଲା ତୁମ ବାଳ,
ମୁହଁ ଖୋଲି କହି ପାରିଲିନି,
ଚକ୍ଷୁକୋଣେ ଦିଶୁଥିଲା ପ୍ରୟାସ ନିଷ୍ଫଳ,
ଜୀବିତ ଅଥବା ମୃତ ସେ କଥା ମୁଁ ବୁଝି ପାରିଲିନି,
ଆଲୋକର କେନ୍ଦ୍ରେ ମୁହିଁ ଚାହିଁ ରହିଥିଲି, ନୀରବତା ଆଡ଼େ।
ନିଷ୍ଫଳ, ଶୂନ୍ୟ ସେହି ପାରାବାର।
ମ୍ୟାଡମ୍ ସୋସୋଷ୍ଟ୍ରିସ୍, ପ୍ରସିଦ୍ଧ ଭବିଷ୍ୟଦ୍ରଷ୍ଟ୍ରୀ
ସର୍ଦ୍ଦିରେ ପୀଡ଼ିତା, ତେବେ
ତାଙ୍କୁ ଜ୍ଞାନବତୀ ବୋଲି ୟୁରୋପରେ ଜାଣନ୍ତି ସରବେ,
ହାତେ ଯାର ରହିଥାଏ ଏକ ଯାଦୁଗର ତାସ୍‌ମୁଠା।
ହେଇ ଦେଖ, କହିଲା ସେ,
ଏହା ତୁମ ତାସ୍,
ହେ ଫୋନିସୀୟ ଜଳମଗ୍ନ ନାବିକ
(ଯାହାର ନୟନ ଥିଲା ଏବେ ମୋତି ପରି। ଦେଖ!)
ଏହିଠାରେ ଅଛି ବେଲାଡୋନା, ପର୍ବତ ସୁନ୍ଦରୀ,
ଅଧିଷ୍ଠାତ୍ରୀ ସବୁ ଘଟଣାର।
ଏଠାରୋ ସେହି ଲୋକଟି ତିନିଗୋଟି ଆଶାବାଡ଼ି ସହ;
ଆଉ ଏଠି ଚକ,

ପୁଣି ଏଠି ଅଛି ଜଣେ ଏକ-ଆଖିଆ ବଣିକ,
ଆଉ ଏହି ତାସ୍,
ପୂରାପୂରି ଫାଙ୍କା ଆଉ ବର୍ଣ୍ଣହୀନ ପରା,
ଅଛି କିଛି ଯାହା ସିଏ ପିଠିରେ ବୋଝେଇ ବୁଲେ,
ଯାହା ମୋତେ ଦେଖିବାକୁ ମନା।
ଫାଶି ଦିଆଯିବା ଲୋକଟିକୁ ମୁଁ ଦେଖି ପାରେନି।
ଆଉ ପୁଣି ସଲିଳସମାଧି ସଂକେତକୁ।
ଚକ୍ରାକାରେ ଘୂରୁଥିବା ଦଳ ଦଳ ଲୋକଙ୍କୁ ମୁଁ ଦେଖେ।
ଧନ୍ୟବାଦ।
ତୁମେ ଯଦି ଦେଖ ଆଦରର ମିସେସ୍ ରିକ୍ୱିଟୋନ୍‌ଙ୍କୁ
କହିଦେବ ତାଙ୍କୁ ଯେ ମୁଁ କୋଷ୍ଠିଟିକୁ ସାଙ୍ଗରେ ଆଣିଛି:
ଏବେ ସତର୍କ ରହିବା ଅତି ପ୍ରୟୋଜନ।

ଅସତ୍ୟ ସହର,
ଶୀତଦିନ ସକାଳର ଧୂଳିଆ କୁହୁଡ଼ି ତଳେ,
ଲୁଣ୍ଡନ ବ୍ରିଜ୍ ଉପରେ ବହିଗଲା ଜନଗହଳିଟି,
ଏତେ ଲୋକ ଥିଲେ,
ଚିନ୍ତାକରି ପାରିଲିନି ମୁହିଁ ମୃତ୍ୟୁ କଲା ଏତେ ଲୋକଙ୍କୁ ଯେ କବଳିତ।
ଦୀର୍ଘଶ୍ୱାସମାନ ଥିଲା କିଛି ହ୍ରସ୍ୱ କିଛି ବିଳମ୍ବିତ,
ପ୍ରତ୍ୟେକଙ୍କ ଚକ୍ଷୁ ଥିଲା ନିଜ ନିଜ ପାଦରେ ନିବଦ୍ଧ।
ତାପରେ ଜନଗହଳି ବଢ଼ିବାକୁ ଲାଗିଗଲା ପାହାଡ଼ ଉପର ଦେଇ
କିଂଗ ଉଇଲିୟମ୍ ଷ୍ଟ୍ରୀଟ୍‌ର ଆଡ଼କୁ
ଯେଉଁଠାରେ ସେଣ୍ଟ ମେରୀ ଉଲ୍‌ନଥ୍ ପରା ରୋକି ଥିଲାବେଳେ
ଠିକ୍ ନଅଟାରେ ଶବ୍ଦହୀନ ଆବାଜ ଶୁଣାଇ
ଚରମ ଆଘାତେ।

ସେଠି ଜଣେ ଜଣାଶୁଣା ଲୋକଙ୍କୁ ଦେଖିଲି
ଆଉ ତାଙ୍କୁ ଅଟକାଇ ଦେଲି, କାନ୍ଦି କରି: "ଷ୍ଟେଟସନ୍!
ତୁମେ ତ ଥିଲ ମୋ ସଙ୍ଗେ ମିଲେଠାରେ ଜାହାଜର ସାଥୀ!

ସେହି ଶବ ଯାହା ତୁମେ ପୋତି ଥିଲ ଗତବର୍ଷ ନିଜ ବଗିଚାରେ,
ହେଲାଣି କି ତାହା ଅଙ୍କୁରିତ ? ଏବର୍ଷ କି ଧରିବ ସେ ଫୁଲ ?
କିମ୍ବା ଅଚାନକ ଏବେ ତୁଷାର ପାତରେ କିଆରିଟି ନଷ୍ଟ ହୋଇଅଛି ?
ଆଃ ସେ କୁକୁରଟିକୁ ଦୂରେ ରଖିଥାଅ,
ସିଏ ପରା ବନ୍ଧୁ ମଣିଷର,
ତା ନହେଲେ ସିଏ ତ ନଖରେ ଖୋଳି
ବାହାରକୁ ପୁଣି କାଢ଼ି ଦେବ !
ହେ ଭଣ୍ଡ ପାଠକ !- ତୁମେ ତ ମୋର ଯମଜ-ସ୍ୱୀୟ ସହୋଦର ।"

ଚେସ୍ ଖେଳ

ଯେଉଁ ଚୌକିରେ ବସିଥିଲା ମହିଳାଟି, ଥିଲା ଝକମକ
ସିଂହାସନ ପରି,
ଶଙ୍ଖମଲମଲ ପଥର ଉପରେ ଜାଜ୍ୱଲ୍ୟମାନ,
ଯେଉଁଠି ଅଙ୍ଗୁରଲତାର କୁଟିକମ ସ୍ତମ୍ଭରେ ଖଚିତ ଥିଲା
ଗୋଟିଏ ଦର୍ପଣ,
ଯେଉଁଠୁ ଉଙ୍କିମାରୁଥିଲା ଗୋଟିଏ ସୁବର୍ଣ୍ଣ କନ୍ଦର୍ପ
(ଅନ୍ୟ ଗୋଟିଏ ମୂର୍ତ୍ତିର ମୁଖ ଢଙ୍କା ହୋଇ ରହିଥିଲା
ତା ଡେଣାର ଆଢୁଆଳରେ)
ଦ୍ୱିଗୁଣିତ ଉଜ୍ଜ୍ୱଳ ହୋଇ ଉଠିଥିଲା ଦର୍ପଣରେ
ସପ୍ତମୁଖ-ଦୀପଦାନିର ଶିଖା,
ଟେବୁଲ୍ ଉପରେ ଯାଇ ପଡୁଥିଲା ପ୍ରତିଫଳିତ ଆଲୋକ
ସେହି ଆଲୋକ ମିଶିଥିଲା ତା' ଗହଣାର ଉଜ୍ଜ୍ୱଳତା ସହ
ଯେଉଁ ଗହଣା
ସାଇତି କରି ରଖାଯାଇଥିଲା ରେଶମୀ ବାକ୍ସରେ,
ହାତୀଦାନ୍ତର ଆଉ ରଂଗୀନ କାଚର ଶିଶିରୁ,
ଉଠି ଆସୁଥିଲା ତା'ର ଅତ୍ୟାଶ୍ଚର୍ଯ୍ୟ
କୃତ୍ରିମ ବାସ୍ନା ତ
ପ୍ରସାଧନ, ଚୂର୍ଣ୍ଣ ବା ତରଳ-ଅସ୍ଥିର, ବିଭ୍ରାନ୍ତ
ଏବଂ ବୁଡ଼ାଇ ଦେଉଥିଲା ଚେତନା ବାସ୍ନାରେ;
ଚହଲିଗଲା ପବନରେ
ଯେଉଁ ସତେଜ ପବନ ଆସିଥିଲା ଝରକାରୁ,

ବାସ୍ନା ଉଠୁଥିଲା ଉପରକୁ
ସ୍ଫୀତ କରିଥିଲା ମହମବତୀର ସେହି ବିଳମ୍ବିତ ଶିଖାଟିକୁ,
ଫିଙ୍ଗିଥିଲା ଧୂଆଁକୁ ତାହାର ମଦିରା ଭିତରେ,
ଦୋହଲାଇ କୋଠିକରା ଘରର ଛାତକୁ।
ବିରାଟ ତ ସାମୁଦ୍ରିକ-କାଠ ଖଚିତ ଯା ତମ୍ବାର ସହିତ
ରଂଗୀନ ପଥରେ ଘେରା, ଜଳିଥିଲା ସବୁଜ ଓ କମଳା ଶିଖାରେ,
ସେହି ମ୍ଳାନ ଆଲୋକରେ
ଖୋଦେଇ କୃତ ଡଲ୍‌ଫିନ୍‌ଟିଏ କଲା ସନ୍ତରଣ।
ହେଉଥିଲା ପ୍ରଦର୍ଶିତ ପୁରାତନ ଅଗ୍ନିକୁଣ୍ଡ ପରେ
ମନେ ହୁଏ ବାତାୟନେ ଦେଖାଉଛି
ଯେବେ ବଦଳିଲା ଫିଲୋମେଲ୍, ବର୍ବର ରାଜାଙ୍କ ଦ୍ୱାରା
ନିକ୍ଷେପିତ ହୋଇଣ ନିଷ୍ଠୁରେ;
ବୁଲ୍‌ବୁଲ୍‌ଟି ଭରିଥିଲା ମରୁରେ ତ ଅଲଂଘ୍ୟ ସ୍ୱର ଗୁଂଜନ
ତେବେ ବି ସେ କାନ୍ଦିଥିଲା ଏବଂ ଏବେ ତଥାପି ଧରଣୀ
କରୁଅଛି ତା ଅନୁଧାବନ,
ଅଶାଳୀନ କାନରେ ତ 'ଜଗ୍ ଜଗ୍' ସ୍ୱର ତା'ର ଝରେ।

ଆଉ କେତେ କ୍ଷୟ ହୋଇଥିବା କାଳଚିହ୍ନ ସବୁ
ରହିଥିଲା ପ୍ରାଚୀର ଉପରେ;
ଥିଲା ମୂର୍ତ୍ତିଗୁଡ଼ିକର ବିସ୍ଫାରିତ ଆଖି
ଯାହା ଥିଲା ଝୁଲନ୍ତ ଭାବରେ, ରୁଦ୍ଧ ଘରଟି ତ ଏବେ ନିଥର ନୀରବ।
ସିଢ଼ିରେ ପାଦର ଶବ୍ଦ ଆସେ ଆଉ ଯାଏ।
ଅଗ୍ନିର ଆଲୋକେ, ଦେଖ, ପାନିଆର ଚାପେ ତା'ର କେଶ
ଖସି ପଡୁଥିଲା ପରା ଅଗ୍ନିକଣା ପରି
ଯେହ୍ନେ ଶବ୍ଦ ଜ୍ୟୋତିର୍ମୟ, ତାହା ପରେ ନିର୍ମମ ନିର୍ବାକ।

"ଆଜିର ନିଶିଥେ ଅସୁସ୍ଥ ମୋ ନାଡ଼ୀ। ହଁ, ଅସୁସ୍ଥ।
ରହ ମୋ ପାଖରେ।
କଥା କହ। କିଆଁ କିଛି କହୁ ନାହଁ ତୁମେ। କହ।

କ'ଣ ବା ଭାବୁଅଛ ତୁମେ ? କ'ଣ ଭାବୁଛ ? କ'ଣ ?
ଜାଣି ପାରେନି ତ ମୋଟେ କିବା ତୁମେ ଭାବ। ଭାବ।"
ମୁଁ ଭାବୁଛି ଆମେ ସବୁ ଏବେ ରହିଛେ ମୂଷାଙ୍କ ଗାତରେ
ଯେଉଁଠି ହଜେଇ ଦେଲେ ମୃତଲୋକେ ସେମାନଙ୍କ ହାଡ଼।

"ସେ ଶବ୍ଦଟି ଅବା କ'ଣ ?"
ଦୁଆରର ତଳେ ବହେ ପବନର ସ୍ରୋତ।
"ତାହା କେଉଁ ଶବ୍ଦ ଯାହା ଶୁଣାଯାଏ ଏବେ ?
ପବନ ବା କ'ଣ କହୁଛି ?"
କିଛି ନାହିଁ, କିଛି ନାହିଁ।
"ତୁମେ କ'ଣ କିଛି ଜାଣିନ ?"
ତୁମେ କ'ଣ କିଛି ବି ଦେଖି ପାରୁନ ?
ତୁମେ କ'ଣ କିଛି ମନେ ପକେଇ ପାରୁନ ?"

ମୋର ମନେ ପଡୁଛି
ମୁକ୍ତା ପରି ଥିଲା ତା'ର ସେହି ଆଖିଯୋଡ଼ିକ।
"ତୁମେ ବଞ୍ଚିଛ ନା ମୃତ ?
ତୁମ ମୁଣ୍ଡରେ କ'ଣ ଆଉ କିଛି ନାହିଁ ?"
କିନ୍ତୁ
ଓଃ ଓଃ ଓଃ ଓଃ ସେକ୍ସପିୟରଙ୍କର ରାଗର ଆଳାପ-
ସତରେ କେତେ ସାବଲୀଳ
କେତେ ବୁଦ୍ଧିଶୀଳ
"ଏଇନେ ମୁଁ କ'ଣ କରିବି ? କ'ଣ କରିବି ?"
"ଯେମିତି ମୁଁ ଅଛି ସେହିପରି ଏଠୁ ବାହାରିବ ଏବଂ ରାସ୍ତାରେ ଚାଲିବି
ସେମିତି ମୋ ମୁଣ୍ଡବାଳ ତଳକୁ ପକାଇ।
କାଲି ଆମେ କ'ଣ କରିବା ?
ସବୁବେଳେ ଆମେ ପୁଣି କ'ଣ କରିବା ?"
ଦଶଟା ବେଳେ ଗରମ ପାଣି।
ଏବଂ ଯଦି ବର୍ଷା ହୁଏ, ଚାରିଟାବେଳେ ବୁଲିଯିବା ରୁଦ୍ଧ ମଟରରେ।

ଆଉ ଆମେ ଖେଳିବା ତ ଚେସ୍ ବାଜିଏ,
ଅପଲକ ନେତ୍ରେ ରହି, ଦ୍ୱାରେ କା'ର କରାଘାତ ପାଇଁ
ଅପେକ୍ଷା କରିବା।

ଯେତେବେଳେ ଲିଲିର ସ୍ୱାମୀ ଅବ୍ୟାହତି ନେଇ ଘରକୁ ଫେରିଲା,
କହିଲି ମୁଁ-
ଏହା ଠିକ୍ ନୁହେଁ, ମୁଁ ଲଗେଇ ଯୁଟେଇ କହୁନି,
ମୁଁ ତାକୁ ନିଜେ କହିଲି,
ଦୟାକରି ଶୀଘ୍ର ସାର ସମୟ ହୋଇଛି
ଏବେ ଆଲ୍‌ବର୍ଟ ଫେରୁଛି, ତୁମେ ଟିକିଏ ସ୍ଫୁର୍ତ୍ତିବାନ ହୁଅ।
ତୁମକୁ ଦାନ୍ତ ଲଗାଇବା ପାଇଁ ସିଏ ଯେଉଁ ଟଙ୍କା ଦେଇଥିଲା
ସେଥିରେ ତୁମେ କ'ଣ କଲ ତାହା ସିଏ ଜାଣିବାକୁ ଚାହିଁବ।
ସିଏ ଦେଇ ଥିଲା, ମୁଁ ସେଠି ଥିଲି।
ସବୁତକ ଦାନ୍ତ ଉପାଡ଼ି ଦିଅ, ଲିଲି ଆଉ ଭଲକରି ଦାନ୍ତଲଗାଅ,
ସିଏ କହିଥିଲା, ମୁଁ ଶପଥ କରୁଛି, ତୁମ ମୁହଁକୁ ଚାହିଁ ପାରୁନି।
ଆଉ ମୁଁ ଚାହିଁ ପାରୁନି, ମୁଁ କହିଥିଲି, ଏବଂ ଭାବ
ବିଚରା ଆଲବର୍ଟର କଥା,
ଚାରିବର୍ଷ ସିଏ ସୈନ୍ୟବାହିନୀରେ ଥିଲେ, ଏବେ ଟିକିଏ ଶାନ୍ତି ଚାହେଁ,
ଆଉ ଯଦି ତୁମେ ନ ଦିଅ, ଅନ୍ୟମାନେ ଦେବେ, ମୁଁ କହିଲି।
ଅଛନ୍ତି ନା କ'ଣ, ସିଏ ଜାଣିବାକୁ ଚାହିଁଲା।
କହିଲି ତାହା ହିଁ ମନେ ହୁଏ।
ତାହେଲେ ମୁଁ ଜାଣି ପାରିବି କାହାକୁ ଧନ୍ୟବାଦାଦ ଦେବି, ସିଏ କହିଲା,
ଏବଂ ମୋ ଆଡ଼େ ସିଧାସଳଖ ଭାବେ ଚାହିଁଲା।

ଦୟାକରି ଶୀଘ୍ର ସାର ସମୟ ହୋଇଛି
ଯଦି ତୁମକୁ ଏହା ଭଲ ଲାଗୁନି, ତେବେ ଚଳେଇ ନେଇ ପାର,
ମୁଁ କହିଲି।
ତୁମେ ନ ପାରିଲେ ଅନ୍ୟମାନେ କେହି ବାଛି ନେବେ।
ଆଲବର୍ଟ ଯଦି ପଳାଏ, ତାହା କିନ୍ତୁ ନ କହିବା ଯୋଗୁ ହେବନି।

ତୁମକୁ ଲଜ୍ଜା କରିବା କଥା, ମୁଁ କହିଲି, ପୁରୁଣାକାଳିଆ ଦିଶିବା ପାଇଁ।
(ଆଉ ତା ବୟସ ମାତ୍ର ଏକତିରିଶ)
ମୁଁ କ'ଣ କରିବି କହ, ସିଏ କହିଲା, ମୁହଁକୁ ଟିକିଏ ଟେର୍ଛା କରି,
ବଟିକା ପରେ ବଟିକା ମୁଁ ଖାଇଛି, ଆଉ ନ ହେବାକୁ, ସିଏ କହିଲା।
(ତା'ର ପାଞ୍ଚଟି ସନ୍ତାନ ଥିଲେ, ଏବଂ ଜର୍ଜର ବେଳକୁ
ସିଏ ମରୁ ମରୁ ବଞ୍ଚିଲା।)
ଔଷଧବିକ୍ରେତା କହିଲେ ଠିକ୍ ହୋଇଯିବ, କିନ୍ତୁ ମୁଁ
ଆଗପରି ହୋଇକରି ରହିନି।
ତୁମେ ସତରେ କ'ଣ ଓଲି, ମୁଁ କହିଲି
ଆଚ୍ଛା, ଯଦି ଆଲବର୍ଟ ତୁମକୁ ଏକାକିନୀ ଛାଡ଼ି ପାରିବନି,
ମୁଁ କହିଲି,
ଯଦି ତୁମେ ସନ୍ତାନ ଚାହୁଁନ, ତେବେ ବିବାହ କଲ କାହିଁକି ?
ଦୟାକରି ଶୀଘ୍ର ସାର ସମୟ ହୋଇଛି
ହଁ, ଆଲବର୍ଟ ସେଦିନ ଘରେ ଥିଲା,
ସେମାନେ ଗରମ ମାଂସ ତରକାରି ଖାଇଲେ,
ଏବେ ସେମାନେ ସ୍ୱାଦ ଅନୁଭବ କରିବା ପାଇଁ-
ଦୟା କରି ଶୀଘ୍ର ସାର ସମୟ ହୋଇଛି
ଦୟା କରି ଶୀଘ୍ର ସାର ସମୟ ହୋଇଛି
ଶୁଭ ରାତ୍ରି ବିଲ୍। ଶୁଭରାତ୍ରି ଲାଓ। ଶୁଭରାତ୍ରି ମେ। ଶୁଭରାତ୍ରି।
ବିଦାୟ ବିଦାୟ। ଶୁଭରାତ୍ରି ଲାଓ। ଶୁଭରାତ୍ରି ।
ଶୁଭରାତ୍ରି, ମହିଳାଗଣ, ଶୁଭରାତ୍ରି, ମଧୁମୟୀ ମହିଳାଗଣ,
ଶୁଭରାତ୍ରି, ଶୁଭରାତ୍ରି।

ଅଗ୍ନି ଦୀକ୍ଷା

ନଦୀର ତମ୍ବୁଟି ଭଗ୍ନ : ପତ୍ରସମୂହର ଶେଷ ଅଙ୍ଗୁଳି କେତୋଟି
ଜାବୁଡ଼ି ଧରିଛି ଆଉ ବୁଡୁ ଅଛି ସିକ୍ତଥିବା କୂଳେ। ପବନ
ହୁଅଇ ପାରି ଧୂସର ଭୂଇଁକୁ, ତା କଥାକୁ ଶୁଣନ୍ତିନି କେହି।
ଗଲେଣି ବିଦାୟ ନେଇ ଜଳପରୀଗଣ।
ସୁମଧୁରା ଆଗୋ ଟେମ୍‌ସ ନଦୀ ଧୀରେ ବହ,
ଗୀତ ମୋର ଶେଷ ହେବାଯାଏ।
ନଦୀରେ ତ ଧରି ରଖ ନାହିଁ ନିଃଶେଷ ବୋତଲ,
ସାଣ୍ଡୱିଚ୍ କାଗଜ,
ରେଶମୀ ରୁମାଲ, ମୁଠାକାଗଜର ଢିବା, ଦରପୋଡ଼ା
ସିଗାରେଟ୍ ଖଣ୍ଡ ଯେ ଅନେକ
କିମ୍ବା ଗ୍ରୀଷ୍ମରାତ୍ରି ପାଇଁ ଥିବା ପରିଚୟମାନ।
ଗଲେଣି ବିଦାୟ ନେଇ ଜଳପରୀଗଣ।
ଆଉ ତାଙ୍କ ସାଙ୍ଗମାନେ,
ପୌର ପଥଚାରୀଙ୍କର ଉତ୍ତରାଧିକାରୀଗଣ;
ନେଲେଣି ବିଦାୟ, ଛାଡ଼ିଯାଇ ନାହାନ୍ତି ତ ଠିକଣା ତାଙ୍କର।
ଲେମନ୍ ନଦୀର କୂଳେ ବସିଗଲି ଆଉ କାନ୍ଦିଥିଲି...
ସୁମଧୁରା ଆଗୋ ଟେମ୍‌ସ ନଦୀ, ଧୀରେ ବହ,
ଅନୁଚ୍ଚ ମୋ କଣ୍ଠସ୍ୱର, ସଂକ୍ଷିପ୍ତ ବଚନ।
କିନ୍ତୁ ମୋର ପଛପଟେ ମୁହିଁ ଶୁଣେ ଏକ ଶୀତଳ ଧମାକା
ଅସ୍ଥିଗୁଡ଼ିକର କଡ଼ମଡ଼ ଶବ୍ଦ ପରା, ଏକ କାନୁ

ଅନ୍ୟ କାନଯାଏଁ
ବ୍ୟାପ୍ତ ହୋଇଥାଏ ଚାପା ହସର ନିଃସ୍ୱନ।

ପରିବା କିଆରିଦେଇ ଚାଲିଗଲା ମୂଷାଟିଏ ଧୀରେ
କାଦୁଅରେ ସଡ଼ବଡ଼ ପେଟଟିକୁ କୂଳରେ ଘୋଷାଡ଼ି
ଯେବେ ସୁପ୍ତ କେନାଲରୁ ମୁହିଁ ମାଛ ଧରୁଥିଲି
ଶୀତଦିନ ସଂଜବେଳେ ଗ୍ୟାସ୍‌ହାଉସ ପଛପଟେ
ଭାବୁଥିଲି ଜଳମଗ୍ନ ଜାହାଜର କଥା-ରାଜା ଆଉ
ମୋ ଭାଇର କାହାଣୀ
ଏବଂ ରାଜା-ଯାହାଙ୍କ ସମ୍ମୁଖେ-ମୋ ପିତାଙ୍କ ମୃତ୍ୟୁ ହେଲା
ତା'ର ବିବରଣୀ।
ଧଳାରଂଗ ଶବଟିତ ନଗ୍ନ ହୋଇ ପଡ଼ିରହିଅଛି ନୁଆଣିଆ
ଓଦା ମାଟି ପରେ
ଏବଂ ହାତଗୁଡ଼ିକ ଫିଙ୍ଗାଯାଇଥିଲା ଏକ ଶୁଖିଲା ସଂକୀର୍ଣ୍ଣ
ବଢ଼ଭୀ ଭିତରେ
ମୂଷାଙ୍କର ପାଦଲାଗି ଖଟ୍ ଖଟ୍ ଶବ୍ଦ ଶୁଣାଯାଏ,
ବର୍ଷ ବର୍ଷ ଧରି।
କିନ୍ତୁ ମୋର ପଛ ଆଡୁ ମଝିରେ ମଝିରେ ଶୁଣେ
ହର୍ଣ୍ଣ ଆଉ ଗାଡ଼ିର ଆବାଜ, ଯାହା ପହଞ୍ଚାଇ ଦେବ
ଶ୍ରୀମତୀ ପୋର୍ଟର୍‌ଙ୍କ ପାଶେ ସୁଇନିକୁ ବସନ୍ତ ଋତୁରେ।
ଆହା କି ଉଜ୍ଜ୍ୱଳ ଜହ୍ନ ଝଲମଲ ଶ୍ରୀମତୀ ପୋର୍ଟର୍
ଏବଂ ତାଙ୍କ କନ୍ୟାର ଉପରେ
ଦୁହେଁ ଧୋଇଥାନ୍ତି ପାଦ ସୋଡ଼ା-ପାଣିରେ ତ
ଆଉ ଗମ୍ବୁଜର ମଧ୍ୟ ଭାଗୁ
ପିଲାଙ୍କର କଣ୍ଠସ୍ୱର ହୁଅଇ ଧ୍ୱନିତ !

ଟ୍ୱିଟ୍ ଟ୍ୱିଟ୍ ଟ୍ୱିଟ୍
ଜଗ୍ ଜଗ୍ ଜଗ୍ ଜଗ୍ ଜଗ୍ ଜଗ୍
ଏତେ ନିର୍ଦ୍ଦୟେ ତାଡ଼ିତ।
ଟେରେୟୁ

ଅସତ୍ୟ ସହର
ଶୀତଦିନ ଦି'ପହର ଧୂଳିଆ କୁହୁଡ଼ି ତଳେ
ମହାଶୟ ଇଉଜିନାଇଡ଼ସ ସ୍ମାଇର୍ନା ବଣିକ
ଶ୍ମଶ୍ରୁଭରା ଯା ମୁଖମଣ୍ଡଳ,
ପକେଟରେ ଯାହାର ଭର୍ତ୍ତିହୋଇ ରହିଅଛି କିସ୍‌ମିସ୍
ବୀମା ଆଉ ମାଲଭଡ଼ା ଲଣ୍ଡନକୁ ଛାଡ଼ : ନଥିଦେଖି ଆପଣା ଆଖିରେ,
ଅପଭ୍ରଷ୍ଟ ଫରାସୀ ଭାଷାରେ କହିଲା ସେ ମୋତେ
କରିବାକୁ ମଧ୍ୟାହ୍ନ-ଭୋଜନ
କ୍ୟାନନ୍ ଷ୍ଟ୍ରୀଟ୍ ହୋଟେଲ ଚତ୍ୱରେ
ଆଉ ତା'ପରେ ମେଟ୍ରୋପୋଲ୍ ହୋଟେଲ୍‌ରେ ଗୋଟିଏ ସପ୍ତାହ
ବିତାଇବା ସୁଯୋଗ ମିଳିବ।

ଗୋଧୂଳି ବେଳାରେ, ଯେବେ ଦୁଇଚକ୍ଷୁ, ପିଠି
ଉଠିଆସେ ଡେସ୍କ ଉପରୁ, ଯେତେବେଳେ ମାନବଯନ୍ତ୍ର ଅପେକ୍ଷାରେ ଥାଏ
ପ୍ରତୀକ୍ଷାରତ ସ୍ପନ୍ଦନଶୀଳ ଟ୍ୟାକ୍ସିର ପରି,
ମୁଁ ଟାଇରେସିୟାସ, ଅନ୍ଧ, ଦୁଇଟି ବିପରୀତ ଜୀବନମଧ୍ୟରେ ସ୍ପନ୍ଦମାନ,
ଲୋଲୁଳିତ-ନାରୀସ୍ତନ-ଯୁକ୍ତ ଜଣେ ବୃଦ୍ଧ ବ୍ୟକ୍ତି, ଦେଖିବାକୁ ପାଏ
ଗୋଧୂଳି ବେଳାରେ, ସଂଜ ବେଳେ ଘରମୁହାଁ ମନ,
ଆଉ ସ୍ୱଗୃହକୁ ଫେରେ ସାଗରୁ ନାବିକ,
ଟାଇପିଷ୍ଟ ଫେରଇ ଘରକୁ ଚା'ପାନ ବେଳହେଲେ,
ପ୍ରାତଃ ଭୋଜନକୁ ତା'ର ସିଏ ଶେଷ କରେ,
ଷ୍ଟୋଭ୍‌କୁ ଜଳାଏ ଏବଂ ଖାଦ୍ୟକୁ ସଜାଡ଼ି ରଖେ ଟିଣର ଡବାରେ।
ଝରକା ବାହାରେ ବିପଜ୍ଜନକ ଭାବେ ଖେଳେଇ ହୋଇ ରହିଛି
ଅସ୍ତସୂର୍ଯ୍ୟର କିରଣେ ଝଳି ଉଠୁଛି

ଶୁଖୁଥିବା ଲୁଗାପଟା ତା'ର
ଖଟର ଉପରେ (ଯାହା କରେ ରାତିରେ ତା' ଶୋଇବା ଶେଯର କାମ)
ମୋଜା, ଚଟି, ବ୍ଲାଉଜ୍, କାଞ୍ଚୁଲି।
ମୁଁ ଟାଇରେସିୟାସ, ଲୋଲୁପିତ-ନାରୀସ୍ତନଯୁକ୍ତ ଜଣେ ବୃଦ୍ଧ ବ୍ୟକ୍ତି
ସ୍ୱଚକ୍ଷୁରେ ଦେଖିଲି ସେ ଦୃଶ୍ୟ, ଅଦୃଷ୍ଟ ଯା ତାହା ମୁଁ କହିଛି-
ପ୍ରତ୍ୟାଶିତ ଅତିଥିଙ୍କ ଅପେକ୍ଷା କରିଛି।

ସେହି ଯୁବକଟି, ମୁହଁ ଯା'ର ବ୍ରଣେ ଭରା, ପହଞ୍ଚିଛି ଆସି,
ଘର ଦଲାଲର ସିଏ ଅଟେ ଯେ ଗୁମାସ୍ତା,
ସାହସିକ ଚାହାଣୀ ତାହାର,
ନିମ୍ନଶ୍ରେଣୀ ଲୋକ ସିଏ, ତଥାପି ସେ ସଦୃଢ଼ ପ୍ରତ୍ୟୟୀ
ଯେମିତି ପ୍ରତ୍ୟୟୀ ଜଣେ ବ୍ରାଡ୍‌ଫୋର୍ଡ଼ ଲକ୍ଷପତି
ମୁଣ୍ଡେ ଯା'ର ରେଶମୀର ଟୋପି।
ଅନୁକୂଳ ସମୟ ତ ଏବେ, ତା'ର ଅନୁମାନେ,
ଭୋଜନ ହୋଇଛି ଶେଷ, ସେ ଯୁବତୀ ବିରକ୍ତ ଓ କ୍ଲାନ୍ତ,
ତାକୁ ନିଜ ବାହୁବନ୍ଧନକୁ ଟାଣିନେବା ପାଇଁକି ପ୍ରୟାସ
ଯାହା ଏବେ ଅଣସଂରକ୍ଷିତ,
ଯଦି ଅବାଞ୍ଛିତ।

ଆରକ୍ତ ଓ ନିର୍ଦ୍ଧାରିତ, ସିଏ ଅକସ୍ମାତ କରଇ ଆଘାତ;
ଉଦ୍ୟମରତ ତା' ହସ୍ତେ ପ୍ରତିରକ୍ଷା ଲୋଡ଼ା ହୁଏ ନାହିଁ,
ଏବଂ ସେ ସ୍ୱାଗତ କରେ ଉଦାସୀନତାକୁ।
(ଆଉ ମୁଁ ଟାଇରେସିୟାସ ଆଗରୁ ତ ସବୁ ଭୋଗିଅଛି
ଘଟିଅଛି ଯାହା ଏହି ଖଟପରେ ଅଥବା ଶେଯରେ;
ମୁଁ, ଯିଏ ବସିଥିଲି ଥେନ୍‌ସର ପ୍ରାଚୀରର ତଳେ
ଏବଂ ଘୂରିବୁଲିଥିଲି ହୀନତମ ମୃତବ୍ୟକ୍ତି ମେଳେ।)
ପୃଷ୍ଠ ପୋଷକତାଧର୍ମୀ ଚୁମ୍ବନକୁ ଦେଇଥାଏ ଶେଷେ
ଏବଂ ଖୋଜେ ଆପଣାର ବାଟ ଅନ୍ଧାରିଆ ସିଡ଼ିର ଉପରେ...

ସେ ମହିଳା ଫେରିଆସେ, ଚାହିଁରହେ ଦର୍ପଣକୁ ମୁହୂର୍ତ୍ତକ ପାଇଁ
ହୁଏତ ସେ ଭାବୁଥିଲା ପ୍ରିୟତମ କଥା ସିଏ ଚାଲିଗଲା;
ତା' ମୁଣ୍ଡରେ ଅଧାଗଢ଼ା ଚିନ୍ତାଧାରାଟିଏ ଘୂରି ବୁଲୁଥିଲା:
"ଏବେ ତାହା ପୂର୍ଣ୍ଣ ହେଲା: ତେଣୁ କରି ମୁହିଁ ଖୁସୀ ଏତେ!"
ଯେବେଳେ ସୁନ୍ଦରୀ ନାରୀ ଭ୍ରଷ୍ଟ ହୋଇ ଭୁଲ୍ ପଥେ ଧାଏଁ
ଗୃହ ମଧ୍ୟେ ଚାଲୁଥାଏ ହୋଇ ଏକାକିନୀ
ଯନ୍ତ୍ରଚାଳିତର ସମ ନିଜ ହାତେ କବରୀ ସଜାଏ
ଆଉ ଗ୍ରାମୋଫୋନ୍‌ରେ ତ ବଜାଏ ସେ ଗୋଟିଏ ରେକର୍ଡ଼।

"ମୋ ପାଖକୁ ଭାସିଆସେ ସଂଗୀତ ମୂର୍ଚ୍ଛନା ସାଗର ବକ୍ଷରୁ"
ଆଉ ଷ୍ଟ୍ରାଣ୍ଡ ଷ୍ଟ୍ରୀଟ୍ ଦେଇ କ୍ୱିନ୍ ଭିକ୍ଟୋରିଆ ଷ୍ଟ୍ରୀଟ୍ ଯାଏଁ।
ହେ ସହର, ବେଳେବେଳେ ମୁହିଁ ଶୁଣି ପାରେ
ଲୋଓର ଟେମ୍‌ସ ଷ୍ଟ୍ରୀଟ୍‌ରେ ଥିବା
ପାନଶାଳାର କଡ଼ରେ,
ମାଣ୍ଡାଲିନ୍‌ରେ ମୃଦୁ ମଧୁର ନିଃସ୍ୱନ
ଏବଂ ଭିତରେ ନାନା ଟୁଂ ଟାଂ କଥାବାର୍ତ୍ତାମାନ
ଯେଉଁଠାରେ ଦ୍ୱିପ୍ରହରେ କେଉଟଙ୍କ ମାଛହାଟ ବସେ : ଯେଉଁଠି
ମ୍ୟାଗନସ୍ ମାର୍ଟର କାନ୍ଥରେ
ଭର୍ତ୍ତିହୋଇ ରହିଅଛି ଶହୀଦଙ୍କ ସ୍ମୃତି
ଦର୍ପଣର ଶ୍ୱେତ-ସ୍ୱର୍ଣ୍ଣ କାରୁକାର୍ଯ୍ୟରେ ତ
ଦ୍ୟୁତିମାନ ହୋଇ ଯାହା ଚମକି ଉଠୁଛି।

ନଦୀରୁ ତ ବହିଯାଏ
ତେଲ ଓ ଆଲ୍‌କତରା
ନଉକାଟି ଭାସିଆସେ
ଘୂରାଣି ଜୁଆର ସଙ୍ଗେ
ଲାଲ ରଂଗ ପାଲସବୁ
ସୁପ୍ରଶସ୍ତ

ଉଜାଣି ପବନ ଟହଲାଇ ଦିଏ
ମଜ୍‌ବୁତ୍ ମାସ୍ତୁଲ।
ଜବରଦସ୍ତ କରି ଧୋଇ ଦିଏ
ଭାସମାନ କାଠଖଣ୍ଡ କିଛି
ଗ୍ରୀନ୍‌ଓ୍ୱିଚ୍ ତଳେ ଯାଇ ଲାଗେ
ଟପି କରି ଶ୍ୱାନ ଦୀପ।
ଓ୍ୱିଆଲାଲା
ଓ୍ୱାଲ୍ଲାଲା ଲିଆଲାଲା।

ଏଲିଜାବେଥ୍ ଓ ଲିସେଷ୍ଟର୍
ଆଘାତ ଆହୁଲାର
ଜାହାଜର ପଛ ମଙ୍ଗ ଯାଇଛି ପାଲଟି
ସୁନାରେ ତିଆରି ଶଙ୍ଖ
ଲୋହିତ ସ୍ୱର୍ଣ୍ଣାଭ
ଉଛୁଳଇ ଜଳ
ଢେଉ ଭାଙ୍ଗୁଅଛି ଦୁଇ କୂଳ
ପବନ ଉଠୁଛି ଏବେ ଦକ୍ଷିଣ-ପଶ୍ଚିମେ
ବହୁଥିବା ନଦୀଟିର ତଳେ
ଘଣ୍ଟାର ବାଦନ
ଶ୍ୱେତ ମିନାରରେ
ଓ୍ୱିଆଲାଲା ଲିଆ
ଓ୍ୱାଲ୍ଲାଲା ଲିଆଲାଲା

"ଟ୍ରାମ୍ ଆଉ ଧୂଳିରେ ଢଙ୍କା ଗଛ।
ହାଇବେରି ମୋତେ ଟେକି ଧରିଲା। ରିଚମଣ୍ଡ ଓ କିଉ
ଅଣାୟତ କଲେ। ରିଚ୍‌ମଣ୍ଡ ପାଖରେ ମୁଁ ଟେକିଦେଲି ଆଣ୍ଠୁ
ଅପ୍ରଶସ୍ତ ନଉକାର ପଟାପଟନରେ ଚିତ୍ ହୋଇ ଗଡ଼ିପଡ଼ି।"

"ପାଦ ମୋର ମୁରଗେଟ୍ ପାଶେ ଏବଂ ହୃଦୟ

ଅଛି ପାଦତଳେ। ଘଟଣାଟି ଘଟିଯିବା ପରେ
ସିଏ କାନ୍ଦିଥିଲା। ଶପଥ କରିଲା, 'ଏକ ନୂତନ ଆରମ୍ଭ'।
କିଛି କହିଲିନି ମୁହିଁ। କଅଣ ବା ପ୍ରତିବାଦ ପାରିଥାନ୍ତି କରି ?"

"ମାର୍ଗାରେଟ୍ ସୈକତ ଉପରେ।
ପାରିବି ମୁଁ ସଂଯୋଗ ଘଟାଇ
ଶୂନ୍ୟତାର ଶୂନ୍ୟତା ସାଙ୍ଗରେ।
ଆଙ୍ଗୁଠି-ନଖର ଭଙ୍ଗା ଟୁକୁଡ଼ାର ପରି ମିଳନ ହାତର।
ପରିଜନମାନେ ମୋର ସାଧାରଣ ଲୋକ, କରନ୍ତିନି
କେବେ କିଛି ଆଶା।"

ଲା ଲା
କାର୍ଥେଜ୍‌କୁ ଆସିଲି ତା'ପରେ

ଜଳୁଛି ଜଳୁଛି ଜଳୁଛି ଜଳୁଛି
ମୋତେ ପ୍ରଭୁ ଉଦ୍ଧାର କର ତ
ହେ ପ୍ରଭୁ ଉଦ୍ଧାର ତ କର

ଜଳି ଯାଉଛି।

ସଲିଳ ସମାଧି

ଫୋନେସୀୟ ଫ୍ଲେବାସ୍ ଯେ ସିଏ, ମରିଅଛି ଗୋଟେ ପକ୍ଷ ହେଲା,
ଭୁଲିଅଛି ସାମୁଦ୍ରିକ ବିହଙ୍ଗର ଡାକ, ଆଉ ସୁଗଭୀର
ସମୁଦ୍ରର କୋଳୁ ଉଠୁଥିବା ଜୁଆରର ରୋଳ
ଏବଂ ଲାଭ ଆଉ କ୍ଷତି।
ସମୁଦ୍ରର ନିମ୍ନେ ଥିବା ଏକ ଚୋରା ସ୍ରୋତ
ଚାପାସ୍ୱରେ ବାର୍ତ୍ତାଳାପ କରି ଅସ୍ଥି ତା'ର ନେଇ ଯାଇଅଛି।
ଯେବେ ସିଏ ଉଠୁଥିଲା ପୁଣି ପଡୁଥିଲା ଲହଡ଼ି ଉପରେ
ଅତିକ୍ରମି ବାର୍ଦ୍ଧକ୍ୟ ଓ ଯୌବନର ସୀମା
ପ୍ରବେଶିଲା ଘୂର୍ଣ୍ଣାବର୍ତ୍ତେ ଯାଇ।
ଇହୁଦୀ ଅଥବା ତୁମେ ଇହୁଦୀର ବ୍ୟତୀରେକ ଅନ୍ୟ କେହି ହୁଅ
ତୁମେ ଯିଏ ଘୂର୍ଣ୍ଣାୟିତ କର ଭାଗ୍ୟର ଚକ୍ରକୁ, ପୁଣି
ଚାହିଁ ରହ ବାୟୁ ଗତି ଆଡ଼େ,
ଫ୍ଲେବାସ୍‌ର କଥା ଭାବ, ଥିଲା ଦିନେ ଯିଏ
ଦୀର୍ଘକାୟ ସୁପୁରୁଷ ଜଣେ,
ଠିକ୍ ତୁମ ପରି।

ବଜ୍ରବାଣୀ

ଘର୍ମାକ୍ତ ମୁଖର ପରେ ମଶାଲର ରକ୍ତିମ ପ୍ରକାଶ
ଉଦ୍ୟାନେ ତୁଷାର-ଘନ ମୌନତାର ପରେ
ପ୍ରସ୍ତରର ଇଲାକାରେ ପ୍ଲାବିତ ଯନ୍ତ୍ରଣା
ଆର୍ତ୍ତନାଦ, ପୁନଶ୍ଚ କାନ୍ଦଣା
କାରାଗାରେ ଓ ପ୍ରାସାଦେ ପୁଣି କେଉଁ ସୁଦୂର ପର୍ବତେ
ଶୁଭେ ବଜ୍ର ପ୍ରତିଧ୍ୱନି ବସନ୍ତ ଋତୁରେ
ଥିଲେ ଯେ ଜୀବିତ ସିଏ ହୋଇଛନ୍ତି ମୃତ
ଆମେ ଯିଏ ବଞ୍ଚିଥିଲୁ, ଏବେ ମରୁଅଛୁ
ଅଳ୍ପମାତ୍ର ଧୈର୍ଯ୍ୟର ସହିତ

ଏଠାରେ ପଥର ଖାଲି, ପାଣି ଟିକେ ନାହିଁ
ପଥୁରିଆ ଏହି ଭୂଇଁ ଅଟେ ଜଳଶୂନ୍ୟ ଏବଂ
ଚଲାବାଟ ପୂର୍ଣ୍ଣ ବାଲୁକାରେ
ଯାହା ଉଠିଯାଇଛି ପାହାଡ଼େ ଘୂରି ଘୂରି ପରା
ପାଣି ଯଦି ରହିଥାନ୍ତା ତେବେ
ରୋକିଥାନ୍ତୁ ଆମେ ଏବଂ କରିଥାନ୍ତୁ ପାନ
ପାହାଡ଼ ଭିତରେ କେହି ରୋକି ପାରେ ନାହିଁ, ଅଥବା ଭାବେନି
ଶୁଖିଯାଇଅଛି ଝାଳ ଏବଂ ପାଦ ବାଲୁକା ଭିତରେ
ପଥର ଭିତରେ ଯଦି ରହିଥାନ୍ତା ପାଣି ହାୟ ଖାଲି ପାଣି
ଅବକ୍ଷୟ ଦାନ୍ତମାନ ନେଇ ମୃତକ ପର୍ବତ
ପାରନ୍ତାନି ଛେପ ପକାଇ ତ

ଏଠି କେହି ଠିଆ ହୋଇ ପାରିବନି,
ପାରିବନି ଶୋଇ ଅବା ବସି
ନୀରବତା ମଧ୍ୟ ନାହିଁ ପାହାଡ଼ ମଝିରେ
କିନ୍ତୁ ଶୁଷ୍କ ବନ୍ଧ୍ୟା ବଜ୍ର ଖାଲି ବୃଷ୍ଟିହୀନ
ଏମିତି କି ନିର୍ଜନତା ତେଣୁ ନାହିଁ ଏ ପାହାଡ଼େ
କିନ୍ତୁ ଲାଲ ଉଦାସ ଚେହେରା
ବିଦ୍ରୂପ ଓ ତାଚ୍ଛଲ୍ୟର
ଫଟାକାନ୍ଥ ଥିବା ଝାଟିମାଟି କୁଡ଼ିଆ ଦୁଆରୁ
ଥାନ୍ତା ଯଦି ପାଣି
ଆଉ ନଥାନ୍ତା ପଥର
ଥା'ନ୍ତା ଯଦି ପଥର
ଆଉ ଥା'ନ୍ତା ବି ପାଣି
ଗୋଟିଏ ଝରଣା
ପଥର ଭିତରେ ଯଦି ଗୋଟିଏ ଗାଡ଼ିଆ
ଯଦି ସେଠି ରହିଥାନ୍ତା ଖାଲି ଶବ୍ଦ ପାଣିର
ଝିଙ୍କାରିର ଝିଂ ଝିଂ ଶବ୍ଦ ତ ନୁହଁଇ
ଆଉ ନୁହେଁ ସଂଗୀତ ବି ଶୁଖିଲା ଘାସର
କେବଳ ପାଣିର ଶବ୍ଦ ପଥର ଉପରେ
ଯେଉଁଠି ପାଇନ୍ ଗଛେ ଗୀତ ଗାଏ ଋଷି ଥ୍ରାସ୍ ପକ୍ଷୀ
ଟିପ୍ ଟିପ୍ ଟିପ୍ ଟିପ୍ ଟପ୍ ଟପ୍ ଟପ୍
କିନ୍ତୁ ନାହିଁ ପାଣି ଗୋଟେ ଟୋପା

କିଏ ସେ ତୃତୀୟ ବ୍ୟକ୍ତି ସଦା ଚାଲେ ତୁମ ପାଖେ ?
ଯେବେ ଗଣେ, ଦେଖେ,
ଖାଲି ତୁମେ ଆଉ ମୁଁ ରହିଛେ ଏକାଠି
କିନ୍ତୁ ଯେବେ ଧଳା ରାସ୍ତା ଆଡ଼ ଚାହିଁ ରହେ ମୁଇଁ
ଅନ୍ୟ କେହି ଜଣେ ସଦା ଚାଲେ ତୁମ କଡ଼ ଦେଇ କରି
ବାଦାମୀ ଚାଦରେ ଢଙ୍କା ଚେହେରା, ମସ୍ତକ

ଜାଣିନି ସେ ପୁରୁଷ କି ନାରୀ
- କିନ୍ତୁ ତୁମ ଆର ପାଖେ ସେ ଜଣକ କିଏ ?

ସେ କେଉଁ ଶବଦ ଶୁଭେ ପବନେ ଉଚ୍ଚରେ
ଶୁଭେ ଜନନୀ-କଣ୍ଠର ବିଳାପ ଗୁଂଜନ
ସେ କେଉଁ ଲୋକଙ୍କ ଦଳ ଆସୁଛନ୍ତି ଶିରେ ପିନ୍ଧି ଟୋପି
ଅନ୍ତହୀନ ସମତଳ ଭୂମେ,
ଝୁଣ୍ଟିପଡ଼ି, ପୁଣି ଉଠି ଚାଲୁଛନ୍ତି ପରା ଫଟା ଭୂଇଁ ପରେ
ଦିକ୍‌ଚକ୍ରର ବୃତ୍ତେ ଖାଲି ବେଷ୍ଟିତ ପରିଧି
କି ନାମେ ଅଛି ସହର ପାହାଡ଼ ଉପରେ
ଫାଟ ପଡୁଅଛି ଆଉ ବଦଳି ଯାଉଛି
ଏବଂ ବିସ୍ଫୋଟ ହେଉଛି ପିଙ୍ଗଳ ପବନେ
ଭାଙ୍ଗି ପଡୁଛି ମିନାର
ଜେରୁ ଜେଲମ୍ ଏଥେନ୍ସ ଆଲେକ୍‌ଜାଣ୍ଡ୍ରିୟା
ଭିୟେନା ଲଣ୍ଡନ
ଅସତ୍ୟ
ନାରୀ ଜଣେ, ଘନକୃଷ୍ଣ କେଶଦାମ ତା'ର ଟାଣି କରି
ବାନ୍ଧି ରଖିଥିଲା
ଏବଂ କେଶ-ରୂପୀ ତାର ସ୍ପର୍ଶ କରି ତୋଳିଥିଲା ଅନୁଚ୍ଚ ସଂଗୀତ
ଆଉ ଶିଶୁପରି ମୁହଁ ଥିବା ବାଦୁଡ଼ିକୁ ଦେଖେ ପାଟଳ ଆଲୋକେ
ବଜାନ୍ତି ସୁସୁରି ଏବଂ ଡେଣାକୁ ପିଟନ୍ତି
ଆଉ ମୁଣ୍ଡପୋତି ଗୁରୁଣ୍ଡି ବୁଲିଲେ କଳା ପଡ଼ିଥିବା କାନ୍ଥ ପାଦଦେଶେ
ଏବଂ ମିନାରମାନ ଦିଶୁଥିଲା ଓଲଟା ହୋଇ ତ
ବାଜି ଉଠୁଥିଲା ସବୁ ଘଣ୍ଟା, କରୁଥିଲା ସମୟ ଜ୍ଞାପନ
ଆଉ ଉଠି ଆସୁଥିଲା ସୁପ୍ତ ସ୍ୱରର ମୂର୍ଚ୍ଛନା
ନିଃଶେଷିତ ଜଳକୁଣ୍ଡ ଏବଂ ଶୁଷ୍କ କୂପରୁ ତ।

ଜୀର୍ଣ୍ଣ ଏ ବିବରେ ବସି ପାର୍ବତ୍ୟ ଅଞ୍ଚଳେ
ଅସ୍ପଷ୍ଟ ଜ୍ୟୋସ୍ନାରେ ଗୀତ ଗାଏ ତୃଣଦଳ
ଭଙ୍ଗାରୁଜା କବର ଉପରେ, ଉପାସନା ଗୃହର ନିକଟେ
ଶୂନ୍ୟ ଉପାସନା ଗୃହ, କେବଳ ପବନ ଥାଏ ଏହିଠାରେ
ସତେ ଅବା ଏ ଘର ତାହାର।
ଝରକା ତ ନାହିଁ, ଏବଂ ଦୋହଲେ ଦୁଆର,
ଶୁଖାହାଡ଼ କାହାପାଇଁ ନୁହେଁ କ୍ଷତିକର।
ଛାତର ବୃକ୍ଷରେ ଠିଆ କୁକୁଡ଼ା ଗୋଟିଏ
କୁ କୁ ରିକୁ କୁ କୁ ରିକୁ
ବିଜୁଳିର ଚମକ ଭିତରେ। ତାହାପରେ
ଆର୍ଦ୍ର ପବନକୁ
ନେଇ ଆସେ ବର୍ଷା ଅସରାଏ।

ଗଙ୍ଗା ନଦୀ ବୁଡ଼ିଗଲା, ଶିଥିଳ ଯେ ପତ୍ରରାଜି
ଅପେକ୍ଷାରେ ଥିଲା ତ ବର୍ଷାର, କଳା କଳା ମେଘ
ଜମାଟ ବାନ୍ଧିଲା ବହୁଦୂରେ
ହେମବନ୍ତ ଗିରିର ଉପରେ।
ନତମୁଖୀ ଅରଣ୍ୟାନୀ, କୁବ୍ଜପୃଷ୍ଠ ନୀରବେ ଠିଆ ତ
ତାହାପରେ ବଜ୍ରବାଣୀ ହେଲା ଉଚ୍ଚାରିତ

ଦ
ଦତ୍ତ: କିବା ଆମେ ଦେଇଅଛୁ ?
ଆହେ ବନ୍ଧୁ, ହୃଦୟକୁ କରିଛି ସ୍ପନ୍ଦିତ
ମୋହରି ଶୋଣିତ
ମୁହୂର୍ତ୍ତର ସମର୍ପଣେ କି ଅବା ସାହାସ
ବିଜ୍ଞ ଯୁଗ କରେ ନାହିଁ ଯାହା ପ୍ରତ୍ୟାହାର
ଏହାରି ମାଧମେ ଏବଂ ଏହାରି ମାଧ୍ୟମେ ଖାଲି,
ତିଷ୍ଠିଥିଲୁ ଆମେ
କିନ୍ତୁ ସ୍ୱୀକୃତି ଏହାର ରହିବନି ମୃତ୍ୟୁ ପରେ କିଛି

କିମ୍ବା ରହିବେନି ଦୟାଳୁ ତ କେହି
ବୁଢ଼ିଆଣୀ ଜାଲ ପରି ବୁଣା ସ୍ମୃତିର କୋଠିରେ
ଅଥବା ଦୁର୍ବଳ କେଉଁ ଓକିଲର ହାତେ ଜଉମୁଦ ତଳେ
ଆମ ଶୂନ୍ୟ କୋଠରୀରେ

ଦ

ଦୟଧ୍ୱମ୍‌: ମୁଁ ଶୁଣିଛି ଚାବି ଶବ୍ଦ
ଚାବି ଘୂରାଇବା ଶବ୍ଦ ଦୁଆରରେ ଥରେ ଖାଲି ଥରେ
ଆମେ ଭାବୁ ଚାବି କଥା, ପ୍ରତ୍ୟେକଟି ଗୋଟିଏ କାରାର
ଖାଲି ରାତ୍ରି ଆଗମନେ, ନୈସର୍ଗିକ ଅଫବାହ
ମୁହୂର୍ତ୍ତକ ପାଇଁ ପୁଣି ହୋସ୍ ଫେରିପାଏ
ଭଗ୍ନ ବୀର କୋରିଓଲେନାସ

ଦ

ଦମ୍ୟତ: ନୌକାଟି ଦିଏ ପ୍ରତ୍ୟୁତ୍ତର
ଖୁସୀରେ, ଯେବେଳେ ଅଭିଜ୍ଞ ନାଉରିଆଟି ତ
ହାତରେ ନାହାନ ଧ୍ୱନି ରକ୍ଷିଥାଏ ପାଲ ଓ ଆହୁଲା ।
ଶାନ୍ତ ଥିଲା ପାରାବାର,
ତୁମ ହୃଦ ଦେଇଥିବ ତାହାର ଉତ୍ତର
ଅତୀବ ଖୁସୀରେ, ପାଇ ନିମନ୍ତ୍ରଣ,
ବାଧ୍ୟ ଆଜ୍ଞାକାରୀ ଭଳି
କରିବା ପାଇଁକି ହାତେ ନିୟନ୍ତ୍ରଣ
ବସିଥିଲି ମୁଁ ସମୁଦ୍ରକୂଳେ
ଧରିଥିଲି ମାଛ, ରହିଥିଲା ଶୁଷ୍କ ଭୂମି ମୋ ପଛ ପଟରେ
କରି ପାରିବି କି ମୁହିଁ ବ୍ୟବସ୍ଥିତ ହାତକୁ ମୋହର ?
ଲଣ୍ଡନ୍ ବ୍ରିଜ୍‌ଟି ଏବେ ଭୁଷୁଡ଼ି ପଡୁଛି
ଭୁଷୁଡ଼ି ପଡୁଛି ଭୁଷୁଡ଼ି ପଡୁଛି
ସେବେ ତାହା ପବିତ୍ର ଅଗ୍ନିରେ କରିଥିଲା ଆତ୍ମଗୋପନ ତ
କେବେ ପରିବର୍ତ୍ତିତ ମୁଁ ହେବି

ଯନ୍ତ୍ରଣାର ଗାଥାସିକ୍ତ ପକ୍ଷୀଟି ରୂପରେ
ଗାଇବା ପାଇଁକି ପରା କାରୁଣ୍ୟର ସ୍ୱର

ଆକୁଇତାନ - ରାଜପୁତ୍ର ବନ୍ଦୀ ଯେ ଦୁର୍ଗରେ
ଏହି ସବୁ ଭଗ୍ନାଂଶକୁ କରିଅଛି ଉଦ୍ଧାର ତ ମୁହିଁ
ସମୁତ୍‌ପନ୍ନ ସର୍ବନାଶ ପାଶୁ
ମୁଁ ତୁମକୁ ଦେବି ତାହା ତୁମ ଲାଗି ଯାହା ଉପଯୁକ୍ତ
ହେୟାରୋନିମୋ ଏବେ ପୁଣି ହୋଇଛି ପାଗଳ।
ଦତ୍ତ । ଦୟଧ୍ୱମ୍ । ଦମ୍ୟତ।
ଶାନ୍ତିଃ ଶାନ୍ତିଃ ଶାନ୍ତିଃ

ଅନ୍ୟାନ୍ୟ କବିତା

ଜେ. ଆଲଫ୍ରେଡ୍ ପ୍ରୁଫ୍ରକ୍‌ଙ୍କ ପ୍ରେମଗୀତ

ତେବେ ଚାଲଯିବା ଆମେ, ତୁମେ ଆଉ ମୁଁ
ଯେବେଳେ ସଂଧ୍ୟା ଶାୟିତା ଆକାଶ ସାମ୍ନାରେ
ଅସ୍ତ୍ରୋପଚାରର ଅନ୍ତେ ରୋଗୀ ଯେଉଁପରି
ଶୋଇଅଛି ଟେବୁଲ୍ ଉପରେ;
ଚାଲଯିବା ଅଧା - ନିଛାଟିଆ ଗଳିବାଟ ଦେଇ
ଅଶ୍ୱସ୍ତ ଗୋଟିଏ ରାତି କାଟି କରି ଶସ୍ତା ହୋଟେଲ୍‌ରେ
ଏବଂ କାଠଗୁଣ୍ଡ ଆଉ ଶାମୁକାରେ ଭର୍ତ୍ତି ରେସ୍ତୋରାଁରେ:
ସେହି ବାଟ ଆଗାଏ ତ କ୍ଳାନ୍ତିକର ଯୁକ୍ତିତର୍କ ପରି
କମନୀ ଉଦ୍ଦେଶ୍ୟେ ହୋଇ ନିୟୋଜିତ
ନେଇଯିବା ପାଇଁକି ତୁମକୁ
ଅତ୍ୟଧିକ ତୀବ୍ର ଏକ ପ୍ରଶ୍ନର ଆଡ଼କୁ...
ଓଃ, କେବେ ପଚାରନି, "ଏଇଟା କ'ଣ ?"
ଚାଲଯିବା ଆମେ,
ଶେଷ ହେବ ସଂଧ୍ୟାବେଳର ଭ୍ରମଣ ।

କୋଠରୀକୁ ମହିଳାଏ ଆସୁଛନ୍ତି ଆଉ ଯାଉଛନ୍ତି
କହୁଛନ୍ତି ମାଇକେଲ୍ ଏଂଜେଲୋର କଥା ।

ବାଦାମୀ କୁହୁଡ଼ି ଘଷେ ପିଠି ତା'ର ଝରକା-କାଚରେ,
ହଳଦିଆ ଧୂଆଁ ଘଷେ ମୁହଁ ତାର ଝରକା-କାଚରେ,
ସଂଧ୍ୟାର ପ୍ରତିଟି କୋଣ ଚାଟୁଥାଏ ତା'ର ଜିଭ ଦେଇ

ଝୁଲି ରହେ ନର୍ଦ୍ଦମା ଭିତରେ ଥିବା ବନ୍ଧ ଜଳା ପରେ,
ଚିମିନୀରୁ ଖସି ପଡୁଥିା କଳା ଝୁଲ ନିଏ ତ ପିଠିରେ
ଚାଳର ଧାଡ଼ିରୁ ଖସି, ଡେଇଁ ପଡ଼େ ସିଏ ଅକସ୍ମାତ
ଦେଖି ଏହା ଅକ୍ଟୋବର କୋମଳ ରଜନୀ
ଘରଟିର ଚାରିପାଖେ ଘୂରିବୁଲି ଥରେ, ଶୋଇଗଲା ପୁଣି।
ଏବଂ ନିଶ୍ଚିତ ଭାବେ ସମୟ ତ ହେବ
କାହିଁକିନା ହଳଦିଆ ଧୂଆଁ ଖସିପଡ଼େ ରାସ୍ତାର ଉପରେ
ତା'ର ପିଠିଟିକୁ ଘଷି ଝରକା-କାଚରେ;
ସମୟ ତ ହେବ, ସମୟ ତ ହେବ
ମୁଖଗୁଡ଼ିକ ସହିତ ଭେଟ ହେବାର ପାଇଁ
ମୁଖଟିଏ ସୃଷ୍ଟି କରାଯାଏ;
ସମୟ ତ ହେବ ହତ୍ୟା ଏବଂ ସୃଷ୍ଟି ପାଇଁ,
ଏବଂ ସମୟ ହେବ ସମସ୍ତ କାର୍ଯ୍ୟର
ଆଉ ହାତର ଦିନଗୁଡ଼ିକର
ଯାହା ଉଠାଏ ଏବଂ ପକାଏ ଗୋଟିଏ ପ୍ରଶ୍ନ ତୁମ ପାତ୍ରରେ;
ସମୟ ତୁମର ହେବ ଓ ସମୟ ମୋର ହେବ,
ଏବଂ ସମୟ ହେବ ଅଧିକନ୍ତୁ ଶତ ଶତ ଅନିଶ୍ଚୟତାର,
ଆଉ ଶତ ଶତ କଳ୍ପନାକୁ ଏବଂ ସିଦ୍ଧାନ୍ତକୁ ବଦଳାଇବାର,
ଚାହା ଆଉ ଖଣ୍ଡେ ସେକା ପାଉଁରୁଟି ଖାଇବା ଆଗରୁ।

କୋଠରୀକୁ ମହିଳାଏ ଆସୁଛନ୍ତି ଆଉ ଯାଉଛନ୍ତି
କହୁଛନ୍ତି ମାଇକେଲ୍ ଏଂଜେଲୋର କଥା।

ଏବଂ ନିଶ୍ଚିତ ଭାବେ ସମୟ ତ ହେବ
ଆଶ୍ଚର୍ଯ୍ୟ ହେବାକୁ, "ମୋର କ'ଣ ସାହାସ ଅଛି ?"
"ଆଉ ମୋର କ'ଣ ସାହାସ ଅଛି ?"
ପଛକୁ ଫେରି ଚାହିଁବା ସମୟ ତ ହେବ
ଏବଂ ଓହ୍ଲାଇବାକୁ ସିଡ଼ି ଉପରୁ,
ମୁଣ୍ଡବାଳ ମଝିରେ ତ ଚନ୍ଦା ଦେଖାଯିବ-

(ସେମାନେ କହିବେ : "କେମିତିକା ବାଳ ତା'ର କମିଯାଉଛି !")
ମୋର ସକାଳର କୋଟ୍, ତା'ର କଲର୍‌ଟା ହୋଇଛି ଠିଆ
ଗାଲକୁ ଲାଗୁଛି,
ଯଦିଓ ନେକ୍‌ଟାଇ ଦାମିକା ଓ ଢଙ୍ଗର,
ତଥାପି ତାହା ସାଧାରଣ ପିନ୍‌ରେ ଯୋଖା-
(ସେମାନେ କହିବେ: କିନ୍ତୁ ତା'ର ହାତ ଆଉ ଗୋଡ଼
କେତେ ସରୁ ସରୁ !")
ମୁଁ କ'ଣ ସାହାସ କରି ପାରିବି
ଏହି ବିଶ୍ୱକୁ ଦୋହଲାଇ ଦେବାକୁ ?
ଗୋଟିଏ ମିନିଟ୍‌ରେ ବି ସମୟ ରହିବ
କାହିଁକି ନା ମିନିଟିଏ ପରା ଅନେକ ବେଳ
ନିଷ୍ପତ୍ତି ନେବାର ଆଉ ବଦଳାଇବାର ସିଦ୍ଧାନ୍ତ ସକଳ ।

କାରଣ ମୁଁ ସେମାନଙ୍କୁ ଜାଣିଛି ଆଗରୁ, ସମସ୍ତଙ୍କୁ ଜାଣେ:
ଜାଣିଛି ମୁଁ ଏହି ସଂଧ୍ୟା, ସକାଳ ଓ ଅପରାହ୍ନ ଯେତେ,
ଜୀବନର ପରିମାପ କରିଛି ମୋହର କଫି ଚାମଚରେ;
ଅନ୍ତିମ ପତନ ସହ ଜାଣିଛି ମୁଁ ସ୍ୱରର ମୃତ୍ୟୁକୁ
ସଂଗୀତର ତଳେ ଏକ ଦୂରସ୍ଥ କକ୍ଷରେ ।
ଆଉ କେମିତିକା ଅନୁମାନ ମୁଁ କରିବି ?

ଏବଂ ଆଗରୁ ମୁହିଁ ଚିହ୍ନିଛି ଆଖିଗୁଡ଼ିକୁ, ଚିହ୍ନେ ସମସ୍ତଙ୍କୁ-
ସେହି ଆଖିସବୁ ତୁମକୁ ତ ବାନ୍ଧେ ପ୍ରଣୟନକୃତ ବାକ୍ୟାଂଶରେ,
ଆଉ ଯେବେ ମୁହିଁ ପ୍ରଣୟନକୃତ, ମୋଡ଼ିଥାଏ କଣ୍ଟକ ଉପରେ
ଯେବେ ମୁହିଁ ବିଦ୍ଧ ହୋଇ ଗୋଟିଏ କଣ୍ଟକେ ଝୁଲୁଥାଏ ପ୍ରାଚୀରଉପରେ,
ତେବେ କେଉଁଭଳି ମୁହିଁ କରିବି ଆରମ୍ଭ
କେମିତିକା ଥୁତ୍‌କାର କରିବି, ସିଗାରେଟ୍‌-ଶେଷଖଣ୍ଡ ପରି
ଦିନଶେଷ ଏବଂ ପଥଶେଷ ଯେତେ ମୋର ।
ଆଉ କେମିତିକା ଅନୁମାନ ମୁଁ କରିବି ?

ଏବଂ ମୁହିଁ ଚିହ୍ନିଅଛି ବାହୁଗୁଡ଼ିକୁ ତ ବହୁତ ଆଗରୁ,
ଚିହ୍ନିଛି ସକଳେ-
ସେହି ବାହୁ ବ୍ରେସ୍‌ଲେଟ୍ ପିନ୍ଧା ଶ୍ୱେତବର୍ଣ୍ଣ ଏବଂ ଅନାବୃତ
(କିନ୍ତୁ ଲ୍ୟାମ୍ପ ଆଲୁଅରେ ଈଷତ ବାଦାମୀ ରଂଗ କେଶରେ ଘେରା ତ !)
ଏହା କ'ଣ ଅତରର ବାସ୍ନା ପରିଧେୟ ଦେହୁ
ଯେଉଁ ବାସ୍ନା କରିଥାଏ ମୋତେ ଏମିତିକା ଯେ ପ୍ରସଙ୍ଗଚ୍ୟୁତ ?
ଯେଉଁ ବାହୁ ରହିଥାଏ ଟେବୁଲ ଉପରେ, କିମ୍ବା ଘୋଡ଼ିଘାଡ଼ି ହୋଇ
ରହିଥିବା ପରି ଏକ ଶାଲ୍ ଭିତରେ ।
ଆଉ ତା'ପରେ କ'ଣ ଅନୁମାନ ମୁଁ କରିବି ?
ଏବଂ କେଉଁ ଭଳି ମୁହିଁ କରିବି ଆରମ୍ଭ ?

କହିବି କି ମୁହିଁ, ଗଳି ତ ମୁଁ ଗୋଧୂଳିବେଳାରେ ସରୁ ଗଳି ଦେଇ
ଏବଂ ଦେଖିଥିଲି ଝରକା ଭିତରୁ ବାହାରକୁ ଝୁଙ୍କିପଡ଼ିଥିବା
ହାତମୋଡ଼ା ସାର୍ଟ ପିନ୍ଧା ନିଃସଙ୍ଗ ଲୋକମାନଙ୍କର
ପାଇପ୍‌ରୁ ଉଠୁଥିବା ଧୂଆଁ ?

ଭଲ ହୋଇଥାନ୍ତା ଯଦି ଦୁଇଗୋଟି ମୁଷ୍ଟି ମୋର
ହୋଇଥାନ୍ତା ବକ୍ର
ନୀରବ ସମୁଦ୍ର ତଳ ଛିଦ୍ର କରି ଚାଲି ଆସିବାକୁ ।
ଆଉ ଅପରାହ୍ଣ, ସଂଧ୍ୟା ନିଦ୍ରିତ ଯେ ଏମିତି ଶାନ୍ତିରେ !
ଯେହ୍ନେ ଦୀର୍ଘ ଆଙ୍ଗୁଳିର ସ୍ପର୍ଶେ ସୁଶୀତଳ,
ନିଦ୍ରିତ... କ୍ଳାନ୍ତ ... ଅବା କରନ୍ତି ବାହାନା ଅସୁସ୍ଥ ହେବାର,
ଚଟାଣରେ ଲମ୍ବମାନ, ଏଇଠି ତ ତୁମ, ମୋ ମଝିରେ ।
ଚାହା, କେକ୍, ଆଇସ୍‌କ୍ରିମ୍ ଶେଷ ହୋଇ ଗଲେ,
ମୋହର କି ଶକ୍ତି ଥିବ ମୁହୂର୍ତ୍ତକୁ ଜୋର୍ କରି
ସଂକଟର ମୁଖେ ଠେଲି ଦେବା ପାଇଁ ?
କିନ୍ତୁ ଯଦିଓ ମୁଁ କାନ୍ଦିଛି ଏବଂ କରିଛି ଉପାସ,
କାନ୍ଦିଛି ଓ କରିଛି ପ୍ରାର୍ଥନା ।

ଯଦିଓ ଦେଖିଛି ମୁହିଁ ମସ୍ତକକୁ ମୋର (ହୋଇଅଛି ଅଳପ ଚନ୍ଦା ତ)
ପରସା ହୋଇଛି ଯାହା ଗୋଟିଏ ଥାଳିରେ,

ନୁହେଁ ମୁହିଁ ଧର୍ମଗୁରୁ- ଏବଂ ନାହିଁକିଛି ମହତ୍ କର୍ମ ମୋର;
ଦେଖିଛି ମୁଁ କଂପିତ ହେବାର ମୋର ଜୀବନର ଏହି ମହତ୍ତମ କ୍ଷଣ,
ଏବଂ ମୁହିଁ ଦେଖିଅଛି ଯମଦୂତ ଆସି
ଭିଡ଼ିକରି ଧରିଛି ମୋ କାଟ୍ ଆଉ ହସୁଅଛି ଏକ ଅବିଶୁଦ୍ଧ ହସ,
ଏବଂ ସଂକ୍ଷେପେ କହିଲେ, ହୋଇଥିଲି ମୁହିଁ ଭୟଭୀତ।

ଏବଂ ସର୍ବୋପରି, ହୋଇଥାଆନ୍ତା ଯଥାର୍ଥ
କପ୍, କମଳାର ଜାମ୍ ଆଉ ଚାହା-ପର୍ବ ସମାପ୍ତିର ପରେ,
ଚିନାମାଟି ପାତ୍ର ଆଉ ତୁମର, ମୋହର କିଛି କଥାର ଭିତରେ,
ଏହା କିବା ହୋଇଥାଆନ୍ତା ଯଥାର୍ଥ,
ମୃଦୁ ହସ ହସି କରି କଥାଟିକୁ ଉଡ଼ାଇ ଦେବାକୁ
ପେଣ୍ଡୁଟିଏ କରି ଦେବାପାଇଁ ଚାପିଚୁପି ଦେଇ ବ୍ରହ୍ମାଣ୍ଡକୁ
ଗଡ଼ାଇ ଦେବାକୁ ଏକ ବିଭ୍ରାନ୍ତିଜନକ ପ୍ରଶ୍ନ ଅଭିମୁଖେ,
କହିବାପାଇଁ: ମୁଁ ଲାଜାରସ୍, ଆସିଅଛି ମୃତଙ୍କ ଗହଣୁ,
ଫେରିଅଛି କହିବାର ପାଇଁ ସବୁକିଛି ତୁମ୍ଭମାନଙ୍କୁ ତ,
ତୁମ୍ଭମାନଙ୍କୁ କହିବି ମୁହିଁ ସବୁକିଛି-
ଯଦି କେହି ନାରୀ ଜଣେ, ମୁଣ୍ଡ ତଳେ ତକିଆକୁ ରଖି
କହେ: "ସେ ଅର୍ଥରେ କେବେ କିଛି ମୁହିଁ ତ କହିନି;
ତାହା ମୋଟେ ସେଇୟା ଯେ ନୁହେଁ, ଆଦୌ ନୁହେଁ।"
ଏବଂ ଏହା କ'ଣ ହୋଇ ଥାଆନ୍ତା ଯଥାର୍ଥ, ସର୍ବୋପରି,
ଏହା କ'ଣ ହୋଇଥାଆନ୍ତା ଯଥାର୍ଥ,
ସୂର୍ଯ୍ୟାସ୍ତ ହେବା ପରେ, ଗୃହ ଅଳନ୍ଦିରେ ଆଉ
ପାଣି ଛିଞ୍ଚା ହୋଇଥିବା ରାସ୍ତାର ଉପରେ,
ଉପନ୍ୟାସ ପାଠ ପରେ, ଚାହାପିଆ ଶେଷ ହେବା ପରେ,
ଭୂଇଁର ଉପରେ ଲୋଟୁଥିବା ସ୍କର୍ଟ-
ଏବଂ ଏଇଟା, ଆଉ ଅନେକ କିଛି ?-

ମୁଁ ଯାହା କହିବାକୁ ଚାହୁଁଛି ତାହା ପ୍ରକାଶ କରିବା ଅସମ୍ଭବ !
କିନ୍ତୁ ଯେମିତି ଗୋଟିଏ କୁହୁକ ଲଣ୍ଠନ ପର୍ଦ୍ଦାର ଉପରେ
ଠିକ୍ ନକ୍ସା ପରି ସ୍ନାୟୁଗୁଡ଼ିକୁ ଦେଇଛି ବିଛାଇ:
ଏହା କ'ଣ ହୋଇଥାଆନ୍ତା ଯଥାର୍ଥ
ଯଦିଜଣେ, ତକିଆକୁ ଠିକ୍ ଭାବେ ରଖି କିମ୍ବା
ଫିଙ୍ଗି ଦେଇ ଶାଲ୍,
ଏବଂ ଝରକା ପାଖକୁ ଯାଇ, କହି ଉଠେ:
"ତାହା ମୋଟେ ସେଇୟା ଯେ ନୁହେଁ,
ଯାହା ମୁହିଁ ଚାହିଁଥିଲି ତାହା ଆଦୌ ନୁହେଁ।"

ନା ! ମୁଁ ରାଜକୁମାର ହ୍ୟାମ୍‌ଲେଟ୍ ନୁହଁ, ନା କେବେ
ହେବାକୁ ଚାହିଁଥିଲି;
ମୁଁ ପ୍ରଭୁଙ୍କର କେବଳ ଜଣେ ସେବକ, ଯିଏ କରିବ
ପ୍ରଗତିକୁ ସ୍ଫୀତ,
ଆରମ୍ଭ କରିବ ଗୋଟିଏ ବା ଦୁଇଟି ଦୃଶ୍ୟ,
ରାଜକୁମାରଙ୍କୁ ଉପଦେଶ ଦେବା, ନିଃସନ୍ଦେହରେ,
ଏହା ଏକ ସହଜ ଉପାୟ,
ବଶମ୍ବଦ, ଆଜ୍ଞା ପାଇଁ ଅତ୍ୟନ୍ତ ଆଗ୍ରହୀ,
କୂଟନୀତିଜ୍ଞ, ସତର୍କ ଏବଂ ତୀକ୍ଷ୍ଣ ବିଚାରବନ୍ତ;
ଲମ୍ବାଚୌଡ଼ା- କଥା ପାରଙ୍ଗମ,
ଅଛଟିକେ ମୋଟା ବୁଦ୍ଧିଆ ତ,
କହିବାକୁ ଗଲେ, କେବେ ଅତି ହାସ୍ୟକର
କେବେ ତ, ସଂପୂର୍ଣ୍ଣ ରୂପେ, ହୋଇଥାଏ ବୋକା।

ବୁଢ଼ା ହେଉଅଛି ମୁହିଁ... ବୁଢ଼ା ହେଉଅଛି ମୁହିଁ...
ଏବେ ମୁଁ ପିନ୍ଧିବିମୋର ପାଇଜାମା ତଳକୁ ତ ଉପରକୁ ମୋଡ଼ି।
ମୁଣ୍ଡବାଳେ କରିବି କି ଭାଗ ପଛପଟେ ?
ସାହାସ କରିବି କିବା ଖାଇବାକୁ ପିଚ୍ କୋଳି ଗୋଟେ ?
ପିନ୍ଧିବି ମୁଁ ଫ୍ଲାନେଲ୍‌ର ଧଳା ପାଇଜାମା,

ଏବଂ ଯିବି ବୁଲିବାକୁ ସମୁଦ୍ର ବେଳାରେ।
ଶୁଣିଛି ମୁଁ ମତ୍ସ୍ୟକନ୍ୟା ଗୀତ ଗାଇବାର, ପରସ୍ପରେ।

ମନେ ହୁଏ ନାହିଁ ତ ସେମାନେ ଶୁଣାଇବେ କିଛି ଗୀତ ମୋତେ।

ଦେଖିଛି ମୁଁ ସେମାନଙ୍କୁ ଢେଉର ଚୂଡ଼ାରେ ବସି
ସମୁଦ୍ରର ଆଡ଼େ ଭାସିଯିବା
ଚଳୋର୍ମିର ଶ୍ୱେତ କେଶ କ୍ରମାଗତ ଶାଉଁଳି ଶାଉଁଳି
ଭାସିଗଲା ଦୂରେ
ଯେବେଳେ ପବନ ତୋଳେ ସମୁଦ୍ରର ଜଳରାଶି
ଧଳା ଏବଂ କଳା ଘୂରି ଘୂରି କରି।

ବହୁବେଳ ହୋଇଗଲା ସମୁଦ୍ର ପ୍ରକୋଷ୍ଠେ ଅଛେ ଆମେ ଦୁହେଁ
ପିନ୍ଧିଛନ୍ତି ଜଳ-କନ୍ୟାମାନେ ଲାଲ ଓ ଧୂସର ବର୍ଣ୍ଣ
ସାମୁଦ୍ରିକ ଶୈବାଳକୁ ନେଇ
ମଣିଷର କଣ୍ଠସ୍ୱରେ ଜାଗିବାର ଯାଏଁ,
ବୁଡ଼ିଚାଲି ଥାଉ ଆମେ ସମୁଦ୍ରର ଅତଳ ଗହ୍ୱରେ।

ଜଣେ ମହିଳାଙ୍କ ଚିତ୍ର-ପ୍ରତିକୃତି

ତୁମେ ବ୍ୟଭିଚାର କରିଛ
ତେବେ ତାହା କରିଛ ଅନ୍ୟ ଦେଶରେ
ଏବଂ ତା'ଛଡ଼ା, ସେହି ଝିଅଟି ମରି ଗଲାଣି ।

ମାଲ୍ଟାର ୟୁହୂଦୀ

୧

ଡିସେମ୍ବର ଅପରାହ୍ନର ଧୂଆଁ ଏବଂ କୁହୁଡ଼ି ମଧ୍ୟରେ
ତୁମେ ଦୃଶ୍ୟଟିକୁ ନିଜେ ସଜାଡ଼ିଛ-ଯେମିତି ଏହା କରିବ-
"ମୁଁ ତୁମ ପାଇଁ ଆଜି ଅପରାହ୍ନକୁ ନିର୍ଧାର୍ଯ୍ୟ କରି ରଖିଛି;
ଏବଂ ଅନ୍ଧାର କୋଠରୀରେ ଚାରୋଟି ମହମବତୀ,
ଛାତର ଉପରେ ଚାରୋଟି ଆଲୋକ ବଳୟ,
ଜୁଲିଏଟ୍‌ଙ୍କ ସମାଧିର ଏକ ପରିବେଶ
କହିବାକୁ ଥିବା କିମ୍ବା ଅକୁହା ରହିଯାଇଥିବା
ସମସ୍ତ କଥା ପାଇଁ ପ୍ରସ୍ତୁତ ।
ଆମେ କହିବାକୁ ଯାଉଛୁ, ନୂତନତମ ପୋଲ ଶୁଣିବାକୁ ଆସିଛୁ
ତାଙ୍କ କୁନ୍ତଳ ଏବଂ ଆଙ୍ଗୁଳିର ଅଗ୍ରଭାଗର ମାଧ୍ୟମରେ
ପ୍ରସ୍ତାବନାଗୁଡ଼ିକୁ ପ୍ରସାରଣ କରନ୍ତୁ ।
"ଏତେ ଘନିଷ୍ଠ, ଏହି ଚୋପିନ୍, ଯେ ମୁଁ ଭାବୁଛି ତାଙ୍କର ଆତ୍ମା
କେବଳ ବନ୍ଧୁମାନଙ୍କ ମଧ୍ୟରେ ପୁନର୍ଜୀବିତ ହେବା ଉଚିତ
ଲୋକ ଦୁଇ କିମ୍ବା ତିନିଜଣ, ଯେଉଁମାନେ ଫୁଲକୁ ଛୁଇଁବେନି
ସଂଗୀତଗୃହରେ ଦଳିତ ଏବଂ ସଂଜ୍ଞାହରା ।
-ଏବଂ ତେଣୁ କଥୋପକଥନ ଖସିଯାଏ

ଈଷତ୍ ନିମ୍ନକୁ ସଯତ୍ନେ ଧୃତ ବିଷନ୍ନ ବେଦନାରେ ।
ଭାୟୋଲିନ୍‌ର ମନ୍ଥର ସ୍ୱର ମାଧ୍ୟମରେ
ଦୂରବର୍ତ୍ତୀ କର୍ଣ୍ଣେଟ୍ ସହିତ ମିଶିଯାଏ !
ଏବଂ ପୁନରାୟ ଆରମ୍ଭ ହୁଏ ।
"ତୁମେ ଜାଣିନ ସେମାନେ ମୋ ପାଇଁ କେତେ ଗୁରୁତ୍ୱପୂର୍ଣ୍ଣ,
ମୋ ବନ୍ଧୁମାନେ,
ଏବଂ ଏହା କିପରି, କେତେ ଦୁର୍ଲଭ ଓ ଅଦ୍ଭୁତ, ଖୋଜିବା
ଏତେ ଅସୁବିଧା ଏବଂ ଶେଷ ସହିତ ଗଠିତ ଏକ ଜୀବନରେ,
(କାରଣ ମୁଁ ପ୍ରକୃତରେ ଏହାକୁ ଭଲ ପାଏନି... ତୁମେ ଜାଣିଥିଲ ?
ତୁମେ ଅନ୍ଧ ନୁହଁ !
ତୁମେ କେତେ ଆଗ୍ରହୀ !)

ଏହି ଗୁଣଗୁଡ଼ିକ ଥିବା ବନ୍ଧୁଙ୍କୁ ଖୋଜିବା ପାଇଁ,
କିଏ ଅଛି ଏବଂ ଦିଏ
ସେହି ଗୁଣଗୁଡ଼ିକ ଯାହା ଉପରେ ବନ୍ଧୁତା ବଞ୍ଚେ ।
ମୁଁ ତୁମକୁ ଏହା କହିବାର କେତେ ଗୁରୁତ୍ୱ ଅଛି-
ଏହି ବନ୍ଧୁତା ବିନା- ଜୀବନ, କି ଦୁଃସ୍ୱପ୍ନ !"
ଭାୟୋଲିନ୍‌ର ଗୁର୍ଞ୍ଜନ ମଧ୍ୟରେ
ଏବଂ ଏରିଏଟ୍ସ
ଫାଟି ଯାଇଥିବା କର୍ଣ୍ଣେଟ୍‌ର
ମୋ ମସ୍ତିଷ୍କ ଭିତରେ ଏକ ନୀରସ ଟମ୍-ଟମ୍ ଆରମ୍ଭ ହୁଏ
ଅହଂକାରପୂର୍ଣ୍ଣ ଭାବରେ ନିଜର ଏକ ପ୍ରସ୍ତାବନାକୁ ହାତୁଡ଼ି ମାରିବା,
କୌତୁକପୂର୍ଣ୍ଣ ଏକତା
ତାହା ଅତି କମ୍‌ରେ ଗୋଟିଏ "ମିଥ୍ୟାନୋଟ୍" ।
- ଆସ, ତମାଖୁର ଏକ ନିଦ୍ରାରେ ବାୟୁ ଗ୍ରହଣ କରିବା,
ସ୍ମାରକୀଗୁଡ଼ିକୁ ପ୍ରଶଂସା କର
ଶେଷ ଘଟଣାଗୁଡ଼ିକ ବିଷୟରେ ଆଲୋଚନା କର,
ଆମର ଘଣ୍ଟାଗୁଡ଼ିକୁ ସାର୍ବଜନୀନ ଘଣ୍ଟା ସହିତ ସଜାଡ଼,
ତା'ପରେ ଅଧଘଣ୍ଟା ବସି ଆମର ସୁରାପାନ କର ।

୨

ଏବେ ଲୀଲାକ ଫୁଲ ଫୁଟିଛି
ତାଙ୍କ କୋଠରୀରେ ଗୋଟିଏ ପାତ୍ରରେ ଲୀଲାକ ଫୁଲ ରଖାଯାଇଛି।
ଏବଂ କଥା ହେବା ସମୟରେ ସିଏ ଗୋଟିଏ ଆଙ୍ଗୁଠିକୁ ମୋଡ଼ିଦିଏ
"ଆହା, ମୋର ବନ୍ଧୁ, ତୁମେ ଜାଣିନ, ତୁମେ ଜାଣିନ
ଜୀବନ କ'ଣ, ତୁମେ ଯିଏ ଏହାକୁ ନିଜ ହାତରେ ଧରି ରଖ;"
(ଧୀରେ କରି ଲୀଲାକର ଦାଣ୍ଡିଗୁଡ଼ିକୁ ମୋଡ଼ି ଦେଇ)
"ତୁମେ ଏହାକୁ ତୁମଠାରୁ ପ୍ରବାହିତ ହେବାକୁ ଦେଲ,
ଏବଂ ଯୌବନ ନିଷ୍ଠୁର ଓ ସିଏ ନୁହେଁ ମୋଟେ ଅନୁତପ୍ତ
ଏବଂ ଯେଉଁ ପରିସ୍ଥିତିଗୁଡ଼ିକୁ ସିଏ ଦେଖିପାରେନି,
ସେଥିରେ ହସେ।"
ମୁଁ ହସେ, ଅବଶ୍ୟ
ଏବଂ ଚା ପିଇ ଚାଲିଥାଏ
"ତଥାପି ଏହି ଏପ୍ରିଲ୍‌ର ସୂର୍ଯ୍ୟାସ୍ତ ସହିତ,
ଯାହା କୌଣସି ପ୍ରକାରେ ମନେ ପକାଏ
ମୋର ସମାଧିସ୍ଥ ଜୀବନ, ଏବଂ ବସନ୍ତ ଋତୁରେ ପ୍ୟାରିସ୍,
ମୁଁ ଅସୀମ ଶାନ୍ତି ଅନୁଭବ କରୁଛି,
ଏବଂ ଦୁନିଆକୁ ପାଇପାରୁଛି ସର୍ବୋପରି,
ସୁନ୍ଦର ଓ ଯୁବା ହେବା ପାଇଁ।"

ସ୍ୱର ଜିଦ୍‌ଖୋର ସ୍ୱର ପରି ଫେରି ଆସୁଛି
ଅଗଷ୍ଟ ଅପରାହ୍ଣରେ ଏକ ଭଙ୍ଗା ଭାୟୋଲିନ୍ ବିଷୟରେ:
"ମୁଁ ସବୁବେଳେ ନିଶ୍ଚିତ ଯେ ତୁମେ ବୁଝିପାରୁଛ
ମୋର ଭାବିବା ସେବେଳେ ନିଶ୍ଚିତ ଯେ ତୁମେ ଅନୁଭବ କରୁଛ,
ନିଶ୍ଚିତ ଯେ ଗଲ୍ଫ ପାରି ହୋଇ ତୁମେ ତୁମର ହାତକୁ ଛୁଇଁବ,
ତୁମେ ଅଭେଦ୍ୟ, ଆକିଲିସ୍‌ର ଗୋଇଠି ତୁମର ନାହିଁ।
ତୁମେ ଆଗକୁ ବଢ଼ିବ, ଏବେ ଯେବେ ତୁମେ ଜୟଲାଭ କରିବ,
ତୁମେ କହିପାରିବ : ଏହି ସମୟରେ ଅନେକେ ବିଫଳ ହୋଇଛନ୍ତି।
କିନ୍ତୁ ମୋ ପାଖରେ କ'ଣ ଅଛି, କିନ୍ତୁ ମୋ ପାଖରେ କ'ଣ ଅଛି,

ମୋର ବନ୍ଧୁ, ତୁମକୁ ଦେବା ପାଇଁ, ତୁମେ ମୋଠୁ କ'ଣ ପାଇପାରିବ ?
କେବଳ ବନ୍ଧୁତା ଏବଂ ସହାନୁଭୂତି
ଜଣକର ପଥର ଶେଷ ଭାଗରେ ପହଞ୍ଚିବା ପ୍ରାୟ ।

ମୁଁ ଏଇଠି ବସିବି, ବନ୍ଧୁମାନଙ୍କୁ ଚା' ପରିବେଷଣ କରିବି..."

ମୁଁ ମୋର ଟୋପି ନେଲି : ମୁଁ କେମିତି
ଗୋଟିଏ କାପୁରୁଷତାପୂର୍ଣ୍ଣ ସଂଶୋଧନ କରିପାରିବି
ସିଏ ମୋତେ କ'ଣ କହିଲା ?
ତୁମେ ମୋତେ ଯେ କୌଣସି ଦିନ ସକାଳେ
ଉଦ୍ୟାନରେ ଦେଖି ପାରିବ
ବ୍ୟଙ୍ଗକଥା କିମ୍ବା କ୍ରୀଡ଼ାପୃଷ୍ଠା ପଢୁଥିବାର,
ବିଶେଷ କରି ମୁଁ ଉଲ୍ଲେଖ କରୁଛି ଯେ ଜଣେ
ଇଂରେଜ କୁଳୀନ ନାରୀ ମଞ୍ଚ ଉପରକୁ ଯାଉଛନ୍ତି ।
କେହି ଜଣେ ଗ୍ରୀକ୍ ବ୍ୟକ୍ତି ପୋଲିଶ୍ ନୃତ୍ୟର ଆସରରେ
ହୋଇଛନ୍ତି ନିହତ,
ଆଉ ଜଣେ ବ୍ୟାଙ୍କ ଖିଲାପକାରୀ ସ୍ୱୀକାର କରିଛନ୍ତି
ଆପଣାର ଦୋଷକୁ ।
ମୁଁ ବଜାୟ ରଖୁଛି ମୋର ସ୍ଥିରତାକୁ,
ମୁଁ ରହୁଛି ଆତ୍ମମଗ୍ନ ହୋଇ
କେବଳ ଯେତେବେଳେ ଗୋଟିଏ ରାସ୍ତାର ପିଆନୋ,
ଯାନ୍ତ୍ରିକ ଏବଂ କ୍ଳାନ୍ତ
କିଛି ଜୀର୍ଣ୍ଣ ସାଧାରଣ ଗୀତର ପୁନରାବୃତ୍ତି କରେ
ବଗିଚା ସାରା ହାଇସିନ୍ଥର ବାସ୍ନା ସହିତ
ମନେ ପକାଇବା ପାଇଁ ଯାହାକୁ ଅନ୍ୟଲୋକ ଇଚ୍ଛା କରିଥିଲେ ।
ଏହି ସବୁ ଧାରଣା ସଠିକ ନା ଭ୍ରାନ୍ତିକର ?

୩

ଅକ୍ଟୋବର ରାତି ଆସିଯାଏ; ଫେରି ଆସେ ପୂର୍ବ ପରି
ଆରାମରେ ଅସୁସ୍ଥ ହେବାର ସାମାନ୍ୟ ଅନୁଭବ ବ୍ୟତୀତ
ମୁଁ ସିଢ଼ି ଚଢ଼େ ଏବଂ ଦୁଆରର ହ୍ୟାଣ୍ଡେଲ୍‌କୁ ବୁଲାଇଦିଏ
ଏବଂ ମୁଁ ଅନୁଭବ କରୁଛି
ଯେମିତି ମୁଁ ମୋ ହାତ ଓ ଆଣ୍ଠୁ ଉପରେ ଚଢ଼ିଛି।
"ଏବଂ ତୁମେ ବିଦେଶକୁ ଯାଉଛ; ଆଉ କେବେ ଫେରିବ?
କିନ୍ତୁ ଏମିତି ପ୍ରଶ୍ନ ନିରର୍ଥକ।
ତୁମେ କେବେ ଫେରିବ ତାହା ତୁମେ କ୍ୱଚିତ୍ ଜାଣିପାରିବ,
ତୁମେ ବହୁତ କିଛି ଶିଖିବାକୁ ପାଇବ।"
ମୋର ହସ ବ୍ରିକ୍-ଆ-ବ୍ରାକ୍ ମଧ୍ୟରେ ବହୁତ ଭାରି ପଡ଼ିଯାଏ।

"ହୁଏତ ତୁମେ ମୋତେ ଲେଖି ପାରିବ।"
ମୋର ଆତ୍ମ-ସ୍ଥିରତା ଗୋଟେ ମୁହୂର୍ତ୍ତ ପାଇଁ ଜାଳି ଦିଏ;
ମୁଁ ଯେମିତି ଭାବରେ କରିଥିଲି, ଏହା ସେମିତି।

"ମୁଁ ବହୁତ ଦିନ ହେଲା ଆଶ୍ଚର୍ଯ୍ୟାନ୍ୱିତ ହେଉଛି
(କିନ୍ତୁ ଆମର ଆରମ୍ଭ କେବେହେଲେ ଆମ ଶେଷକୁ ଜାଣି ପାରିବନି!)
ଆମେ କାହିଁକି ବନ୍ଧୁ ହୋଇନୁ।"
ମୁଁ ଜଣେ ହସୁଥିବା ଲୋକ ଭଳି ଅନୁଭବ କରୁଛି ଏବଂ ବୁଲିପଡ଼ି
ଯିଏ ମନ୍ତବ୍ୟ ଦେବ ଅକସ୍ମାତ, ତା'ର ଅଭିବ୍ୟକ୍ତି
ଗୋଟିଏ ଦର୍ପଣରେ।
ସ୍ଖଳିତ ମୋର ଆତ୍ମ-ଅଧିକାର;
ଆମେ ପ୍ରକୃତରେ ଅନ୍ଧାରରେ ଅଛୁ।

"ସମସ୍ତେ ଏହା କହିଥିଲେ, ମୋର ବନ୍ଧୁମାନେ,
ସେମାନେ ନିଶ୍ଚିତ ଥିଲେ ଯେ ଆମ ଭାବନା ସଂପର୍କିତ ହେବ
ଏତେ ନିକଟରୁ! ମୁଁ ନିଜେ ବୁଝିପାରୁନି।
ଆମକୁ ଏବେ ଭାଗ୍ୟ ଉପରେ ଛାଡ଼ିଦେବାକୁ ପଡ଼ିବ।

ଯେ କୌଣସି ପ୍ରକାରେ ତୁମେ ଲେଖିବ।
ହୁଏତ ଏହା ବେଶି ଡେରି ହୋଇଯାଇନି।
ମୁଁ ଏଠାରେ ବସି ବନ୍ଧୁମାନଙ୍କୁ ଚା ପରିବେଷଣ କରିବି।"

ଏବଂ ମୋତେ ପ୍ରତ୍ୟେକ ପରିବର୍ତ୍ତନଶୀଳ ଆକୃତିକୁ ଋଣ ନେବାକୁ ହେବ
ପ୍ରକାଶନ ଖୋଜିବା ପାଇଁ... ନାଚ, ନାଚ
ନାଚୁଥିବା ଭାଲୁ ପରି,
କାନ୍ଦ ଶୁଆ ପରି, ବଣମଣିଷ ଭଳିଆ କଥାବାର୍ତ୍ତା କର।
ଆମକୁ ପ୍ରଶ୍ୱାସ ନେବାକୁ ଦିଅ, ତମାଖୁର ଏକ ନିଦ୍ରାରେ-
ବେଶ୍! କ'ଣ ହେବ ଯଦି ସିଏ କୌଣସି ଦିନ ଅପରାହ୍ନରେ ମରିଯାଏ,
ଅପରାହ୍ନ ଧୂସର ଏବଂ ଧୂମ୍ରଯୁକ୍ତ,
ସଂଧ୍ୟା ହଳଦିଆ ଏବଂ ଗୋଲାପୀ;
ମରିବା ଉଚିତ ଏବଂ ମୋତେ ହାତରେ କଲମ ଧରି
ବସି ରହିବା ଉଚିତ
ଘରର ଛାତ ଉପରେ ଧୂଆଁ ତଳକୁ ଆସୁଥିବା ସହିତ;
ସନ୍ଦେହଜନକ, କିଛି କ୍ଷଣ ପାଇଁ
ଅଜ୍ଞାତ କ'ଣ ଯେ ଅନୁଭୂତ ହେବ, ଅଥବା ଯଦି ବା ଜ୍ଞାତ
କିମ୍ବା ଜ୍ଞାନୀ ହେଉ କି ମୂର୍ଖ, ବିଳମ୍ବ ହେଉ କି ଅତି ଶୀଘ୍ର...
ସିଏ କ'ଣ ପାଇବନି କୌଣସି ସୁଯୋଗ ଅବଶେଷରେ?
ସଂଗୀତ ସବୁ ସାର୍ଥକ ଏତେ "ମୃତ୍ୟୁ ପତନ" ରେ
ଏବେ ଆମେ ମୃତ୍ୟୁ ବିଷୟରେ କହୁଛୁ-
ଆଉ ମୋର ହସିବାର ଅଧିକାର କ'ଣ ରହିବା ଉଚିତ୍?

ପ୍ରସ୍ତାବନା

୧

ଶୀତଦିନର ସଂଧ୍ୟା ନଇଁ ଆସେ
ଗଳି ରାସ୍ତାରେ ପୋଡ଼ା ମାଂସର ଗନ୍ଧ ସହିତ ।
ଛଅଟା ବାଜେ ।

ଧୂଆଁଳିଆ ଦିନଗୁଡ଼ିକର ଦରପୋଡ଼ା ଅବଶେଷ ।
ଏବଂ ଏବେ ଗୋଟିଏ ଦମକା ପବନ ସହ ଅସରାଏ ବର୍ଷା
ଅସନା ପରିତ୍ୟକ୍ତାଂଶ
ନିଜ ପାଦ ପାଖରେ ପଡ଼ିଥିବା ଶୁଖିଲା ପତ୍ର
ଏବଂ ଫାଙ୍କା ଜାଗାରେ ଥିବା ଖବରକାଗଜ;
ପିଟୁଥାଏ ବର୍ଷାଧାରା
ଝରକାର ଭଙ୍ଗା ଛାୟାବରଣ ଏବଂ ଚିମ୍‌ନୀ-ପାତ୍ରରେ,
ଏବଂ ରାସ୍ତାର ଗୋଟିଏ ମୋଡ଼ରେ
ଗୋଟିକିଆ ଘୋଡ଼ା-ଚାଳିତ ଗାଡ଼ିର ନିଃସଙ୍ଗ ଘୋଡ଼ାଟିର
କ୍ଷୁବ୍ଧ ଖୁରାର ଶବ୍ଦ ।

ତାପରେ ପ୍ରଦୀପର ଜ୍ୱଳନ ।

୨

ସକାଳକୁ ଚେତା ଆସେ
ବିୟର୍‌ର ଅସ୍ପଷ୍ଟ ବାସି ଗନ୍ଧ
କରତ-ଗୁଣ୍ଡ ଭରା ରାସ୍ତାରୁ
ତା'ର ସମସ୍ତ କର୍ଦ୍ଦମାକ୍ତ ପାଦ ଦେଇ
ଯିଏ ମାଡ଼ିଚାଲେ
ସକାଳୁ ସକାଳୁ କଫି ଦୋକାନ ଆଡ଼େ।
ଅନ୍ୟାନ୍ୟ ମୁଖାଧାରୀମାନଙ୍କ ସହିତ
ସମୟ ପୁଣି ଫେରି ଆସେ,
ଜଣେ ଭାବେ ସବୁ ହାତଗୁଡ଼ିକ କଥା
ଯାହା ସୃଷ୍ଟି କରେ ଅନୁଜ୍ଜ୍ୱଳ ଛାୟା
ସହସ୍ର ସୁସଜ୍ଜିତ କୋଠରୀରେ।

୩

ତୁମେ ବିଛଣାରୁ କମ୍ବଳ ଫୋପାଡ଼ି ଦେଲ
ତୁମେ ଚିତ୍‌ହୋଇ ଶୋଇ ରହିଲ, ଏବଂ ଅପେକ୍ଷା କଲ
ତୁମେ ଢୁଳେଇ ପଡ଼ିଲ, ଏବଂ ଦେଖିଲ
ରାତ୍ରି କେମିତି ଅନାବରଣ କରି ଚାଲିଥିଲା
ସହସ୍ର ଅନୈତିକ ଚିତ୍ରପଟ
ଯେଉଁଥିରେ ତୁମ ଆତ୍ମା ଗଠିତ ହୋଇଥିଲା;
ସେମାନେ ଚମକୁଥିଲେ ଛାତର ସିଲିଂଗରେ।
ଆଉ ଯେତେବେଳେ ସମଗ୍ର ବିଶ୍ୱ ଫେରି ଆସିଲା
ଏବଂ ଦୁଆର ସେପଟୁ ଆଲୋକ ଉଙ୍କି ମାରୁଥିଲା
ପୁଣି ତୁମେ ଶୁଣିଲ ନଳାଗୁଡ଼ିକରୁ ଘରଚଟିଆର ଶବ୍ଦ,
ରାସ୍ତାର ଏମିତି ଗୋଟିଏ ଦୃଶ୍ୟ ତୁମ ପାଖରେ ଥିଲା
ଯାହାକୁ ଅତି କମ୍ ବୁଝୁଥିଲା ରାସ୍ତା;
ବିଛଣା କଡ଼ରେ ବସି ରହି, ଯେଉଁଠି
ତୁମେ ତୁମର କେଶରୁ କାଗଜଗୁଡ଼ିକୁ କୁଞ୍ଚ କୁଞ୍ଚ କଲ,
କିମ୍ବା ହଳଦିଆ ପାଦତଳକୁ ଘଷିଲ
ଦୁଇଟିଯାକ ଅସନା ହାତ ପାପୁଲିରେ।

୪

ଆତ୍ମା ତା'ର ଆକାଶରେ ଶକ୍ତ ଭାବରେ ତ
ହୋଇଥିଲା ପ୍ରସାରିତ
ସହରର ଗୋଟେ ଧାଡ଼ି କୋଠା ପଛ ପଟେ
ହେଉଥାଏ ତାହା ଯେ ମଳିନ,
ଅବା ଜିଦ୍‌ଖୋର ପାଦ ତଳେ ହେଉଥିଲା ଦଳାଦଳି
ଚାରିଟା, ପାଞ୍ଚଟା ଏବଂ ଛଅଟା ବେଳରେ;
ଏବଂ ଛୋଟ ବର୍ଗାକାର ଆଙ୍ଗୁଳିର ଦ୍ୱାରା
ଭରିଥିବା ପାଇପ୍‌କୁ,
ଏବଂ ସଂଧ୍ୟା ଖବର କାଗଜ ଆଉ ଚକ୍ଷୁଦ୍ୱୟ
ନିର୍ଦ୍ଦିଷ୍ଟ କରୁଥିଲା କିଛି ନିଶ୍ଚିତତା,
କଳା ପଡ଼ିଯାଇଥିବା ରାସ୍ତାର ବିବେକ, ଯିଏ ତ
ଅଧୀର ଏବେ ପୃଥିବୀକୁ ଧରି ନେବା ପାଇଁ।

ମୁଁ ବା ବିସ୍ମିତ ଏହି
ଯାହା ଥାଏ କୁଞ୍ଚ ହୋଇ ଚିତ୍ରପଟଗୁଡ଼ିକର ଚାରିପଟ ଘେରି,
ଏବଂ ରଖିଥାଏ ଭିଡ଼ି କରି:
କିଛି ଅସୀମ କୋମଳ ଧାରଣା
ଅସୀମ କଷ୍ଟଦାୟକ ଜିନିଷ।

ପୋଛିନିଅ ଆପଣାର ମୁଖ, ଆପଣାର ହାତେ ଏବଂ ହସ;
ପୁରାତନା ମହିଳାଙ୍କ ପରି ଘୂରିବୁଲୁ ଥାଏ ଏ ଜଗତ
ସାଉଁଟୁ ଥାଏ ଜାଳେଣି ଖାଲି ଜାଗାରୁ ତ।

ଗୋଟିଏ ଝଡ଼ ରାତି ଉପରେ ଚାରଣ କବିତା

ବାରଟା ବାଜିଲା ।
ରାସ୍ତା ଉପରେ ପ୍ରତ୍ୟେକ ଆଗମନକାରୀ
ଚନ୍ଦ୍ରର ଆଶ୍ଳେଷରେ ଢଙ୍କା,
ମୃଦୁମନ୍ଦ୍ରିତ ଚନ୍ଦ୍ରର ଯାଦୁମନ୍ତ୍ରରେ
ସ୍ମୃତିର ମହଲାଗୁଡ଼ିକୁ ସମାପନ କର
ଏବଂ ଏହାର ସମସ୍ତ ସ୍ୱଚ୍ଛ ସମ୍ପର୍କ,
ଏହାର ବିଭାଜନ ଏବଂ ସଠିକତା
ମୁଁ ପାରି ହେଉଥିବା ରାସ୍ତାର ପ୍ରତ୍ୟେକ ବତୀ
ଗୋଟିଏ ସାଂଘାତିକ ଢୋଲ ପରି ବାଜୁଛି,
ଏବଂ ଅନ୍ଧକାର ସ୍ଥାନ ଦେଇ
ମଧ୍ୟରାତ୍ରି ସ୍ମୃତିକୁ ଥରାଇ ଦିଏ
ଯେମିତି ଜଣେ ପାଗଳ ଏକ ମୃତ ଜେରାନିୟମକୁ ଥରାଏ ।

ଦେଢ଼ଟା ବାଜିଲା
ରାସ୍ତାର ବତୀ ଉତ୍ତେଜିତ ହୋଇ କହିଲା,
ରାସ୍ତାର ବତୀ ମୃଦୁଶବ୍ଦ କରି କହିଲା,
ରାସ୍ତାର ବତୀ କହିଲା,
"ସେହି ମହିଳାଙ୍କୁ ସମ୍ମାନ ଦିଅ
ଯିଏ ଦ୍ୱାରର ଆଲୋକରେ ତୁମକୁ ସଂକୋଚକରେ
ଯାହା ତାଙ୍କ ଉପରେ ହସ ପରି ଖୋଲି ଯାଏ,
ତୁମେ ଦେଖ ତାଙ୍କ ପରିଧେୟର ପ୍ରାନ୍ତଟି

ଯାହା ଛିନ୍ନ ଏବଂ ମଳିନ ବାଲୁକାର ସଂସର୍ଗରେ ଆସି,
ଏବଂ ତୁମେ ଦେଖ ତାଙ୍କର ଆଖିର କୋଣ
ଯାହା ବଙ୍କା ପିନ୍ ପରି ମୋଡ଼ି ହୋଇ ଯାଏ।"

ସ୍ମୃତି ଏବେ ଉଜ୍ଜ୍ୱଳ ଏବଂ ଶୁଷ୍କ ହୋଇଯାଏ
ବିକୃତ ଜିନିଷଗୁଡ଼ିକର ଗହଳି;
ବେଳା ଭୂମିରେ ଗୋଟିଏ ବଙ୍କା ଡାଳ
ମସୃଣ ଏବଂ ଚିକ୍କଣ ହୋଇଥିବାରୁ ଖିଆଯାଏ
ଯେମିତି ଦୁନିଆ ପରିତ୍ୟାଗ କଲା
ତା କଙ୍କାଳର ରହସ୍ୟ,
ସୁଦୃଢ଼ ଏବଂ ଶୁଭ୍ର,
କାରଖାନାର ଚତ୍ୱରରେ ଗୋଟିଏ ଭଗ୍ନ ସ୍ପ୍ରିଂଗ,
ଜଙ୍କ ଲାଗିଯାଇ ଶକ୍ତି ଲୋପ ପାଇଛି
କଠିନ ଓ କୁଞ୍ଚିତ ଏବଂ ଭାଙ୍ଗି ପକାଇବାକୁ ପ୍ରସ୍ତୁତ।

ଅଢ଼େଇଟା ବାଜିଲା,
ରାସ୍ତାର ବତୀ କହିଲା,
"ଲକ୍ଷ୍ୟ କର ବିଲେଇଟିକୁ ଯିଏ ନିଜକୁ ଚେପ୍ଟା କରି ରଖେ
ନଳା ଭିତରେ,
ତା ଜିଭ ବାହାର କରିଦିଏ
ଏବଂ ଗୋଟିଏ କାମୁଡ଼ାରେ ଖଣ୍ଡେ ବାଦାମୀ ଲହୁଣୀ ଖାଇଦିଏ।"
ତେଣୁ ପିଲାଟିର ହାତ, ସ୍ୱୟଂଚାଳିତ ଭାବରେ,
ବାହାରକୁ ଖସିଲା ଏବଂ ଗୋଟିଏ ଖେଳଣା ପକେଟରେ ରଖିଦେଲା
ଯାହା ଧାଉଁଥିଲା ଜାହାଜୀ ଘାଟର କଡ଼ରେ।
ସେହି ପିଲାଟିର ଆଖି ପଛରେ ମୁଁ କିଛି ଦେଖି ପାରିଲିନି।
ମୁଁ ରାସ୍ତାରେ ଆଖିଗୁଡ଼ିକୁ ଦେଖିଛି
ଆଲୋକିତ ସଟର୍ ଦେଇ ଦେଖିବାର ଚେଷ୍ଟା କରିଛି,
ଏବଂ ଗୋଟିଏ ଅପରାହ୍ନରେ ପୋଖରୀରେ ଗୋଟିଏ କଙ୍କଡ଼ା
ମୁଁ ତାକୁ ଧରିଥିବା ଏକ ବାଡ଼ିର ଶେଷ ଭାଗକୁ ଧରି ପକାଇଲି।

ସାଢ଼େ ତିନିଟା
ଦୀପଟି ଉତ୍ତେଜିତ ହୋଇ କହିଲା,
ଦୀପଟି ମୃଦୁ ଶବ୍ଦ କରି କହିଲା ଅନ୍ଧାରରେ।
ଦୀପଟି ଗୁଣୁଗୁଣୁ ହୋଇ କହିଲା:
"ଚନ୍ଦ୍ରକୁ ସମ୍ମାନ ଦିଅ,
ଚନ୍ଦ୍ର କେବେ କାହାର ଅନିଷ୍ଟ କରେନି,
ତା'ର ଦୁର୍ବଳ ଆଖି ଇସାରାରେ ନାଚିଲା,
ସିଏ କୋଣକୁ ଆଖି କରି ହସିଲା।
ଘାସର କେଶକୁ ସିଏ ମସୃଣ କରେ।
ଚନ୍ଦ୍ର ତା'ର ସ୍ମୃତି ହରାଇ ବସିଛି।
ବିବର୍ଣ୍ଣ ହୋଇ ଉଠେ ବସନ୍ତଦାଗରରେ ତା'ର ମୁଖମଣ୍ଡଳ,
ତା ହାତ ଗୋଟିଏ କାଗଜ ଗୋଲାପକୁ ମୋଡ଼ିଦିଏ,
ତାହାର ଗନ୍ଧ ଧୂଳିର ଏବଂ ୟୁଡ଼ି କୋଲନ୍‌ର,
ସିଏ ଏକାକିନୀ,
ସମସ୍ତ ପୁରୁଣା ରାତିର ଗନ୍ଧ ସହିତ
ସେହି କ୍ରସ୍ ଏବଂ କ୍ରସ୍ ତା ମସ୍ତିଷ୍କରେ।"
ସ୍ମୃତି ଆସେ
ସୂର୍ଯ୍ୟହୀନ ଶୁଷ୍କ ଜେରାନିୟମର
ଏବଂ ଫାଟରେ ଧୂଳି,
ରାସ୍ତାରେ ଚେଷ୍ଟନଟ୍‌ର ବାସ୍ନା,
ଏବଂ ବନ୍ଦ କୋଠରୀରେ ମହିଳାମାନଙ୍କର ଗନ୍ଧ
ଆଉ କରିଡର୍‌ରେ ସିଗାରେଟ୍
ଏବଂ ପାନଶାଳାରୁ କକ୍‌ଟେଲ୍‌ର ଗନ୍ଧ ଆସୁଛି।"

ଦୀପ କହିଲା,
"ଚାରିଟା ବାଜିଲା,
ଏଠି ଦୁଆର ଉପରେ ସଂଖ୍ୟାଟି ରହିଛି।
ସ୍ମୃତି!

ତୁମ ପାଖରେ ଚାବି ଅଛି,
ସିଡ଼ି ଉପରେ ଛୋଟ ଦୀପଟି ଗୋଟିଏ ବଳୟ ବିସ୍ତାର କରେ।
ଚଢ଼।
ବିଛଣା ଖୋଲା ଅଛି; ଦାନ୍ତଘଷିବା ବ୍ରସ୍ କାନ୍ଥରେ ଝୁଲୁଛି,
ତୁମ ଜୋତା ଦୁଆର ପାଖରେ ରଖ, ଶୋଇ ଯାଅ,
ଜୀବନ ପାଇଁ ପ୍ରସ୍ତୁତ ହୁଅ।"

ଛୁରୀର ଶେଷ ମୋଡ଼।

ଛୋଟ ବୁଢ଼ାଲୋକ

ତୁମର ଯୌବନ ନାହିଁ କିମ୍ବା ବୟସ ନାହିଁ
କିନ୍ତୁ ଯେହେତୁ ଏହାଥିଲା ରାତ୍ରି-ଭୋଜନ ପରର ନିଦ୍ରା
ଉଭୟର ସ୍ୱପ୍ନ ଦେଖିବା।

ଅଛି ମୁଁ ଏଇଠି, ଜଣେ ବୁଢ଼ାଲୋକ ନିଦାଘ ମାସରେ
ପିଲାଟିଏ ପଢ଼ି କରି ଶୁଣାଉ ଯେ ଥିଲା ରହିଥିଲା ବର୍ଷା ଅପେକ୍ଷାରେ।
ଗରମ ଦୁଆର ପାଶେ ମୁହିଁ ତ ନ ଥିଲି
କିମ୍ବା ଉଷ୍ମ ବର୍ଷାରେ ତ କରି ନାହିଁ ରଣ
ଅବା ବୁଡ଼ି ରହିବି ମୁଁ ଆଣ୍ଠୁଯାଏଁ ଲବଣାକ୍ତ ଜଳେ
ହାତେ ଧରି କଟୁରୀଟି ସଶକ୍ତରେ କରେ ଉତ୍ତୋଳନ,
ମକ୍ଷି ଦ୍ୱାରା ହେଲି ଯେ ଦଂଶିତ, ସଂଗ୍ରାମ ମୁଁ କଲି।
ଘର ମୋ ଉଜୁଡ଼ା ଘର,
ଏବଂ ଝରକାର ପାଶେ ବସି ରହିଅଛି ୟୁହୁଦୀ, ମାଲିକ,
ଆଣ୍ଟୱେର୍ପର କୌଣସି ସଂସ୍ଥାରେ ଜନ୍ମ ହୋଇଛି
ବ୍ରୁସେଲ୍‌ସରେ ବଢ଼ିଛି, ଲଣ୍ଡନ ସହର ତା'ର ପାଲଟିଛି
ରଂଗ ଆଉ ଖୋଳ।
ଛେଳିଟି କାଶୁଛି ଉଚ୍ଚ ପଡ଼ିଆରେ;
ପାହାଡ଼, ଶିଉଳି, ପଥରରେ ଫସଲ, ଲୁହା, ତାରକଣ୍ଟା।
ମହିଳା ଜଣକ ରୋଷେଇଘର ସମ୍ଭାଳେ, ଚା ତିଆରି କରେ,
ପୋତା ନଳା ଖେଞ୍ଚେ ସଂଜବେଳେ, ଛିଙ୍କି ଛିଙ୍କି ମରେ।

ମୁଁ ଜଣେ ବୁଢ଼ାଲୋକ,
ବସିଅଛି ପବନ ଭିତରେ, ମାନ୍ଦା ଲୋକଟିଏ ।

ସଂକେତ ଯେ ସବୁ ବିଷୟରେ ଭରା, "ଦେଖୁ ଆମେ ସଂକେତ ଗୋଟିଏ"
ଶବ୍ଦର ଭିତରେ ଶବ୍ଦ କହିବାକୁ ଆମେ ଅସମର୍ଥ ଏବେ ଶବ୍ଦଟିଏ,
ଅନ୍ଧାରେ ବେଷ୍ଟିତ । ନବବର୍ଷ ଉତ୍ସବର ଦିନ
ଆସିଲେ ତ ଖ୍ରୀଷ୍ଟ
ଦୃପ୍ତ ଯିଏ ବ୍ୟାଘ୍ରର ସମାନ

ଭ୍ରଷ୍ଟ ମେ ମାସେ, କୁକୁର କାଠ ଏବଂ ପର୍ଣ୍ଣମୋଚୀ, ଫୁଲ ଫୁଟୁଥିବା
ଯିହୁଦାର ବୃକ୍ଷ
ଖାଇବାକୁ ହୁଏ,
ଭୋଗ ବଣ୍ଟା ହୁଏ, ପିଇବାକୁ ହୁଏ
ଫୁସ୍‌ଫାସ୍ କରି କଥା କହୁଥିବା ଲୋକଙ୍କ ଗହଣରେ
ଶ୍ରୀମାନ୍ ସିଲଭେରୋ ଆଉଁସୁଥିଲେ ହାତରେ,
ଲିମୋଜରେ,
ସାରା ରାତି ଯିଏ ପାର୍ଶ୍ୱବର୍ତ୍ତୀ କୋଠରୀରେ ଘୂରି ବୁଲୁଥିଲେ;

ହାକାଗାୱା ଆସିଥିଲେ ନମ୍ରଭାବେ ଟାଇଟିଅନ ମେଳେ;
ମ୍ୟାଡମ୍ ଡି ଟର୍ଣ୍ଣକ୍ୟୁସ୍ ଆସିଯାନ୍ତି ଅନ୍ଧାର କକ୍ଷକୁ
ମହମବତୀଗୁଡ଼ିକୁ ସ୍ଥାନାନ୍ତର କରିବାର ରତ;
ଫ୍ରାଉଲିନ୍ ବନ୍ କୁଲ୍ପ
ପ୍ରବେଶିଲେ କକ୍ଷର ଭିତରେ, ଗୋଟେ ହାତ ଦ୍ୱାରବନ୍ଧେ ରଖି ।
ଖାଲିଥିବା ମାଙ୍କୁ ସବୁ ବୁଣଇ ପବନ
ନାହିଁ ଭୂତ-ପ୍ରେତ,
ମୁହିଁ ଜଣେ ବୁଢ଼ା ଲୋକ ବସି ରହିଅଛି
ମରୁଡ଼ିରେ ପ୍ରପୀଡ଼ିତ ଗୋଟିଏ ଗୃହରେ
ଝଡ଼ ବତାସରେ ।

ଏତେ ଜ୍ଞାନ ପରେ, କେମିତି କ୍ଷମା ? ଏବେ ଭାବ
ଇତିହାସରେକେତେ ବାଜେ ଅଧ୍ୟାୟ
ସୁକଳ୍ପିତ ସଂଯୋଗର କେତେ ସ୍ଥାନ ଅଛି
ଏବଂ ସମସ୍ୟା ସବୁ, ଫୁସ୍ ଫୁସ୍ କରି
ଉଚ୍ଚାକାଂକ୍ଷାର ସହ ପ୍ରତାରଣା କରେ,
ଅହଂକାରର ଭଣ୍ଡାମି ଦ୍ୱାରା ଆମେ ଯେ ଚାଳିତ ।
ଏବେ ଭାବ
ଆମ ମନଯୋଗ ଯେବେ ହୁଅଇ ବିକ୍ଷିପ୍ତ
ସିଏ ଦାନ ଦିଏ
ଏବଂ ସିଏ ଦିଏ, ତାହା ଏମିତି ନମନୀୟ
ବିଭ୍ରାନ୍ତିର ସହ
ସେହି ଦାନ ରହିଥାଏ ହୋଇଣ କ୍ଷୁଧାର୍ତ୍ତ ।
ପୁଣି ଦିଏ ଅନେକ ଡେରିରେ
ଯାହା ହୋଇଥାଏ ଅବିଶ୍ୱାସ୍ୟ, କିମ୍ବା ଯାହା
ହୋଇଥାଏ ଏବେ ବିଶ୍ୱାସର ଯୋଗ୍ୟ,
ରହିଥାଏ ସ୍ମୃତିରେ କେବଳ, ଆବେଗର ପୁନର୍ବିବେଚନା ।
କେବେ ପୁଣି ଦିଏ ଶୀଘ୍ର ଦୁର୍ବଳ ହାତରେ,
ଯାହା ଚିନ୍ତ, ତାହା ଦେଇ ବିଦା କରାଯାଏ
ଯେତେକ୍ଷଣ ପ୍ରତ୍ୟାଖ୍ୟାନ ଭୟ ସୃଷ୍ଟିକରେ ।
ଭାବ ଭୟ ଅଥବା ସାହସ ଆମକୁ ତ ରକ୍ଷା କରିବନି ।
ବୀରତ୍ୱ ଆସର
ହୋଇଉଠେ ପିତା ତା'ର
ଯେଉଁ ପାପାଚାରମାନ ନୁହେଁ ସ୍ୱାଭାବିକ । ପୁଣ୍ୟସବୁ
ଲଦି ଦିଆଯାଏ ଆମର ଉପରେ ଆମ ଧୃଷ୍ଟ ଅପରାଧ ଦ୍ୱାରା ।
କ୍ରୋଧୀ ବୃକ୍ଷରୁ ତ ।

ନୂତନ ବର୍ଷର ବ୍ୟାଘ୍ର ଲମ୍ଫ ଦିଏ । ଗ୍ରାସ କରେ ଆମକୁ ।
ଭାବ ଶେଷ ପର୍ଯ୍ୟନ୍ତ ଆମେ ପହଞ୍ଚିନୁ ସିଦ୍ଧାନ୍ତରେ,
ଯେତେବେଳେ ମୁଁ କାଠ ହୋଇ ବସେ ଭଡ଼ାଟିଆ ଘରେ ।

ଭାବ ଶେଷ ପର୍ଯ୍ୟନ୍ତ ମୁଁ କୌଣସି ଉଦ୍ଦେଶ୍ୟ ରଖି
ଏହି ଦୃଶ୍ୟ ଦେଖାଇନି
ଏବଂ କୌଣସି ଶୈତାନର ଚାପରେ ଏହା ମୁଁ କରିନି।
ଏହି ବିଷୟରେ ମୁଁ ସଦ୍‌ଭାବ ନେଇ ତୁମ ସହିତ ଦେଖା କରିବି।
ମୁଁ ଯିଏ ତୁମ ହୃଦୟ ପାଖରେ ଥିଲି, ସେଠାରୁ
ମୋତେ ହଟାଇ ଦିଆଗଲା
ଆତଙ୍କ ଯୋଗୁ ହୃତ ସୌନ୍ଦର୍ଯ୍ୟ ଯେତେ,
ଆତଙ୍କ ପାପର ପରୀକ୍ଷାରେ।
ମୁଁ ହରାଇ ବସିଛି ମୋର ଆବେଗ : ତାକୁ ରଖିବା
ମୋର କ'ଣ ଦରକାର
ଯେହେତୁ ଯାହା କିଛି ହେଉ ନା କାହିଁକି
ତାହା କ'ଣ ବିଶୁଦ୍ଧ ହୋଇ ପାରିବ ?
ମୁଁ ମୋର ଦୃଷ୍ଟି, ଗନ୍ଧ, ଶ୍ରବଣ, ସ୍ୱାଦ ଏବଂ ସ୍ପର୍ଶ
ହଜାଇ ଦେଇଛି:
ମୁଁ ଏହାର ବ୍ୟବହାର କେମିତି କରିବା ଉଚିତ
ତୁମ ସହିତ ଘନିଷ୍ଠ ଯୋଗାଯୋଗ ପାଇଁ ?

ଏଗୁଡ଼ିକ ଏକ ହଜାର ଛୋଟ ଆଲୋଚନାର ସହିତ
ସେମାନଙ୍କର ଥଣ୍ଡା ପ୍ରଳାପର ଲାଭ ପ୍ରତ୍ୟାହାର ପାଇଁ,
ଝିଲ୍ଲୀକୁ ଉତ୍ତେଜିତ କରେ,
ଯେତେବେଳେ ବୋଧବୁଦ୍ଧି ଶୀତଳ ହୁଏ,
ରାଗ ଚଟଣୀ ସହିତ ବିବିଧତା ବଢ଼ାଏ,
ବିଚିତ୍ର ଶତ ଶତ ବିମୂଢ଼ ମୁକୁରରେ
ବୁଢ଼ିଆଣି କ'ଣ କରିବ, ତା' କାମକୁ ରୋକିବ,
ଝିଟିପିଟି କ'ଣ ତା' ଶବ୍ଦ ଉଚ୍ଚାରଣରେ ବିଳମ୍ବ କରିବ ?
ଦ ବେଲହକ୍, ଫ୍ରେସ୍କା, ଶ୍ରୀମତୀ କ୍ୟାମେଲ୍, ଘୂର୍ଣ୍ଣାୟମାନ
କାଳ ପୁରୁଷର ସୀମା ପାରି ଚୂର୍ଣ୍ଣୀଭୂତ ପରମାଣୁରେ,
ପବନର ବିରୁଦ୍ଧରେ, ପବନର ପ୍ରଣାଳୀରେ
ବେଲେ ଦ୍ୱୀପର ଅଥବା ହର୍ଣ୍ଣରେ ଧାଏଁ,

ତୁଷାରର ଶ୍ୱେତ ଡେଣା, ଉପସାଗରର ଦାବୀ,
ଏବଂ ଟ୍ରେଡ୍ ପବନ ଦ୍ୱାରା ଚାଳିତ ଜଣେ ବୁଢ଼ା ଲୋକ
ଗୋଟିଏ ଘୂମନ୍ତ କୋଣରେ।

ଘରେ ଥିବା ଭଡ଼ାଟିଆମାନେ,
ବିଚାର ଗୋଟିଏ ଶୁଷ୍କ ମସ୍ତିଷ୍କର ଏକ ଶୁଷ୍କ ଋତୁରେ।

ବେଡେକର ସହିତ ବରବାଙ୍କ: ସିଗାର ସହିତ ବ୍ଲେଷ୍ଟାଇନ

ଟ୍ରା-ଲା-ଲା-ଲା-ଲା-ଲାଏର-ନିଲ୍ ନିସି ଡିଭିନମ୍ ଷ୍ଟାବିଲ
est; caetera fumus - ଗଣ୍ଡୋଲା ବନ୍ଦ ହୋଇଗଲା, ପୁରୁଣା
ପ୍ରାସାଦ ସେଠାରେ ଥିଲା, କେତେ ମନୋରମ ଥିଲା ଏହା ଧୂସର ଏବଂ
ଗୋଲାପୀ ରଂଗ- ଛାଗଳ ଏବଂ ବାନର, ଏପରି କେଶ ସହିତ-
ତେଣୁ କାଉଣ୍ଟେସ୍ ଚାଲିଗଲେ ଯେ ପର୍ଯ୍ୟନ୍ତ ସିଏ ଆସି ନଥିଲେ
ଛୋଟ ଉଦ୍ୟାନ ଭିତର ଦେଇ, ଯେଉଁଠାରେ ନିଓବେ ତାଙ୍କୁ ଉପହାର
ଦେଲେ ଏକ କ୍ୟାବିନେଟ୍, ଏବଂ ସେଥିପାଇଁ ଚାଲିଗଲେ।

ବରବାଙ୍କ୍ ଏକ ଛୋଟ ପୋଲ ପାରି ହେଲା
ଗୋଟିଏ ଛୋଟ ହୋଟେଲରେ ଓହ୍ଲାଇଲା;
ରାଜକୁମାରୀ ଭଲୁପାଇନ୍ ପହଞ୍ଚିଲେ,
ସେମାନେ ଏକାଠି ଥିଲେ, ଏବଂ ସିଏ ପଡ଼ିଗଲେ।

ସମୁଦ୍ର ତଳେ ଅଚଳ ସଂଗୀତ
ଘଣ୍ଟି ସହିତ ସମୁଦ୍ର ଆଡ଼କୁ ଗଲା
ଧୀରେ ଧୀରେ : ଦେବତା ହରକ୍ୟୁଲିସ୍
ତାକୁ ଛାଡ଼ି ଚାଲି ଯାଇଥିଲେ, ଯିଏ ତାଙ୍କ ଖୁବ୍ ଭଲ ପାଉଥିଲା।

ଘୋଡ଼ାଗୁଡ଼ିକ, ଅଖ ଗଛ ତଳେ
ଇଷ୍ଟ୍ରିଆର ପ୍ରଭାତକୁ ସ୍ୱାଗତ କର
ସମ ପଦପାତେ, ତା'ର ବନ୍ଧ ଥିବା ନୌକା
ସାରଦିନ ପାଣିରେ ଜଳୁଥିଲା।

କିନ୍ତୁ ଏହା କିମ୍ବା ଏହିପରି ବ୍ଲେଷ୍ଟାଇନ୍‌ଙ୍କ ଉପାୟ ଥିଲା:
ଅବଶ ଏମିତି ଆଣ୍ଠୁ ଦୁଇଟି କିଛି ବଙ୍କା
ଏବଂ କହୁଣୀ, ତାଲୁ ବାହାରି ଆସିଲା,
ଚିକାଗୋ, ସେମିଟେ କିମ୍ବା ଭିଏନାରେ ରହିବା।

ଗୋଟିଏ ଚମକହୀନ ପ୍ରଖର ଆଖି
ପ୍ରୋଟୋଜୋଇକ୍ ସ୍ଲାଇମ୍‌ରୁ ଚାହିଁ ରହିଛି
କ୍ୟାନାଲେଟୋର ଏକ ଦୃଷ୍ଟିକୋଣରୁ।
କାଳର ଧୂଆଁମୟ ମହମବତୀଟି ନିର୍ବାପିତ।

ରିୟାଲାଟୋର ଉପରେ ଥରଟିଏ।
ମୂଷାମାନେ ଗଦା ତଳେ ଅଛନ୍ତି,
ୟୁହୁଦୀଟି ଜମି ତଳେ ଅଛି।
ଲୋମଶ ମୁଣିରେ ଟଙ୍କା ଅଛି। ନାଉରିଆ ହସୁଛି,
ରାଜକୁମାରୀ ଭଲୁପାଇନ୍ ବିସ୍ତାର କରନ୍ତି
ଗୋଟିଏ ଦୁର୍ବଳ, ନୀଳ-ନଖଯୁକ୍ତ, କ୍ଷତବିକ୍ଷତ ହାତ
ପାଣିର ପାହାଚ ଚଢ଼ିବା ପାଇଁ। ଆଲୋକ, ଆଲୋକ,
ସିଏ ସାର୍ ଫର୍ଡିନାଣ୍ଡଙ୍କ ମନୋରଂଜନ କରନ୍ତି

କ୍ଲେନ୍। ସିଂହର ଡେଣାକୁ କିଏ ବାନ୍ଧିଦେଲା
ଏବଂ ତା'ର ଗଣ୍ଡିକୁ ଝାଡ଼ି ତା'ର ନଖ ସଜାଡ଼ି ଦେଲା ?
ଭାବିଲା ବରବାଙ୍କ, ମଧ୍ୟସ୍ଥତା କରି ସମୟର ଧ୍ୱଂସାବଶେଷରେ,
ଏବଂ ସାତଗୋଟି ନିୟମ।

ସ୍ୱିନି ଇରେକ୍ଟ

ଆଉ ମୋ ଚାରିପାଖରେ ଥିବା ଗଛଗୁଡ଼ିକ,
ସେଗୁଡ଼ିକ ଶୁଷ୍କ ଏବଂ ପ୍ରତହୀନ ହେଉ; ଶୈଳସବୁ
ନିରନ୍ତର ଲହରୀ ସହିତ ଆର୍ତ୍ତନାଦ କରୁ; ଏବଂ ମୋ ପଛରେ
ସବୁକିଛି ଧ୍ୱଂସ କର। ଦେଖ, ଦେଖ, ଭଉଣୀମାନେ!

ମୋତେ ଏକ ଗୁମ୍ଫାମୟ ଆବର୍ଜନା କୂଳରେ ରଂଗ କର
ଦ୍ୱିପପୁଂଜଗୁଡ଼ିକ ଦ୍ୱାରା ବେଷ୍ଟିତ ଅସ୍ଥିର ସ୍ଥାନରେ ପକାଇ ଦିଅ
ମୋତେ ଗାଢ଼ ଚମକଦାର ଶିଳା ପରି ରଂଗ କର
କର୍କଶ ସ୍ୱରରେ କଥା କହୁଥିବା ଏବଂ ଚିତ୍କାର କରୁଥିବା
ସମୁଦ୍ରର ସମ୍ମୁଖୀନ ହୋଇ।

ମୋତେ ଦେଖାନ୍ତୁ ପବନ ଦେବତାଙ୍କଠାରୁ ବଡ଼ କରି
ବିଦ୍ରୋହୀ ବାତ୍ୟାର ସମୀକ୍ଷା ପରେ
ଯାହା ଆରିଆଡେନ୍‌ଙ୍କ କେଶକୁ ଗଣ୍ଠି ପକାଇ ଦିଏ
ଏବଂ ମିଥ୍ୟା ସାକ୍ଷ ଦେଇଥିବା ପାଲଗୁଡ଼ିକ ଶୀଘ୍ର ଫୁଲିଉଠୁ।

ପ୍ରାତଃକାଳ ପାଦ ଏବଂ ହାତକୁ ହଲାଏ
(ନୌସିକା ଏବଂ ପଲିଫେମ୍)
ଓରାଙ୍ଗ-ଆଉଟାଙ୍ଗର ଇଂଗିତ
ଉଠିଥାଏ ବାଷ୍ପଭରା ଚାଦର ଭିତରୁ।

ଏହି ଶୁଖି ଯାଇଥିବା କେଶଗଣ୍ଠିର ମୂଳ
ତଳେ ପଡ଼ିଛି ଚିରି ହୋଇ ଏବଂ ଆଖିରେ କ୍ଷତ ହୋଇଛି,
ଏହି ଅଣ୍ଡାକାର O ଦାନ୍ତ ସହିତ ବାହାରକୁ ଆସିଛି :
ବକ୍ର ଗତିରେ ଉଠିଛି ଜଙ୍ଘରୁ

ଆଣ୍ଠୁ ଉପରକୁ ମୋଡ଼ା ଯାଇଥିବା ଛୁରୀ
ତା'ପରେ ଗୋଇଠୁରୁ ନିତମ୍ବ ପର୍ଯ୍ୟନ୍ତ ସିଧା ହୋଇଯାଏ
ବିଛଣାର ଢାଞ୍ଚାକୁ ଠେଲି ଦେଇ
ଏବଂ ତକିଆ ଉପରେ ତୀକ୍ଷ୍ଣ ନଖ ମାରି।
ସ୍ୱିନି ବସିଲା ଯନ୍ତ୍ର ସହକାରେ ଦାଢ଼ି କରିବା ପାଇଁ
ଚଉଡ଼ା ତଳ, ଗୋଲାପୀ କଳା ମୁଣ୍ଡର ତଳଠାରୁ ଗ୍ରୀବାଯାଏଁ,
ମହିଳା ସ୍ୱଭାବ ଜାଣେ
ଏବଂ ତା' ମୁହଁ ଚାରିପାଖରେ ଥିବା ଫେଣକୁ ପୋଛି ଦିଏ।

(ଜଣେ ପୁରୁଷର ଲମ୍ବା ଛାଇ
ହେଉଛି ଇତିହାସ, କହିଲେ ଏମର୍ସନ
ସିଏ ଦେଖି ନ ଥିଲେ ଅନ୍ଧାର ଛାଇରେ ସ୍ୱିନିକୁ
ଯିଏ ଗୋଡ଼କୁ ଫେର୍‌କେଟେଇ କରି ଠିଆ ହୋଇଥିଲା ଖରାରେ।)

ଅନୁଭବ କରେ କ୍ଷୁରଧାର ନିଜ ଗୋଡ଼ ଉପରେ
ଅପେକ୍ଷା କରି ରହେ ଚିତ୍କାର କମିଯିବା ପର୍ଯ୍ୟନ୍ତ।
ମୃଗୀ ରୋଗାକ୍ରାନ୍ତ ଶେଯ ଉପରେ ଥାଏ
ପଛ ଆଡ଼କୁ ବକ୍ର ହୋଇ, ତା' ପାର୍ଶ୍ୱକୁ ଧରି।

କରିଡରରେ ମହିଳାମାନେ
ନିଜକୁ ସାମିଲ ହେବାର ଦେଖିଲେ, ଅପମାନିତ ହେଲେ,
ସାକ୍ଷୀ ହେଲେ ସ୍ୱନୀତିର ସମର୍ଥନରେ
ଏବଂ ଗମ୍ଭୀରତାର ସହିତ ନେଲେ ସ୍ୱାଦର ଅଭାବକୁ

ସେହି ହିଷ୍ଟେରିଆକୁ ଲକ୍ଷ୍ୟ କରି
ସହଜରେ ଭୁଲ୍ ବୁଝାମଣା ହୋଇପାରେ;
ଶ୍ରୀମତୀ ଟର୍ନର କହିଲେ ଆସ୍ଥାର ସହିତ
ଏହା ଘରର କୌଣସି ଲାଭ କରେନି।

କିନ୍ତୁ ଡୋରିସ୍, ଗାଧୋଇ ସାରି ଗାମୁଛାରେ ଘୋଡ଼ାଇ ହୋଇ,
ପଦପାତର ଶବ୍ଦ କରି ଫାଙ୍କା ଘରେ ପ୍ରବେଶ କଲେ,
ଆଣି କରି ଅସୁନ୍ଦର ଶସ୍ତା ଚିତ୍ର
ପରିପାଟି କରାଯାଇଥିବା ବ୍ରାଣ୍ଡି ଗିଲାସଟିକୁ ହାତରେ ଧରି।

ଗୋଟିଏ ରନ୍ଧା ଅଣ୍ଡା

ପିପିଟ ତାଙ୍କ ଚୌକିରେ ସିଧା ବସିଛନ୍ତି
ମୁଁ ବସିଥିବା ସ୍ଥାନରୁ କିଛି ଦୂରରେ;
ଅକ୍ସଫୋର୍ଡ଼ କଲେଜଗୁଡ଼ିକର ଦୃଶ୍ୟ
ରହିଛି ଟେବୁଲ୍ ଉପରେ, ବୁଣିବା ସରଂଜାମ ସହିତ।

ଡାଗୁରେଓଟାଇପ୍ସ ଏବଂ ସିଲୁଏଟ୍ସ
ତାଙ୍କ ଜେଜେବାପା ଏବଂ ଜେଜେବାପାଙ୍କ ବାପାଙ୍କ ଭଉଣୀମାନେ
ଅଗ୍ନିକୁଣ୍ଡ ଉପରେ କାନ୍ଥରୁ ବାହାରୁଥିବା ପଟିରେ ସମର୍ଥିତ
ନୃତ୍ୟ ପାଇଁ ଏକ ନିମନ୍ତ୍ରଣ।

ମୁଁ ସ୍ୱର୍ଗରେ ସମ୍ମାନ ଚାହିଁବିନି
କାରଣ ମୁଁ ସାର୍ ଫିଲିପ୍ ସିଡ୍‌ନିଙ୍କୁ ଭେଟିବି:
ଏବଂ କୋରିଓଲାନ୍ସଙ୍କ ସହିତ କଥାବାର୍ତ୍ତା ହେବି
ଆଉ ସେହି ଯକୃତ୍‌ର ଅନ୍ୟ ନାୟକମାନଙ୍କ ସହ।

ମୁଁ ସ୍ୱର୍ଗରେ ପୁଞ୍ଜି ଚାହିଁବିନି
କାରଣ ମୁଁ ସାର୍ ଆଲ୍‌ଫ୍ରେଡ୍ ମୋଣ୍ଡଙ୍କୁ ଭେଟିବି:
ଆମେ ଦୁହେଁ ଏକାଠି ଶୋଇବୁ, ଲପ୍ଟ
ପାଞ୍ଚ ପ୍ରତିଶତ ରାଜସ୍ୱ ବଣ୍ଡରେ।

ମୁଁ ସ୍ୱର୍ଗରେ ସମାଜ ଚାହିଁବିନି
ଲୁକ୍ରେଟିଆ ବୋର୍ଜିଆ ମୋ ବଧୂ ହେବେ;
ତାଙ୍କ ଉପାଖ୍ୟାନଗୁଡ଼ିକ ଅଧିକ ମଜାଦାର ହେବ
ପିପିଟ୍‌ଙ୍କ ଅଭିଜ୍ଞତା ଯାହା ଯୋଗାଇବ ତା ଅପେକ୍ଷା।

ମୁଁ ସ୍ୱର୍ଗରେ ପିପିଟ୍‌ଙ୍କୁ ଚାହିଁବିନି:
ମ୍ୟାଡମ୍ ବ୍ଲାଙ୍ଗସ୍କି ମୋତେ ନିର୍ଦ୍ଦେଶ ଦେବେ
ସପ୍ତ ପବିତ୍ର ଧାରାବାହିକରେ;
ପିକାର୍ଡୀ ଦେ ଡୋନାଟି ମୋତେ ପରିଚାଳନା କରିବେ।

କିନ୍ତୁ ମୁଁ କିଣିଥିବା ପେନି ୱାର୍ଲ୍ଡ କେଉଁଠି
ପର୍ଦ୍ଦା ପଛରେ ପିପିଟଙ୍କ ସହିତ ଭୋଜନ କରିବାକୁ ?
ଲାଲ-ଆଖିବାଲା ସଫା କରୁଥିବା କର୍ମଚାରୀମାନେ ଘୂରି ବୁଲୁଛନ୍ତି
କେଣ୍ଟିସ୍ ଟାଉନ୍ ଏବଂ ଗୋଲ୍ଡର୍ସ ଗ୍ରୀନ୍‌ରୁ;

ଈଗଲ୍ ଏବଂ ତୁରୀ କେଉଁଠି ?

କିଛି ତୁଷାର-ଗଭୀର ଆଲ୍‌ପ୍ସ ତଳେ ପୋତା ଯାଇଛି।
ଲହୁଣୀଯୁକ୍ତ ସ୍କୋନ୍ ଏବଂ କ୍ରମ୍ପେଟ୍ ଉପରେ
କାନ୍ଦି, କାନ୍ଦି ଅନେକ ଥର
ଶହେ ABC ରେ ଝୁଣ୍ଟି ପଡ଼ନ୍ତୁ।

(ABC'S ଦେଶର ସମସ୍ତ ଅଂଶରେ ମିଳୁଥିବା ସ୍ଥାନୀୟ ଚା' ଦୋକାନଗୁଡ଼ିକୁ ସୂଚିତ କରେ। କିନ୍ତୁ ଏହା ହେଉଛି ସଂକ୍ଷେପଣ "ଏରେଟେଡ୍ ବ୍ରେଡ୍ କଂପାନୀ"ର)

ଜଳହସ୍ତୀ

ଖାଲି ତୁମ୍ଭମାନଙ୍କ ପାଇଁ ଏହି ପତ୍ର ନୁହେଁ, କାରଣ ଦିଅ ଯେ
ଲାଓଦିସିଆନର ଗୀର୍ଜାରେ ଯେମିତି ଏହି ପତ୍ରଟି ପଢ଼ାଯାଏ ।

ଚଉଡ଼ା ପିଠି ଥିବା ଜଳହସ୍ତୀ
ବିଶ୍ରାମ ନିଏ କାଦୁଅରେ ପେଟ ରଖି;
ଯଦିଓ ଆମକୁ ସିଏ ଏତେ ଦୃଢ଼ ମନେ ହୁଏ
ସିଏ କେବଳ ଗଢ଼ା ମାଂସ ଓ ରକ୍ତରେ ।

ମାଂସ ଏବଂ ରକ୍ତରେ ଦୁର୍ବଳ ଓ କ୍ଷୀଣ,
ସ୍ନାୟୁ ଆଘାତ ପ୍ରତି ସଂବେଦନଶୀଳ;
ପ୍ରକୃତ ଗୀର୍ଜା କେବେ ବିଫଳ ହୁଏନି
କାରଣ ଏହା ଏକ ଶିଳା ଉପରେ ଆଧାରିତ ।

ଜଳହସ୍ତୀର ଦୁର୍ବଳ ପଦକ୍ଷେପ ଭୁଲ୍ ହୋଇ ପାରେ
ପରିକ୍ରମଣରେ ବସ୍ତୁସାମଗ୍ରୀ ଶେଷ ହୁଏ,
ଯଦିଓ ପ୍ରକୃତ ଗୀର୍ଜାକୁ କେବେ ବି ଉତ୍ତେଜନାର
ଆବଶ୍ୟକତା ନାହିଁ ଏହାର ଲାଭାଂଶ ସଂଗ୍ରହ କରିବାକୁ ।

ଜଳହସ୍ତୀମାନେ କେବେହେଲେ ପହଞ୍ଚି ପାରିବେନି
ଆମ୍ବଗଛରେ ଥିବା ଆମ୍ବ ପାଖରେ;

କିନ୍ତୁ ଡାଳିମ୍ବ ଏବଂ ପୀଚ୍‌ଫଳ
ଗୀର୍ଜାକୁ ସତେଜ କରେ ସମୁଦ୍ର ପାରିରୁ।

ସଂଗମକାଳରେ ଜଳହସ୍ତୀର ସ୍ୱର
ବିଶ୍ୱାସଘାତକ କରେ କର୍କଶ ଓ ଶ୍ରୁତିକଟୁ ସ୍ୱର ପରିବର୍ତ୍ତନକୁ,
କିନ୍ତୁ ପ୍ରତି ସପ୍ତାହରେ ଆମେ ଆନନ୍ଦର ସ୍ୱର
ଗୀର୍ଜାର, ଈଶ୍ୱରଙ୍କ ସହିତ ଏକାକାର ହେବା ଯୋଗୁ।

ଜଳହସ୍ତୀ ଦିବସ
ନିଦ୍ରାରେ ବିତିଯାଏ; ରାତିରେ ସିଏ ଶିକାର କରେ;
ଈଶ୍ୱର ଏକ ରହସ୍ୟମୟ ଉପାୟରେ କାର୍ଯ୍ୟ କରନ୍ତି-
ଗୀର୍ଜା ଏକାସାଙ୍ଗରେ ଶୋଇ ପାରିବ ଏବଂ ଖାଇ ପାରିବ।

ମୁଁ ଦେଖିଲି ଜଳହସ୍ତୀକୁ ତୀବ୍ର ବେଗରେ ଧାଇଁବାର
ତୃଣର ଗଭୀର ସିକ୍ତ କ୍ଷେତ୍ରରୁ ଆରୋହଣ କରି,
ଏବଂ ତାଙ୍କ ଚାରିପାଖରେ ଜିଜ୍ଞାସୁ ଦୂତମାନେ ଗୀତ ଗାଉଛନ୍ତି
ଉଚ୍ଚସ୍ୱରରେ ସ୍ତୁତିଗାନ ଈଶ୍ୱରଙ୍କର ପ୍ରଶଂସା କରି।

ମେଷ ଶାବକର ରକ୍ତ ତାକୁ ପରିଷ୍କାର କରିବ
ଏବଂ ତାକୁ ଜାବୁଡ଼ି ଧରିବ ସ୍ୱର୍ଗୀୟ ବାହୁରେ,
ସାଧୁମାନଙ୍କ ଗହଣରେ ସିଏ ଦେଖା ଯିବ
ସୁନାର ବୀଣାରେ ନୃତ୍ୟ ପରିବେଷଣ କରୁଥିବାର।

ତୁଷାର ଶୁଭ୍ର ହେବ ସିଏ ଧୌତ ହୋଇ କରି,
ଶହିଦ କୁମାରୀଗଣଙ୍କ ଦ୍ୱାରା ଚୁମ୍ବନ ପାଇ,
ଯେତେବେଳେ ପ୍ରକୃତ ଗୀର୍ଜା ଭୂତଳରେ ଥାଏ
ଘୋଡ଼ାଇ ହୋଇ ରହେ ପୁରୁଣା ବାମ୍ଫର କୁହୁଡ଼ିରେ।

ଶ୍ରୀଯୁକ୍ତ ଏଲିୟଟଙ୍କ ରବିବାରର ସକାଳ ସେବା

ଦେଖ, ଦେଖ, ପ୍ରଭୁ, ଏଠାକୁ ଆସୁଛନ୍ତି ଦୁଇଟି ଧାର୍ମିକ ପୋକ।
ମାଲ୍ଟାର ୟୁହୁଦୀ

ଅତୁଳନୀୟ
ପ୍ରଭୁଙ୍କର ବିଚକ୍ଷଣ ଖାଦ୍ୟଦାତାମାନେ
ଭାସିଯାଆନ୍ତି ଝରକା କାଚ ଦେଇ।
ଆରମ୍ଭରେ ଥିଲା ବାକ୍ୟ।

ଆରମ୍ଭରେ ଥିଲା ବାକ୍ୟ।
ଆରମ୍ଭ କୌଣସି ବିଷୟରେ
ଏବଂ ସମୟର ମାସିକଧର୍ମ ବେଳେ
ଜନ୍ମଦେଲା ଶକ୍ତିଶାଳୀ ଓରିଜେନ୍।

ଉମ୍ବ୍ରିଆନ୍ ବିଦ୍ୟାଳୟର ଜଣେ ଚିତ୍ରକର
ଗୋଟିଏ ଗେସୋ ଭୂମି ଉପରେ ଡିଜାଇନ୍ କରାଯାଇଛି
ବାପ୍ତିଜିତ ଈଶ୍ୱରଙ୍କ ବର୍ଷଣମୁଖର ମେଘ।
ମରୁଭୂମି ଫାଟିଯାଇଛି ଏବଂ ମାଟିଆ ରଂଗର ହୋଇଗଲାଣି

କିନ୍ତୁ ପାଣି ଭିତର ଦେଇ ଫିକା ଏବଂ ପତଳା
ତଥାପି ନିର୍ଦ୍ଦୋଷ ପାଦକୁ ଚମକାଅ
ଏବଂ ସେଠି ଚିତ୍ରକରର ସେଟ୍ ଉପରେ
ପିତା ଏବଂ ପରାମର୍ଶଦାତା।

କାଳିଆ ପୁରୋହିତଙ୍କ ଦୃଷ୍ଟିକୋଣ
ପଶ୍ଚାତାପର ପଥ;
ଛୁଆମାନେ ଲାଲ ରଂଗର ଏବଂ ବ୍ରଣଯୁକ୍ତ
ଜାବୁଡ଼ି ଧରି ପାପ ପାଇଁ ପ୍ରାୟଶ୍ଚିତ କରିବା ଚିନ୍ତାଧାରାକୁ।

ଅନୁଶୋଚନାମୂଳକ ଦ୍ୱାର ତଳେ
ନିରନ୍ତର ଚାହିଁ ରହେ ସେରାଫିମ୍‌ଙ୍କୁ
ଯେଉଁଠି ଭକ୍ତଙ୍କ ଆତ୍ମା
ଅଦୃଶ୍ୟ ଏବଂ ମିଳନ ହୋଇ ଜଳେ।

ବଗିଚା-କାନ୍ଥ ପାଖଦେଇ ମହୁମାଛି ମାନେ
ଲୋମଶ ପେଟ ଦେଇ ଚାଲିଯାଆନ୍ତି
ସ୍ଥିତିଶୀଳତା ଏବଂ ନାରୀସୁଲଭତାର ମଝିରେ,
ଉଭୟଲିଙ୍ଗୀର ସବୁଠୁ ଭଲ ଦପ୍ତର।

ସ୍ୱିନି ହାମ୍‌ରୁ ହାମ୍‌କୁ ସ୍ଥାନ ପରିବର୍ତ୍ତନ କରେ
ତା ଗାଧୁଆ ପାଣିକୁ ମନ୍ଥନ କରି।
ନିଗୂଢ଼ ବିଦ୍ୟାଳୟଗୁଡ଼ିକର ମାଲିକମାନେ
ବିବାଦୀୟ, ବହୁବିଦ।

ବୁଲ୍‌ବୁଲ୍‌ମାନଙ୍କ ମଧ୍ୟରେ ସ୍ୱିନି

ଆପେନେକ୍ ସ୍ୱିନି ତା'ର ଆଣ୍ଠୁ ବିସ୍ତାର କରୁଛି
ହସିବା ପାଇଁ ହାତକୁ ତଳକୁ ଝୁଲାଇ ଦେଇ,
ଜେବ୍ରା ତା ପାଟିରେ ଡୋର ପକାଇଥାଏ
ଜିରାଫକୁ କଳଙ୍କିତ କରିବା ପାଇଁ ଫୁଲିଯାଇ।

ଝଡ଼ମୟ ଚନ୍ଦ୍ରର ବୃତ୍ତଗୁଡ଼ିକ
ପଶ୍ଚିମ ଦିଗକୁ ଠେଲି ଦିଆଯାଇଛି ନଦୀପ୍ଲେଟ୍ ଆଡ଼େ,
ମୃତ୍ୟୁ ଏବଂ ଡାମରାକାଉ ଉପରେ ଭାସି ଯାଉଛନ୍ତି
ଏବଂ ସ୍ୱିନି ଜଗିକରି ରହିଛି ଶୃଙ୍ଗଦ୍ୱାରକୁ।

ବିଷନ୍ନ ତାରକାପୁଞ୍ଜ ଏବଂ କୁକୁରକୁ
ଘୋଡ଼େଇଦିଆ ଯାଇଛି;
ଏବଂ ଶାନ୍ତ କରାଯାଇଛି ସଂକୁଚିତ ସମୁଦ୍ରକୁ;
ସ୍ପେନୀୟ ଅନ୍ତରୀପରେ ଥିବା ବ୍ୟକ୍ତିଜଣକ
ଚେଷ୍ଟାକରେ ବସିବାକୁ ସ୍ୱିନିର ଆଣ୍ଠୁ ଉପରେ

ଖସି ପଡ଼େ ଏବଂ ଟାଣିନିଏ ଟେବୁଲ୍ କ୍ଲଥ୍‌କୁ
ଓଲଟାଇ ଦିଏ କଫି ପିଆଲାକୁ,
ଚଟାଣରେ ପୁନଃବ୍ୟବସ୍ଥିତ
ସିଏ ହାଇମାରେ ଏବଂ ମୋଜାକୁ ଉପରକୁ ଟାଣି ଆଣେ;

ମୋଚା ବାଦାମୀ ରଂଗର ଲୋକଟି
ପ୍ରସାରଣ କରେ ଝରକା ଚଉକାଠରେ ତଳପଟେ
ଏବଂ ହାଁ କରି ଚାହିଁ ରହେ;
ପରିଚାରିକାଟି ନେଇ କରି ଆସେ କମଳା
କଦଳୀ, ଡିମ୍ବିରି ଏବଂ ଉଷ୍ଣଗୃହର ଅଙ୍ଗୁର;

ବାଦାମୀ ରଂଗର ନୀରବ ମେରୁଦଣ୍ଡୀ ପ୍ରାଣୀ
ସଂକୁଚିତ ହୁଏ ଏବଂ ଏକାଗ୍ର ହୁଏ,
ପଛକୁ ଘୁଞ୍ଚିଯାଏ
ର୍‍ୟାଚେଲ୍ ଅର୍ଥାତ୍ କୁମାରୀ ରବିନୋଭିଚ୍
ହତ୍ୟାକାରୀ ପଞ୍ଜା ସହିତ ଅଙ୍ଗୁର ଉପରେ ଲୁହ;

ସିଏ ଏବଂ ଅନ୍ତରୀପରେ ଥିବା ମହିଳା
ସନ୍ଦେହଜନକ, ମିଳିତ ବୋଲି ମନେ କରାଯାଉଛି;
ତେଣୁ ଭାରି ଆଖିଥିବା ବ୍ୟକ୍ତି
ଖେଳକୁ ପ୍ରତ୍ୟାଖ୍ୟାନ କରେ, କ୍ଳାନ୍ତି ଦେଖାଏ,

କୋଠରୀ ଛାଡ଼େ ଏବଂ ଦେଖାଦିଏ
ଝରକା ବାହାରେ, ଝୁଙ୍କି ପଡ଼ିଥାଏ ଭିତରକୁ,
ଓ୍ୱେଷ୍ଟେରିଆର ଶାଖାଗୁଡ଼ିକ
ଗୋଟିଏ ସଂପୂର୍ଣ୍ଣ ମୁଖା ଘେରି କରି ରଖେ;

ଜଣେ ଅସ୍ପଷ୍ଟ ବ୍ୟକ୍ତିଙ୍କ ସହିତ ନିମନ୍ତ୍ରଣକାରୀ
ଦ୍ୱାର ପାଖରେ ଅଲଗା କଥାବାର୍ତ୍ତା କରେ
ବୁଲ୍‌ବୁଲ୍‌ଗୁଡ଼ିକ ପବିତ୍ର ହୃଦୟ କନ୍ୟାଶ୍ରମ ପାଖରେ
ଗୀତ ଗାଉଛନ୍ତି,

ଏବଂ ରକ୍ତାକ୍ତ କାଠ ଭିତରେ ଗୀତ ଗାଇଲେ
ଯେତେବେଳେ ଆଗାମେମନନ୍ ଜୋରରେ କାନ୍ଦିଲେ,
ଏବଂ ସେମାନଙ୍କର ତରଳ ମଳକୁ ପଡ଼ିବାକୁ ଦିଅ
ଶକ୍ତ ଅସମ୍ମାନିତ ଶବାଚ୍ଛାଦନରେ ଦାଗ ଲଗାଇବା ପାଇଁ।

ଫମ୍ପା ମଣିଷମାନେ

ଗୋଟେ ଛଦାମ ଜଣେ ବୁଢ଼ା ପାଇଁ।

୧

ଆମେ ସମସ୍ତେ ଫମ୍ପା ମଣିଷ
ଆମେ ସମସ୍ତେ ଠୁସାଯାଇଥିବା ମଣିଷ
ଏକା ସାଙ୍ଗରେ ଝୁଙ୍କି ପଡ଼ିଛୁ
ମୁଣ୍ଡ ଭର୍ତ୍ତି ହୋଇ ରହିଛି ଭୂସାରେ। ହାୟରେ !
ଆମର ଶୁଷ୍କ ସ୍ୱର, ଯେତେବେଳେ
ଆମେ ଏକାସାଙ୍ଗରେ ଫୁସ୍‌ଫୁସ୍ ହୋଇ କଥାବାର୍ତ୍ତା କରୁ
ଥାଉ ଶାନ୍ତ ଏବଂ ଅର୍ଥହୀନ
ଯେମିତି ଶୁଖିଲା ଘାସରେ ପବନ
ଅଥବା ଭଙ୍ଗା କାଚ ଉପରେ ମୂଷାର ପାଦ
ଆମର ଶୁଖିଲା ଭୂଗର୍ଭସ୍ଥ ଭଣ୍ଡାରରେ

ଆକାର ଅଛି ଆକୃତି ନାହିଁ, ରଂଗହୀନ ଛାୟା
ପକ୍ଷାଘାତ ଗ୍ରସ୍ତ ଶକ୍ତିମତ୍ତା, ଗତିହୀନ ହାବଭାବ;

ଯେଉଁମାନେ ପାରି ହୋଇଯାଇଛନ୍ତି
ସିଧାସଳଖ ଅନେଇ କରି, ମୃତ୍ୟୁର ଅନ୍ୟ ରାଜ୍ୟ ଆଡ଼େ
ଆମକୁ ମନେ ରଖ - ଯଦି ସମ୍ଭବ - ହଜି ଯାଇଥିବା ପରି ନୁହେଁ
ଉଗ୍ର ଆତ୍ମା ପରି, କିନ୍ତୁ କେବଳ
ଫମ୍ପା ମଣିଷମାନଙ୍କ ଭଳିଆ
ଠୁସାଯାଇଥିବା ମଣିଷମାନଙ୍କ ଭଳିଆ।

୨

ସ୍ୱପ୍ନରେ ବି ମୁଁ ସେମାନଙ୍କ ସହିତ ଆଖି ମିଳେଇ ପାରିବିନି
ମୃତ୍ୟୁର ସ୍ୱପ୍ନ ରାଜ୍ୟରେ
ଏଗୁଡ଼ିକ ଦେଖାଯାଏନି:
ସେଠି, ଆଖିଗୁଡ଼ିକ ରହିଛି
ଗୋଟିଏ ଭଙ୍ଗା ସ୍ତମ୍ଭ ଉପରେ ସୂର୍ଯ୍ୟ କରିଣ ପଡୁଛି
ସେଠି, ଗୋଟିଏ ଗଛ ହଲୁଛି
ଆଉ ରହିଛି ଅନେକ ସ୍ୱର
ପବନର ଗାୟନରେ
ଅଧିକ ଦୂର ଏବଂ ଅଧିକ ଗମ୍ଭୀର
ଗୋଟିଏ ଲୁଚିଯାଉଥିବା ତାରାଠୁ ଅଧିକ।

ମୋତେ ଆଉ ପାଖକୁ ଆସିବାକୁ ଦିଅନି
ମୃତ୍ୟୁର ସ୍ୱପ୍ନ ରାଜ୍ୟରେ
ମୋତେ ବି ପିନ୍ଧିବାକୁ ଦିଅ
ଏହି ଧରଣର ଜାଣିଶୁଣି କରାଯାଇଥିବା ଛଦ୍ମବେଶ
ମୂଷାର କୋଟ୍, କାଉର ଚମଡ଼ା, ଆଡାତେଢ଼ା ଛଡ଼ି
ଗୋଟିଏ ପଡ଼ିଆରେ
ପବନର ଆଚରଣରେ
ପାଖାପାଖି ନୁହେଁ-

ତାହା ଶେଷ ସାକ୍ଷାତ ନୁହେଁ
ଗୋଧୂଳି ରାଜ୍ୟରେ।

୩

ଏହା ସେହି ମୃତ ଭୂମି
ଏହା ନାଗଫେଣୀ ଭୂମି
ଏଠାରେ ପଥରର ପ୍ରତିମୂର୍ତ୍ତି ଗୁଡ଼ିକୁ
ଆକୃତି ଦିଆଯାଇଛି,
ଏଠି ସେମାନେ ପ୍ରାପ୍ତ କରୁଛନ୍ତି
ଜଣେ ମୃତ ବ୍ୟକ୍ତିର ହାତର ନିବେଦନ
ଗୋଟିଏ ଲୁଚିଯାଇଥିବା ତାରାର ମିଟିମିଟି ତଳେ।

ଏହା କ'ଣ ଏମିତି
ମୃତ୍ୟୁର ଅନ୍ୟ ରାଜ୍ୟରେ
ଏକା ଏକା ଜାଗି ରହିବା
ଠିକ୍ ସେହି ସମୟରେ ଯେତେବେଳେ ଆମେ
ବିନମ୍ରତାରେ କଂପି ଉଠି
ଓଷ୍ଠଚୁମ୍ବନ ଦିଏ
ଭାଙ୍ଗିଯାଇଥିବା ପଥରର ପ୍ରାର୍ଥନାରୁ।

୪

ଆଖିଗୁଡ଼ିକ ଏଠି ନାହିଁ
ଏଠି କୌଣସି ଆଖି ନାହିଁ
ଏହି ମରଣୋନ୍ମୁଖ ନକ୍ଷତ୍ରମାନଙ୍କର ଉପତ୍ୟକାରେ
ଏହି ଶୂନ୍ୟ ଉପତ୍ୟକାରେ
ଏହା ଆମର ବିଲୁପ୍ତ ସାମ୍ରାଜର ଭଙ୍ଗା ହନୁହାଡ଼

ଦେଖା ସାକ୍ଷାତର ଏହି ଅନ୍ତିମ ଜାଗାଗୁଡ଼ିକରେ
ଆମେ ଜବରଦସ୍ତି ସ୍ପର୍ଶ କରୁଛୁ ପରସ୍ପରକୁ
ଏବଂ କଥା କହିବାଠୁ ଦୂରେଇ କରି ରହିଛୁ
ଏହି ଉଜୁଣା ନଦୀ କୂଳରେ ଏକତ୍ରିତ ହୋଇକରି

ଦୃଷ୍ଟିହୀନ, ଯେତେବେଳଯାଏଁ
ଆଖିଗୁଡ଼ିକ ପୁନର୍ବାର ପ୍ରକଟ ହୋଇ ନଯାଏ
ଚିରନ୍ତନ ତାରକା ରୂପରେ
ବହୁପର୍ଣ୍ଣୀ ଗୋଲାପ
ମୃତ୍ୟୁର ଗୋଧୂଳି ସାମ୍ରାଜ୍ୟର
ଆଶା କେବଳ
ଶୂନ୍ୟଗର୍ଭ ମଣିଷମାନଙ୍କର ।

୪

ଏଇଠି ଆମେ କଣ୍ଟାଯୁକ୍ତ ନାସ୍‌ପାତିଗଛର ଚାରିପଟେ ବୁଲୁ
କଣ୍ଟାଯୁକ୍ତ ନାସ୍‌ପାତି ଗଛ କଣ୍ଟାଯୁକ୍ତ ନାସ୍‌ପାତି ଗଛ
ଏଇଠି ଆମେ କଣ୍ଟାଯୁକ୍ତ ନାସ୍‌ପାତି ଗଛର ଚାରିପଟେ ବୁଲୁ

ଧାରଣା ଏବଂ ବାସ୍ତବତା
ମଧ୍ୟରେ
ଗତି ଏବଂ କାର୍ଯ୍ୟ
ମଧ୍ୟରେ
ଛାୟା ପଡ଼େ
କାରଣ ସାମ୍ରାଜ୍ୟଟି ହେଉଛି ତୁମର

ଗର୍ଭାଧାନ ଏବଂ ସୃଷ୍ଟି
ମଧ୍ୟରେ
ଆବେଗ ଏବଂ ପ୍ରତ୍ୟୁତ୍ତର
ମଧ୍ୟରେ
ଛାୟା ପଡ଼େ
ଜୀବନ ହେଉଛି ବହୁତ ଦୀର୍ଘ
ଅଭିପ୍ସା ଏବଂ ଚାଞ୍ଚଲ୍ୟ
ମଧ୍ୟରେ
ସାମର୍ଥ୍ୟ ଏବଂ ଅସ୍ତିତ୍ୱ
ମଧ୍ୟରେ

ତତ୍ତ୍ୱଗୁଣ ଏବଂ କ୍ଷରଣ
ମଧ୍ୟରେ
ଛାୟାପଡ଼େ
କାରଣ ସାମ୍ରାଜ୍ୟଟି ହେଉଛି ତୁମର

କାରଣ ଜୀବନ
ହେଉଛି ତୁମର
କାରଣ ତୁମର ହିଁ

ଏମିତି ଭାବରେ ଦୁନିଆ ଶେଷ ହୁଏ
ଏମିତି ଭାବରେ ଦୁନିଆ ଶେଷ ହୁଏ
ଏମିତି ଭାବରେ ଦିନିଆ ଶେଷ ହୁଏ
ପ୍ରଚଣ୍ଡତାରେ ନୁହେଁ ବରଂ କଇଁ କଇଁ କାନ୍ଦରେ ।

ଜ୍ଞାନୀ ପୁରୁଷଙ୍କ ଯାତ୍ରା

'କନକନିଆ ଶୀତ ଭିତରେ ଆମର ଯାତ୍ରା,
ବର୍ଷର ସବୁଠାରୁ ଖରାପ ସମୟ
ଗୋଟିଏ ଯାତ୍ରା ପାଇଁ, ଏବଂ ଏତେ ଦୀର୍ଘ ଯାତ୍ରା:
ପଥ ଗଭୀର ଏବଂ ଆବହାଓ୍ୱା ତୀକ୍ଷ୍ଣ
ଏକେବାରେ ଦୁର୍ଜୟ ଶୀତ।'
ଏବଂ ଓଟଗୁଡ଼ିକ ଗଳିତ, ବ୍ୟଥାଯୁକ୍ତ, ଅବାଧ୍ୟ,
ଶୋଇ ରହନ୍ତି ତରଳୁଥିବା ବରଫ ଉପରେ।
ଆମର ଶୋଚନା କରିବାର ସମୟ ଥିଲା
ଢାଲୁରେ ଗ୍ରୀଷ୍ମକାଳୀନ ପ୍ରାସାଦ ସୋପାନ,
ଏବଂ ରେଶମୀ ଯୁବତୀଦଳ ହାତରେ ଶରବତର ପିଆଲା
ଧରି କରି ଆସନ୍ତି।
ସେତେବେଳେ ଓଟର ବାହକମାନେ ତିରସ୍କାର ଓ ଅଭିଯୋଗ କରି
ଚାଲିଯାଆନ୍ତି, ଆଉ ଚାହାନ୍ତି ମଦିରା ଏବଂ ନାରୀ,
ଏବଂ ରାତିର ନିଆଁ-ଜଳା ଶେଷ ହୁଏ,
ଆଉ ଆଶ୍ରୟସ୍ଥଳ କମ୍ ଥାଏ,
ଏବଂ ନଗରଗୁଡ଼ିକ କରେ ଶତ୍ରୁତା ଆଚରଣ
ଆଉ ସହରଗୁଡ଼ିକ ହୁଏ ବନ୍ଧୁତ୍ୱହୀନ
ଏବଂ ଗ୍ରାମଗୁଡ଼ିକ ଅପରିଷ୍କାର,
ଆଉ ସେଠି ଜିନିଷପତ୍ରର ଦରଦାମ ବହୁତ ବେଶି:
ଏହା ଥିଲା ଆମ ପାଇଁ ବଡ଼ କଠିନ ସମୟ।
ଶେଷରେ ଆମେ ପସନ୍ଦ କଲୁ ଚାଲିବାକୁ ସାରାରାତି,

ମଝିରେ ମଝିରେ ଟିକେ ଶୋଇ ପଡ଼ି,
ଗୀତର ସ୍ୱର ଆମ କାନରେ ବାଜିଲା, କହୁଥିଲା
ଏହାସବୁ ଥିଲା ନିର୍ବୋଧତା।

ତାପରେ ଭୋରବେଳା ଆମେ ନାତିଶୀତୋଷ୍ଣ ଉପତ୍ୟକାରେ
ଓହ୍ଲାଇ ପଡ଼ିଲୁ।
ଓଦା, ବରଫ ରେଖାର ତଳେ, ଗଛପତ୍ରର ଗନ୍ଧ;
ପ୍ରବାହିତ ସ୍ରୋତ ଏବଂ ଅନ୍ଧକାରରେ ଆଘାତ କରେ
ଜଳ-ଯନ୍ତ୍ର ଏକ,
ଏବଂ ନିମ୍ନ ଆକାଶରେ ତିନୋଟି ଗଛ,
ଆଉ ଏକ ବୁଢ଼ା ଧଳା ଘୋଡ଼ା ଛୁଟି ଚାଲେ
ତୃଣଭୂମି ଉପରେ
ତାପରେ ଆସିଲୁ ଆମେ ଅଙ୍ଗୁର ଲତାର ଘେରା।
ଗୋଟିଏ ସରାଇଖାନାକୁ,
ସେଠି ଖୋଲା ଦୁଆର ପାଖରେ ଛଅଟି ହାତ
ରୂପାଖଣ୍ଡ ପାଇବା ପାଇଁ କି ପଶାଖେଳରେ ବ୍ୟସ୍ତ ଅଛି
ଏବଂ ମଦିରାର ଶୂନ୍ୟଗର୍ଭ ଚର୍ମ-ମୁଣିକୁ
କରୁଅଛି ଏବେ ପଦାଘାତ।

କିନ୍ତୁ କିଛି ସମ୍ବାଦ ତ ନଥିଲା ସେଠାରେ
ଏବଂ ତେଣୁ କରି ଚାଲିବା ଚାଲୁ ରଖିଥିଲୁ
ଆଉ ଆସି ପହଞ୍ଚିଛୁ ଆମେ ସଂଧ୍ୟାବେଳେ, ଅନତି ସତ୍ୱର
ଜାଗା ଖୋଜି କରି; ଏହା ଥିଲା (ତୁମେ କହିପାର)
ସନ୍ତୋଷଜନକ।

ଏହା ସବୁ ବହୁଦିନ କଥା, ମୋର ମନେ ଅଛି,
ଏବଂ ପୁଣି ଥରେ ଏହା ମୁଁ କରିବି, କିନ୍ତୁ ଲେଖି ରଖ
ଏହା ଲେଖି ରଖ
ଏହା: ଯେଉଁ ପଥ ପାଇଁ ନେତୃତ୍ୱ ଯେ କରିଥିଲୁ ଆମେ

ଜନ୍ମ କିମ୍ବା ମୃତ୍ୟୁ ? ଜନ୍ମ ରହିଥିଲା, ନିଶ୍ଚିତ ଭାବରେ
ଆମ ପାଖେ ପ୍ରମାଣ ତ ଥିଲା ଏବଂ କିଛି ନଥିଲା ସନ୍ଦେହ।
ମୁଁ ଦେଖିଛି ଜନ୍ମ ଏବଂ ମୃତ୍ୟୁ,
କିନ୍ତୁ ଭାବିଥିଲି ସେଗୁଡ଼ିକ ଭିନ୍ନ: ଏହି ଜନ୍ମ ଥିଲା
ଆମ ପାଇଁ ତିକ୍ତ ଏବଂ କଠୋର ଯନ୍ତ୍ରଣା, ମୃତ୍ୟୁ ପରି,
ଆମ ମୃତ୍ୟୁ।
ଆମେ ଫେରିଆସିଛୁ ସ୍ୱସ୍ଥାନେ, ଏହି ରାଜ୍ୟସବୁ,
କିନ୍ତୁ ଏଠି ଶାନ୍ତି ନାହିଁ ମୋଟେ, ପୁରାତନ ବ୍ୟବସ୍ଥା ଭିତରେ,
ଭିନ୍ନଦେଶୀ ଯାଯାବରଗଣ ସେମାନଙ୍କ ଦେବତାଙ୍କୁ
ଜାବୁଡ଼ି ଧରନ୍ତି।
ଆନନ୍ଦ ଲଭିବି ମୁହିଁ ପୁଣି ଯଦି ହୁଏ ମୋର ମୃତ୍ୟୁ।

ସିମିଓନ ପାଇଁ ଗୋଟିଏ ଗୀତ

ପ୍ରଭୁ, ରୋମାନ ହ୍ୟାସିନ୍ଥ ଫୁଲ କୁଣ୍ଡରେ ପ୍ରସ୍ଫୁଟିତ ହେଉଛି
ଏବଂ ଶୀତର ସୂର୍ଯ୍ୟ ବରଫର ପାହାଡ଼ କଡ଼ରେ ଗୁରୁଣ୍ଡି କରି ଯାଉଛି;
ଜିଦ୍‌ଖୋର୍ ଋତୁ ଠିଆ ହୋଇ ରହିଛି ।
ମୋ ଜୀବନ ହିଁ ଆଲୋକ, ମୃତ୍ୟୁ ପବନର ଅପେକ୍ଷାରେ,
ମୋ ହାତର ପଛପଟେ ଗୋଟିଏ ପର ପରି ।
ସୂର୍ଯ୍ୟ କିରଣରେ ଧୂଳି ଏବଂ କୋଣର ସ୍ମୃତି
ସେହି ଥଣ୍ଡା ପବନର ଅପେକ୍ଷା କରେ
ଯାହା ମୃତଭୂମି ଆଡ଼େ ବଢ଼ୁଛି ।

ଆପଣ ଆମକୁ ଶାନ୍ତି ପ୍ରଦାନ କରନ୍ତୁ ।
ମୁଁ ଏହି ସହରରେ ଚାଲିଛି ବହୁ ବର୍ଷ ଧରି
ବିଶ୍ୱାସ ରଖିଛି ଏବଂ ଉପାସ କରିଛି, ଗରିବମାନଙ୍କୁ ଦେଇଛି,
ସମ୍ମାନ ଓ ସ୍ୱାଚ୍ଛନ୍ଦ୍ୟ ଦାନ କରିଛି ଏବଂ ନେଇଛି ।
ମୋ ଦୁଆର ମୁହଁରୁ କାହାକୁ ଖାଲିହାତରେ ଫେରେଇଦିଆ ଯାଇନି ।
କିଏ ମନେ ରଖିବ ମୋ ଘର,
କେଉଁଠି ରହିବେ ମୋ ପିଲାମାନଙ୍କର ପିଲାମାନେ ?
ସେମାନେ ଛେଳିର ବାଟରେ ଏବଂ ଶିଆଳର ଘର ଆଡ଼େ ଯିବେ,
ବିଦେଶୀ ଚେହେରା ଏବଂ ବିଦେଶୀ ତରବାରୀ ପାଖରୁ
ପଳାୟନ କରି ।

ଦଉଡ଼ି, ମାରପିଟ୍ ଏବଂ ବିଳାପ ସମୟର ପୂର୍ବରୁ
ଆପଣ ଆମକୁ ଶାନ୍ତି ପ୍ରଦାନ କରନ୍ତୁ।
ନିର୍ଜନ ପାହାଡ଼ର ଷ୍ଟେସନର ଆଗରୁ,
ମାତୃ ଦୁଃଖର ନିର୍ଦ୍ଦିଷ୍ଟ ସମୟର ଆଗରୁ,
ଏବେ ଏହି ଜନ୍ମ ଓ ମୃତ୍ୟୁର ଋତୁରେ,
ଶିଶୁଟିକୁ, ଏବେ ବି ଅକଥ୍ୟ ଓ ଅବ୍ୟକ୍ତ ଶବ୍ଦକୁ
ଇଜ୍‌ରାଇଲ୍‌କୁ ସାନ୍ତ୍ୱନା ପ୍ରଦାନ କରନ୍ତୁ
ଯାହାର ଆୟୁ ଅଶି ବର୍ଷ ଏବଂ ଆଗାମୀ କାଲ ନାହିଁ।

ଆପଣଙ୍କ କଥା ଅନୁସାରେ।
ସେମାନେ ଆପଣଙ୍କର ପ୍ରଶଂସା କରିବେ ଏବଂ ପ୍ରତ୍ୟେକ ପ୍ରଜନ୍ମରେ
ଗୌରବ ଏବଂ ଉପହାସର ସହିତ କଷ୍ଟ ସହିବେ,
ଆଲୋକ ଉପରେ ଆଲୋକ, ସନ୍ଥଙ୍କର ସିଡ଼ିକୁ ଚଢ଼ି କରି।
ମୋ ପାଇଁ ଶହୀଦତ୍ତ୍ୱ ନୁହେଁ,
ବିଚାର ଓ ପ୍ରାର୍ଥନାର ପରମାନନ୍ଦ,
ମୋ ପାଇଁ ଚୂଡ଼ାନ୍ତ ଦର୍ଶନ ନୁହେଁ।
ମୋତେ ଆପଣ ଶାନ୍ତି ପ୍ରଦାନ କରନ୍ତୁ।
(ଏବଂ ଗୋଟିଏ ତରବାରୀ ଆପଣଙ୍କ ହୃଦୟକୁ ବିଦ୍ଧ କରିବ,
ଆପଣଙ୍କୁ ମଧ୍ୟ।)
ମୁଁ ମୋ ନିଜ ଜୀବନ ଏବଂ ମୋର ପରବର୍ତ୍ତୀ କାଳରେ
ଆସିବାକୁ ଥିବା ଲୋକମାନଙ୍କ ଜୀବନକୁ ନେଇ କ୍ଲାନ୍ତ,
ମୁଁ ମୋ ନିଜର ମୃତ୍ୟୁ ଏବଂ ମୋର ପରବର୍ତ୍ତୀ କାଳରେ
ଆସିବାକୁ ଥିବା ଲୋକମାନଙ୍କ ମୃତ୍ୟୁରେ ମରୁଛି।
ଆପଣଙ୍କ ସେବକ ଚାଲି ଯାଉ,
ଆପଣଙ୍କର ପରିତ୍ରାଣ ଦେଖିକରି।

କ୍ଷୁଦ୍ର ଆତ୍ମା

'ଈଶ୍ୱରଙ୍କ ହାତରୁ ସମସ୍ୟା,
ସରଳ ଆତ୍ମା'
ପରିବର୍ତ୍ତିତ ଆଲୋକ ଏବଂ ଶବ୍ଦର
ଏକ ସମତଳ ଦୁନିଆକୁ,
ଆଲୋକ, ଅନ୍ଧାର, ଶୁଷ୍କ କିମ୍ବା ସିକ୍ତ,
ଶୀତଳ ଅଥବା ଉଷ୍ଣ;
ଟେବୁଲ ଏବଂ ଚୌକିର ଗୋଡ଼ ମଧ୍ୟରେ
ଗତି କରିବା, ଉଠିବା କିମ୍ବା ପଡ଼ିବା
ଚୁମ୍ବନ ଏବଂ ଖେଳଣାକୁ ଧରିବା
ସାହସିକ ଭାବରେ ଆଗକୁ ବଢ଼ିବା
ହଠାତ୍ ସତର୍କ ହେବା
ପଛକୁ ହଟିବା ହାତ ଏବଂ ଆଣ୍ଠୁର କୋଣକୁ
ଆଶ୍ୱସ୍ତ ହେବାକୁ ଆଗ୍ରହୀ, ଆନନ୍ଦ ନେବାକୁ
ଖ୍ରୀଷ୍ଟମାସ୍ ଗଛର ସୁଗନ୍ଧିତ ଉଜ୍ଜ୍ୱଳତାରେ
ପବନରେ ଆନନ୍ଦ ସୂର୍ଯ୍ୟକିରଣ ଏବଂ ସମୁଦ୍ର;
କରିବା ଅଧ୍ୟୟନ
ଭୂଇଁରେ ସୂର୍ଯ୍ୟାଲୋକିତ ଢାଞ୍ଚା
ଏବଂ ଗୋଟିଏ ରୂପା ଟ୍ରେର ଚାରିପାଖରେ
ଦୌଡୁଥିବା ହରିଣ;
ପକାଇ ଥାଏ
ପ୍ରକୃତ ଏବଂ କାଳ୍ପନିକ ଦ୍ୱନ୍ଦ୍ୱରେ,

ତାସ୍ ଖେଳରେ ସନ୍ତୁଷ୍ଟ
ରାଜା ଏବଂ ରାଣୀମାନଙ୍କ ସହିତ,
ପରୀମାନେ କ'ଣ କରନ୍ତି
ଏବଂ ସେବକମାନେ କ'ଣ କହନ୍ତି।
ବହୁଥିବା ଆତ୍ମାର ଭାରି ବୋଝ
ଅଧିକ ବିଭ୍ରାନ୍ତ ଏବଂ ଅପମାନିତ କରେ,
ଦିନକୁ ଦିନ;
ସପ୍ତାହକୁ ସପ୍ତାହ
ଅଧିକ ବିଭ୍ରାନ୍ତ ଏବଂ ଅପମାନିତ କରେ,
'ଅଟେ ଏବଂ ମନେ ହୁଏ' ଅପରିହାର୍ଯ୍ୟ ସହିତ
ଏବଂ ହୋଇପାରେ ଓ ନ ହୋଇ ପାରେ
ଅଭିଳାଷ ଏବଂ ନିୟନ୍ତ୍ରଣ।

ବଞ୍ଚିବାର ଯନ୍ତ୍ରଣା ଏବଂ ସ୍ୱପ୍ନର ନିଶା
ଏନ୍‌ସାଇକ୍ଲୋପେଡିଆ ବ୍ରିଟାନିକାର ପଛପଟେ
ଝରକା ପାଖ ସିଟ୍‌ରେ ବସିଥିବା କ୍ଷୁଦ୍ର ଆତ୍ମାକୁ
ଘାଣିଫୁଙ୍କି ଦିଏ।
ସମୟ ହାତରୁ ଆସିଥିବା ସରଳ ଆତ୍ମା
ଅଦମ୍ୟ ଏବଂ ସ୍ୱାର୍ଥପର,
ଭୁଲ୍ ଆକାରର, ପଙ୍ଗୁ,
ଆଗକୁ ବଢ଼ିବାକୁ କିମ୍ବା ପଛକୁ ଫେରିବାକୁ ଅସମର୍ଥ,
ଉଷ୍ମ ବାସ୍ତବତାକୁ ଭୟ କରି,
ପ୍ରଦାନ କରାଯାଇଥିବା ଭଲକୁ
ପ୍ରତ୍ୟାଖ୍ୟାନ କରି ରକ୍ତର ଅବରୋଧକୁ,
ନିଜ ଛାୟାର ଛାୟା
ନିଜ ବିଷାଦର ପ୍ରେତଛାୟା,
ଧୂଳିପୂର୍ଣ୍ଣ କୋଠରୀରେ ବିଶୃଙ୍ଖଳିତ କାଗଜପତ୍ର ଛାଡ଼ି;
ପ୍ରଥମେ ପରିତ୍ୟାଗ କରି ନୀରବତା
ଭ୍ରମଣର ଖର୍ଚ୍ଚବାର୍ଚ୍ଚ ପରେ।

ଗତି ଏବଂ ଶକ୍ତିର ଆଗ୍ରହୀ
ଗୁଇଟେରିଜ୍ ପାଇଁ ପ୍ରାର୍ଥନା କର
ଖଣ୍ଡ ଖଣ୍ଡ ହୋଇ ଯାଇଥିବା ବୋଉଡିନ୍ ପାଇଁ
ପ୍ରାର୍ଥନା କର,
ସିଏ ଜଣେ ଯିଏ ଅର୍ଜନ କରିଥିଲେ ବିଶାଳ ସମ୍ପତ୍ତି
ଏବଂ ସିଏ ଜଣେ ଯିଏ ଜୀବନ ଅତିବାହିତ କରିଥିଲେ
ନିଜ ମନ ମୁତାବକ।
ଫ୍ଲେରେଟ୍ ପାଇଁ ପ୍ରାର୍ଥନା କର,
ଘୁଷୁରୀ ଦ୍ୱାରା ଯାହାକୁ ବଧ କରା ଯାଇଥିଲା
ଚିରନ୍ତନ ବୃକ୍ଷର ମଝିରେ,
ଆମ ପାଇଁ ଏବେ ପ୍ରାର୍ଥନା କର
ଏବଂ ଆମର ଜନ୍ମ ମୁହୂର୍ତ୍ତରେ।

ମେରିନା

କେଉଁ ସମୁଦ୍ର କୂଳରେ କେଉଁ ଧୂସର ପର୍ବତ
ଆଉ କେଉଁ ଦ୍ୱୀପ
କେଉଁ ଜଳ ନୌକାର ମଙ୍ଗଟିକୁ କୋଳକୁ ଟାଣିନିଏ
ଆଉ ପାଇନ୍‌ର ଘ୍ରାଣ ଏବଂ କୁୟାଶା ଭେଦକରି ଯାଏ
ବନବିହଗର ଗୀତ
କେଉଁ ଚିତ୍ର ଫେରି ଆସେ
ହେ ମୋର କନ୍ୟା ।

ଯେଉଁମାନେ କୁକୁରର ଦାନ୍ତକୁ ତୀକ୍ଷ୍ଣ କରନ୍ତି, ମାନେ
ମୃତ୍ୟୁ
ଯେଉଁମାନେ ଭଦଭଦଳିଆର ଗୌରବରେ ଜ୍ୱଳଜ୍ୱଳ କରନ୍ତି, ମାନେ
ମୃତ୍ୟୁ
ଯେଉଁମାନେ ତୃପ୍ତିର ନୀଡ଼ରେ ବସାବାନ୍ଧନ୍ତି, ମାନେ
ମୃତ୍ୟୁ
ଯେଉଁମାନେ ପଶୁମାନଙ୍କର ପରମାନନ୍ଦ ଭୋଗକରନ୍ତି, ମାନେ
ମୃତ୍ୟୁ ।

ଅସାମାନ୍ୟ ହୋଇ ଯାଇଛନ୍ତି, ବତାସରେ କମି ଯାଇଛନ୍ତି,
ପାଇନ୍‌ର ଏକ ନିଃଶ୍ୱାସ, ଏବଂ କଠୋର କୁୟାଶା
ଏହି କରୁଣାରେ ସ୍ଥାନଟି ଦ୍ରବୀଭୂତ ହୋଇଛି
ଏହି ମୁଖ କାହାର, କମ୍ ସ୍ପଷ୍ଟ ଏବଂ ପରିଷ୍କାର

ବାହୁରେ ନାଡ଼ୀ, କମ୍ ଶକ୍ତିଶାଳୀ ଏବଂ ଶକ୍ତିଶାଳୀ-
ଦାନ କିମ୍ବା ଉଧାର ? ତାରାଠାରୁ ବେଶି ଦୂରରେ
ଏବଂ ଚକ୍ଷୁଠାରୁ ନିକଟରେ
ଫିସ୍ ଫିସ୍ କଥା ଏବଂ ପତ୍ର ଭିତରେ ଛୋଟ ହସ
ଆଉ ତ୍ୱରାନ୍ୱିତ ପାଦତଳେ,
ଯେମିତି ମିଶିଯାଏ ସବୁ ପାଣିତକ।

ନୌକା ଫାଟେ ବରଫ ଆଘାତରେ ଏବଂ ରଂଗ ଫାଟେ
ଖରାର ଉତ୍ତାପରେ।
ମୁଁ ଏହା ତିଆରି କରିଛି ଏବଂ ଭୁଲି ଯାଇଛି
ଆଉ ମନେ ରଖିଛି।
ଜୁନ୍ ଆଉ ସେପ୍ଟେମ୍ବର ମଝିରେ
ଜାହାଜର ଖୁଣ୍ଟି ଡୋର ଦୁର୍ବଳ ଏବଂ ପାଲ ପଚି ଯାଇଛି।
ନଜାଣି ମୁଁ ଏହା ତିଆରି କରିଥିଲି, ଅର୍ଦ୍ଧ ସଚେତନ,
ଅଜଣା, ନିଜର କରି ନେଇଛି।
ଜାହାଜର ପଟାତନ ଫାଟି ପାଣି ପଶୁଛି,
ମରାମତିର ପ୍ରୟୋଜନ,
ଏହି ରୂପ, ଏହି ମୁଖ, ଏହି ଜୀବନ
ମୋତେ ଛାଡ଼ି କେଉଁ କାଳର ଜଗତରେ ବଞ୍ଚି ରହିବା ପାଇଁ;
ସେହି ଜୀବନ ପାଇଁ ମୋତେ ଏହି ଜୀବନକୁ ଛାଡ଼ିବାକୁ ଦିଅ,
ସେହି ଅବ୍ୟକ୍ତର ପାଇଁ ମୋତେ କଥା କହିବାକୁ ଦିଅ,
ଜାଗ୍ରତ, ବିଛିନ୍ନ ଅଧର, ଆଶା,
ନୂତନ ଜାହାଜ।
କେଉଁ ସମୁଦ୍ର କୂଳରେ, ଗ୍ରାନାଇଟ ଦ୍ୱୀପରେ
ଚାହେଁ ମୋର କାଠଖଣ୍ଡ ଆଡ଼େ
ଆଉ କୁୟାଶା ଭେଦ କରି
ଡାକୁଛି ମୋର କନ୍ୟା।

ଭସ୍ମ-କ୍ରୁଶ ବୁଧବାର

୧

କାରଣ ମୁଁ ପୁଣିଥରେ ଫେରିଆସିବାକୁ ଆଶା ତ କରେନି
କାରଣ ମୁଁ ଆଶା ତ କରେନି
କାରଣ ମୁଁ ଫେରିବାକୁ ଆଶା ତ କରେନି
ଏହି ଲୋକଟିର ଉପହାର କିମ୍ବା ସେହି ଲୋକଟିର
ସୀମାର ତ ରଖେ ନାହିଁ ଆଶା
ଏହିସବୁ କାମନାକୁ ପୂରଣ କରିବା ଚେଷ୍ଟା
କେବେଠୁ ମୁଁ କରିଅଛି ତ୍ୟାଗ
(କାହିଁକି ବୃଦ୍ଧ ଈଗଲ୍ ମେଲାଇବ ଡେଣାକୁ ତାହାର ?)
କାହିଁକି ମୁଁ କରିବି ବା ଶୋକ
ଯେହେତୁ ହୋଇଛି ଦୂର ସେ ଶକ୍ତିର ଆଧିପତ୍ୟତକ ?

କାରଣ ମୁଁ ଆଶା ତ କରୁନି ଜାଣିବାକୁ ପୁଣି
ଅସ୍ଥିର ଗୌରବ ଏହି ନିଶ୍ଚିତ ବେଳର
କାରଣ ମୁଁ ଜାଣିଛି ମୁଁ ଜାଣି ପାରିବିନି
ସେହି ଏକ ସତ୍ୟ କ୍ଷଣଭଙ୍ଗୁର ଶକ୍ତିକୁ
କାରଣ ମୁଁ ପାଇପାରିବିନି
ସେଠି, ଯେଉଁଠାରେ ଫୁଲ ଫୁଟଇ ଗଛରେ ଏବଂ ଯହିଁ
ପ୍ରବାହିତ ହୁଅଇ ନିର୍ଝର,
କାରଣ ସେଠାରେ ଆଉ କିଛି ନାହିଁ।

କାରଣ ମୁଁ ଜାଣେ ସମୟ ଯେ ସର୍ବଦା ସମୟ
ଏବଂ ସ୍ଥାନ ସର୍ବଦା ଓ ଏକମାତ୍ର ସ୍ଥାନ
ଆଉ ଯାହା ପ୍ରକୃତ ବା ଅଟଇ ବାସ୍ତବ
ଖାଲି ଏକ ସମୟର ପାଇଁ
ମୁଁ ଆନନ୍ଦିତ ଯେ ଜିନିଷଗୁଡ଼ିକ ସେହିପରି ରହିଛି ଏବଂ
ମୁଁ ଆଶୀର୍ବାଦପ୍ରାପ୍ତ ଚେହେରା ତ୍ୟାଗ କରେ
କାରଣ ମୁଁ ପୁଣି ଥରେ ଫେରିଆସିବାକୁ ଆଶା ତ କରେନି
ପରିଣାମ ସ୍ୱରୂପ ମୁଁ ଆନନ୍ଦ ଲଭୁଛି,
ଏହିପରି କିଛି ଏବଂ ଗଢ଼ି ଦେବା ପାଇଁ
ଯେଉଁଥିରୁ ଆନନ୍ଦ ମୁଁ ପାଏ
ଏବଂ ଈଶ୍ୱରଙ୍କ ପାଶେ ପ୍ରାର୍ଥନା ମୁଁ କରେ
ଆମ ପ୍ରତି ଦୟାପରବଶ ହେବା ପାଇଁ
ଆଉ ମୁହିଁ କରେ ଯେ ପ୍ରାର୍ଥନା ଯେମିତିକା ସବୁକିଛି ଭୁଲିଯାଇପାରେ
ଯେଉଁସବୁ ବିଷୟରେ କରେ ମୁହିଁ ବେଶି ଆଲୋଚନା
କରେ ଅଧିକ ବ୍ୟାଖ୍ୟାନ
କାରଣ ମୁଁ ପୁଣି ଥରେ ଫେରି ଆସିବାକୁ ଆଶା ତ କରେନି
ହେଉ ଏହା ମୋର ଉତ୍ତର ତ
କାହିଁକି ନା ଯାହା ଘଟିଅଛି, ଆଉ କେବେ ନ ହେଉ ଘଟିତ
ଶେଷ ବିଚାର ନିଷ୍ପତ୍ତି ଆମ ପ୍ରତି ଭାରି କେବେ ନ ହୁଏ ଯେପରି

କାରଣ ଏ ଡେଣାସବୁ ଏବେ ନୁହେଁ ଡେଣା ଉଡ଼ିବା ପାଇଁକି
ଖାଲି ଏକ ବନ୍ଦ ଗାଡ଼ି ଯାହା ପବନରେ କରେ ଫଡ଼ଫଡ଼୍ ପର।
ଯେ ପବନ ଏବେ ପୂରାପୂରି କ୍ଷୁଦ୍ର ଏବଂ ଶୁଷ୍କ
ଇଚ୍ଛାର ଅପେକ୍ଷା ଯାହା କ୍ଷୁଦ୍ରତର ଏବଂ ଶୁଷ୍କତର
ଶିଖାଅ ଆମକୁ ତୁମେ ଯତ୍ନନେବା ପାଇଁ
କିମ୍ବା ନ ନେବାର ପାଇଁ
ଶିଖାଅ ଆମକୁ ତୁମେ ଶାନ୍ତଭାବେ ବସି ରହିବାକୁ।

ପ୍ରାର୍ଥନା କର ଆମ ପରି ପାପୀମାନଙ୍କ ପାଇଁ ଏବେ ଏବଂ ମରଣ ମୁହୂର୍ତ୍ତେ
ଆମ ପାଇଁ ପ୍ରାର୍ଥନା କର ଏବେ ଏବଂ ମରଣ ମୁହୂର୍ତ୍ତେ।

୨

ଭଦ୍ରମହିଳା, ତିନୋଟି ଧଳା ଚିତାବାଘ ବସିଥିଲେ
ଗୋଟିଏ ଜୁନିପରଗଛ ତଳେ
ଦିନର ଶୀତଳତାରେ, ତୃପ୍ତିର ସହିତ ଖାଇକରି
ମୋ ପାଦରେ ମୋ ହୃଦୟ, ମୋ ଯକୃତ ଏବଂ ଅନ୍ୟ ଯାହା କିଛି
ମୁଁ ଧାରଣ କରିଥିଲି ମୋ ଫମ୍ପା ଗୋଲାକାର ଖପୁରୀରେ।
ଏବଂ ଈଶ୍ୱର କହିଲେ
ଏହି ହାଡ଼ଗୁଡ଼ିକ କ'ଣ ବଞ୍ଚିବ? ଏହି ହାଡ଼ଗୁଡ଼ିକ
କ'ଣ ବଞ୍ଚିବ? ଏବଂ ହାଡ଼ ଭିତରେ ଯାହା ଥିଲା
(ଯାହା ଏହା ଭିତରେ ଶୁଷ୍କ ହୋଇଥିଲା) ଚିତ୍କାର
କରି କହିଥିଲେ:
କାରଣ ଏହି ଭଦ୍ର ମହିଳାଙ୍କର ସଚ୍ଚୋଟତା
ଏବଂ କାରଣ ତାଙ୍କର ସ୍ନେହଶୀଳତା ଏବଂ କାରଣ
ସିଏ ଧ୍ୟାନରେ କୁମାରୀ ମେରୀଙ୍କୁ ସମ୍ମାନ ଦିଅନ୍ତି ବୋଲି
ଆମେ ଦୀପ୍ତ ହୋଇଉଠୁ ଉଜ୍ଜ୍ୱଳତାର ସହିତ। ଆଉ ମୁଁ
ଯିଏ ଏଠାରେ ବିଚ୍ଛିନ୍ନ ହେଲି
ମୋ କାର୍ଯ୍ୟଗୁଡ଼ିକର ବିସ୍ମୃତି ପାଇଁ, ଏବଂ ମୋ ପ୍ରେମ
ମରୁଭୂମିର ଉନ୍ନତି ପ୍ରତି ଏବଂ ଲାଉଫଳ ପ୍ରତି।
ଏହା ସିଏ ଯାହା ଯୋଗୁ ଠିକ୍ ହୁଏ
ମୋ ଚକ୍ଷୁର ତାର ଏବଂ ଅପାଚ୍ୟ ଅଂଶଗୁଡ଼ିକୁ
ପୁନରୁଦ୍ଧାର କରେ
ଯାହାକୁ ଚିତାବାଘମାନେ ପ୍ରତ୍ୟାଖ୍ୟାନ କରନ୍ତି। ଭଦ୍ରମହିଳା

ବିରକ୍ତକର ଗୋଟିଏ ଧଳା ଗାଉନ୍‌ରେ, ଚିନ୍ତା କରିବା ପାଇଁ,
ଗୋଟିଏ ଧଳା ଗାଉନ୍‌ରେ।
ହାଡ଼ଗୁଡ଼ିକର ଶୁଭ୍ରତା ବିସ୍ମୃତିର ପ୍ରାୟଶ୍ଚିତ ହେଉ।
ସେମାନଙ୍କ ଭିତରେ ପ୍ରାଣ ନାହିଁ। ମୁଁ ଯେମିତି ଭୁଲିଯାଇଛି
ଏବଂ ବିସ୍ମୃତ ହେବ, ସେମିତି ମୁଁ ଭୁଲି ଯିବି
ଏହିପରି ଭାବରେ ନିବେଦିତ, ଉଦ୍ଦେଶ୍ୟରେ ଏକାଗ୍ର।
ଏବଂ ଈଶ୍ୱର କହିଲେ
ପବନ ପାଖରେ ଭବିଷ୍ୟବାଣୀ କର, ପବନ ପାଖରେ
କେବଳ ମାତ୍ର ପବନ ଶୁଣିବ।
ଆଉ ହାଡ଼ଗୁଡ଼ିକ କିଚିରିମିଚିରି କରି ଗାଇ ଉଠିଲେ
ପଙ୍ଗପାଳର ବୋଝ ନେଇ, କହି କରି
ନୀରବ ତ ଭଦ୍ରମହିଳା
ଶାନ୍ତ ଏବଂ ବ୍ୟଥିତ
ଛିଣ୍ଡା ଏବଂ ସଂପୂର୍ଣ୍ଣ
ସ୍ମୃତିର ଗୋଲାପ
ବିସ୍ମୃତିର ଗୋଲାପ
କ୍ଲାନ୍ତ ଏବଂ ଜୀବନପ୍ରଦାନକାରୀ
ଚିନ୍ତିତ ଶାନ୍ତ
ଗୋଟିଏ ଗୋଲାପ
ଏବେ ବଗିଚାରେ
ଯେଉଁଠି ସମସ୍ତ ଭଲ ପାଇବାର ସମାପ୍ତି
ପ୍ରେମର ଅତୃପ୍ତ ଯନ୍ତ୍ରଣାର ସମାପ୍ତି
ଭଲ ପାଇବାର ତୃପ୍ତିର ବୃହତ୍ତର ଯନ୍ତ୍ରଣା ଅନ୍ତହୀନ
ଅନ୍ତହୀନ ଯାତ୍ରାର
ଯାତ୍ରା ବିନା ଲକ୍ଷ୍ୟର
ପରିଣାମ ସେହି ସବୁର ଯାହା
ଅସ୍ପଷ୍ଟ ଭାବରେ
ବକ୍ତୃତା ଶବ୍ଦବିନା ଏବଂ
ବିନା ବକ୍ତୃତାରେ ଶବ୍ଦ

ମାଆର ଅନୁଗ୍ରହ
ବଗିଚା ପାଇଁ
ଯେଉଁଠି ସମସ୍ତ ଭଲ ପାଇବା ଶେଷ ହୁଏ।

ଗୋଟିଏ ଜୁନିପର-ଗଛ ତଳେ ହାଡ଼ଗୁଡ଼ିକ ଗାଇଥିଲେ
ଝେଲେଇ ହୋଇ ରହି ଏବଂ ଜକଜକ ହୋଇ
ଝେଲେଇ ହୋଇଥିବା ଯୋଗୁ ଆମେ ଆନନ୍ଦିତ,
ଆମେ ପରସ୍ପର ପ୍ରତି ସାମାନ୍ୟ ଉପକାର କରିଛୁ,
ଗୋଟିଏ ଗଛତଳେ ଦିନର ଶୀତଳତାରେ,
ବାଲିର ଆଶୀର୍ବାଦରେ,
ସେମାନଙ୍କୁ ଭୁଲିଯାଇ ଏବଂ ପରସ୍ପରକୁ
ଏକ ହୋଇ କରି
ମରୁଭୂମିର ଶାନ୍ତତା ଭିତରେ।
ଏହା ସେହି ଭୂମି ଯାହାକୁ ତୁମେ ବିଭାଜନ କରିବ
ବିଧିପୂର୍ବକ ଭାବରେ।
ଆଉ ନା ବିଭାଜନ ଏବଂ ନା ଏକୀକରଣ
କୌଣସିଟା ଗୁରୁତ୍ୱପୂର୍ଣ୍ଣ ନୁହେଁ।
ଏହା ସେହି ଭୂମି।
ଆମ ପାଖରେ ଅଛି ଆମର ଉତ୍ତରାଧିକାର।

୩

ଦ୍ୱିତୀୟ ସିଡ଼ିର ପ୍ରଥମ ମୋଡ଼ରେ
ମୁଁ ବୁଲି ପଡ଼ିଲି ଏବଂ ଦେଖିଲି
ସେହି ଆକୃତି ମୋଡ଼ି ହୋଇ ସିଡ଼ିର ଉଭୟ ପାର୍ଶ୍ୱରେ
ବାଷ୍ପତଳେ ଦୁର୍ଗନ୍ଧଯୁକ୍ତ ପବନରେ
ସଂଘର୍ଷକରି ସିଡ଼ିଗୁଡ଼ିକର ଶୈତାନ ସହିତ ଯିଏ ପିନ୍ଧିଛି
ଆଶା ଓ ନିରାଶାର କପଟପୂର୍ଣ୍ଣ ଚେହେରା।
ଦ୍ୱିତୀୟ ମୋଡ଼ରେ ଦ୍ୱିତୀୟ ସିଡ଼ିର
ମୁଁ ସେଗୁଡ଼ିକୁ ଛାଡ଼ି ଦେଲି ଗୁଗେଇ ହେବା ପାଇଁ,
ତଳ ଆଡ଼କୁ ଯାଇ:
ସେଠି ଚେହେରା ନ ଥିଲା ଏବଂ ସିଡ଼ିଥିଲା ଅନ୍ଧକାରମୟ,
ସନ୍ତସନ୍ତିଆ ଅସମାନ,
ଯେମିତି ଗୋଟିଏ ବୁଢ଼ାଲୋକର ଲାଳ ଟପକୁଥିବା ମୁହଁ,
ଯାହାକୁ ଠିକ୍ କରି ହେବନି,
ଅଥବା ବୃଦ୍ଧ ଶାର୍କର ଦାନ୍ତଯୁକ୍ତ ଗଳା।

ତୃତୀୟ ସିଡ଼ିର ପ୍ରଥମ ମୋଡ଼ରେ
ଡିମ୍ବିରି ଫଳ ପରି ଥିଲା ଛିଦ୍ରଯୁକ୍ତ ଗୋଟିଏ ଝରକା
ଏବଂ ହେଥର୍ନର ଫୁଲ ଓ ଚାରଣ ଭୂମିର ଦୃଶ୍ୟର ବାହାରେ
ନୀଳ ଓ ସବୁଜ ରଂଗର ବିସ୍ତୃତ ଚିତ୍ରଟି
ଗୋଟିଏ ପ୍ରାଚୀନ ବଂଶୀ ସହିତ ମନ୍ତ୍ରମୁଗ୍ଧ କରିଥିଲା।
ଉଠୁଥିବା ମୁଣ୍ଡବାଳ ସୁନ୍ଦର ଲାଗେ,

ବାଦାମୀ ରଂଗର ମୁଣ୍ଡବାଳ ଉଡୁଥାଏ ମୁହଁ ଉପରେ,
ଲାଇଲାକ ଫୁଲ ଏବଂ ବାଦାମୀ ମୁଣ୍ଡବାଳ;
ବିକ୍ଷିପ୍ତତା, ବଂଶୀର ସଂଗୀତ,
ତୃତୀୟ ସିଢ଼ି ଉପରେ ମନର ଅଟକ ଏବଂ ପଦକ୍ଷେପ,
ବିବର୍ଣ୍ଣ, ବିବର୍ଣ୍ଣ, ଆଶା ଏବଂ ହତାଶାର ବାହାରେ ଶକ୍ତି
ତୃତୀୟ ସିଢ଼ିର ଆରୋହଣ।

ପ୍ରଭୁ, ମୁଁ ଯୋଗ୍ୟ ନୁହେଁ
ପ୍ରଭୁ, ମୁଁ ଯୋଗ୍ୟ ନୁହେଁ
କିନ୍ତୁ ଖାଲି କଥା କହେ।

୪

ଯିଏ ବାଇଗଣୀ ଓ ବାଇଗଣୀ ମଝିରେ ଚାଲିଥିଲା
ଚାଲିଥିଲା ମଝିରେ
ବିଭିନ୍ନ ସବୁଜ ରଂଗର ଅନେକ ପଂକ୍ତିରେ
ଯାଉଥିଲା ଧଳା ଓ ନେଳିଆ ପୋଷାକ ପିନ୍ଧି କରି, ମେରୀର ରଂଗରେ,
ତୁଚ୍ଛ ଜିନିଷଗୁଡ଼ିକ ବିଷୟରେ କଥା କହି
ଅଜ୍ଞାନତାରେ ଏବଂ ଜ୍ଞାନର ଶାଶ୍ୱତ ଶୋକରେ
ଯିଏ ଘୂରିବୁଲୁଥିଲା ଲୋକମାନଙ୍କ ଗହଣରେ,
ଯିଏ ତିଆରି କରିଥିଲା ଝରଣାଗୁଡ଼ିକୁ ଶକ୍ତିଶାଳୀ କରି
ଏବଂ ଝରଣାଗୁଡ଼ିକୁ ସତେଜ କରି

ଶୁଷ୍କ ଶିଳାକୁ ଶୀତଳ କରି ବାଲିକୁ ଦୃଢ଼ କରିଛି
ଲାର୍କ୍ସପୁର ନୀଳିମାରେ, ମେରୀର ରଂଗ ନୀଳ,
ଧ୍ୟାନରଖ
ଏଇଠି ଅଛି ବର୍ଷଗୁଡ଼ିକ ଯିଏ ଚାଲୁଛନ୍ତି ମଝିରେ
ବାଦ୍ୟଯନ୍ତ୍ର ଏବଂ ବଂଶୀ ବହନ କରି,
ତାକୁ ପୁନର୍ସ୍ଥାପିତ କରି,
ଯିଏ ନିଦ୍ରା ଏବଂ ଜାଗ୍ରତ ଅବସ୍ଥାର ମଧ୍ୟବର୍ତ୍ତୀ ସମୟରେ
ଚଲାବୁଲା କରୁଛି
ପିନ୍ଧିକରି ଧଳା ହାଲ୍କା ଭାଙ୍ଗପକା ପୋଷାକ,
ତା ସମ୍ପର୍କରେ ଆବରଣ, ଭାଙ୍ଗ ପଡ଼ିଥିବା ।
ନୂତନ ବର୍ଷଗୁଡ଼ିକ ଚାଲିଥାଏ, ପୁନରୁଦ୍ଧାର କରି

ଅଶ୍ଣୁର ଉଜ୍ଜ୍ୱଳ ମେଘ ଭିତର ଦେଇ, ବର୍ଷ ଗୁଡ଼ିକ,
ପୁନରୁଦ୍ଧାର କରେ
ଗୋଟିଏ ନୂତନ ଶ୍ଳୋକ ପ୍ରାଚୀନ କବିତାର ଅସ୍ତିତ୍ୱ ସହ।
ଉଦ୍ଧାର କର ସମୟକୁ।
ଉଦ୍ଧାର କର
ଉଚ୍ଚ ସ୍ୱପ୍ନରେ ଅପଠିତ ଦୃଷ୍ଟିକୁ ମୁକ୍ତ କର
ଯେତେବେଳେ ରତ୍ନଜଡ଼ିତ ୟୁନିକର୍ନଗୁଡ଼ିକ
ସୁନାର ଶ୍ରବଣ ଦ୍ୱାରା ଅଙ୍କା।

ନୀରବ ଭଉଣୀ ଧଳା ଏବଂ ନୀଳରଂଗର ଓଢ଼ଣାରେ
ହଁ, ଚିର ସବୁଜ ମଧ୍ୟରେ, ଉଦ୍ୟାନ ଦେବତାଙ୍କ ପଛପଟେ,
ଯାହାର ବଂଶୀଟି ନିଃଶ୍ୱାସହୀନ,
ଝୁଙ୍କାଇଲା ନିଜ ଶିର ଏବଂ ସଂକେତ ଦେଲା
କିନ୍ତୁ କହିଲାନି ଗୋଟିଏ ବି ଶବ୍ଦ
କିନ୍ତୁ ସ୍ରୋତ ଉପରକୁ ଉଚ୍ଛୁଳି ଉଠିଲା
ଏବଂ ପକ୍ଷୀଟି ତଳକୁ ଆସି ଗୀତ ଗାଇଲା
ଉଦ୍ଧାର କର ସମୟର, ଉଦ୍ଧାର କର ସ୍ୱପ୍ନର
ଅଶ୍ରୁତ ଏବଂ ଅକୁହା ଶବ୍ଦର ସଂକେତ

ଯେତେବେଳଯାଏଁ ହଲାଉଥାଏ ଏକ ସହସ୍ର
ଫୁସ୍‌ଫୁସ୍ କଥା ଚିର ସବୁଜତା ଭିତରୁ

ଏବଂ ଏହା ପରେ ଆମର ନିର୍ବାସନ।

୫

ଯଦି ହଜିଥିବା ଶବ୍ଦଟି ହଜିଯାଏ,
ଯଦି ଅଶ୍ରୁତ, ଅବ୍ୟକ୍ତ
ଶବ୍ଦ ଅବ୍ୟକ୍ତ, ଅଶ୍ରୁତ;
ତଥାପି ଅବ୍ୟକ୍ତ ଶବ୍ଦ, ଶବ୍ଦ ଅଶ୍ରୁତ,
ଶବ୍ଦ ଗୋଟିଏ ଶବ୍ଦ ବିନା,
ଗୋଟିଏ ଶବ୍ଦ ବିଶ୍ୱ ମଧ୍ୟରେ
ଏବଂ ବିଶ୍ୱ ପାଇଁ;
ଆଉ ଆଲୋକ ଝଲକି ଉଠିଲା ଅନ୍ଧାରରେ
ଏବଂ ଶବ୍ଦରୁ ବିରୁଦ୍ଧରେ ଅସ୍ଥିର ବିଶ୍ୱ ଏବେ
ନୀରବ ଶବ୍ଦର କେନ୍ଦ୍ରରେ ଘୂରି ବୁଲିଲା ।

ହେ ମୋର ଲୋକେ, ତୁମ୍ଭମାନଙ୍କ ପାଇଁ ମୁଁ ତ କିଛି କରିନି ।

ଶବ୍ଦ କେଉଁଠି ମିଳିବ, ଶବ୍ଦ କେଉଁଠି
ପ୍ରତିଧ୍ୱନିତ ହେବ ? ଏଠି ନୁହେଁ,
ଏଠି ଯଥେଷ୍ଟ ନୀରବତା ନାହିଁ
ନାହିଁ ସାଗରରେ ଅଥବା ଦ୍ୱୀପ ଉପରେ,
ନା ମୂଳ ଭୂଖଣ୍ଡ ଉପରେ, ମରୁଭୂମିରେ
କିମ୍ବା ବର୍ଷା ହେଉଥିବା ଭୂମି ଉପରେ ନୁହେଁ,
ଯେଉଁମାନେ ଅନ୍ଧକାରରେ ଚାଲନ୍ତି
ଉଭୟ ଦିନବେଳେ ଏବଂ ରାତ୍ରି ସମୟରେ

ସଠିକ୍ ସମୟ ଓ ସଠିକ୍ ସ୍ଥାନ ଏଠି ନାହିଁ
ନାହିଁ ଅନୁଗ୍ରହର ସ୍ଥାନ ସେମାନଙ୍କ ପାଇଁ
ଯେଉଁମାନେ ଏଡ଼ାଇ ଚାଲନ୍ତି ମୁଖ
ସେମାନଙ୍କ ପାଇଁ ସମୟ ନାହିଁ କରିବାକୁ ଆନନ୍ଦ
ଯେଉଁମାନେ ଚାଲନ୍ତି କୋଳାହଳ ଭିତରେ
ଏବଂ ଅସ୍ୱୀକାର କରନ୍ତି କଣ୍ଠସ୍ୱର
ଓଢ଼ଣା ପକାଇଥିବା ଭଉଣୀ କ'ଣ
ସେମାନଙ୍କ ପାଇଁ ପ୍ରାର୍ଥନା କରିବ
ଯେଉଁମାନେ ତୁମକୁ ବାଛିନିଅନ୍ତି ଏବଂ
ବିରୋଧ ମଧ୍ୟ କରନ୍ତି
ସେମାନେ ଯିଏ ବିଭାଜିତ ହୁଅନ୍ତି
ଋତୁ ଓ ଋତୁର ମଝିରେ,
ସମୟ ଓ ସମୟର ମଝିରେ,
ଘଣ୍ଟା ଓ ଘଣ୍ଟାର ମଝିରେ,

ଶବ୍ଦ ଓ ଶବ୍ଦ, ଶକ୍ତି ଓ ଶକ୍ତି,
ଯେଉଁମାନେ ଅପେକ୍ଷା କରନ୍ତି ଅନ୍ଧାରରେ ?
ଓଢ଼ଣା ପକାଇଥିବା ଭଉଣୀ କ'ଣ
ଦୁଆର ମୁହଁରେ ଠିଆ ହୋଇଥିବା ପିଲାମାନଙ୍କ ପାଇଁ
ପ୍ରାର୍ଥନା କରିବ
ଯିଏ ଚାଲିଯିବନି ଏବଂ ପ୍ରାର୍ଥନା କରିବନି:
ପ୍ରାର୍ଥନା କର ସେମାନଙ୍କ ପାଇଁ
ଯେଉଁମାନେ ବାଛନ୍ତି ଓ ବିରୋଧ କରନ୍ତି।

ହେ ମୋର ଲୋକେ, ତୁମ୍ଭମାନଙ୍କ ପାଇଁ ମୁଁ ତ କିଛି କରିନି।

ଓଢ଼ଣା ପକାଇଥିବା ଭଉଣୀ କ'ଣ
ସରୁ ଚିରସବୁଜ ଗଛ ମଝିରେ
ସେମାନଙ୍କ ପାଇଁ ପ୍ରାର୍ଥନା କରିବ

ଯେଉଁମାନେ ତାକୁ ଅସନ୍ତୁଷ୍ଟ କରନ୍ତି
ଏବଂ ଭୀତ ହୁଅନ୍ତି ଓ ଆତ୍ମସମର୍ପଣ କରି ପାରନ୍ତିନି
ଆଉ ଦୁନିଆ ଆଗରେ ବିଶ୍ୱାସ ପ୍ରକଟ କରି ପାରନ୍ତିନି
ଏବଂ ପଥର ମଝିରେ କରିପାରନ୍ତିନି ଅସ୍ୱୀକାର
ବଗିଚା ଭିତରେ ମରୁଭୂମି, ମରୁଭୂମି ଭିତରେ ବଗିଚା
ମରୁଡ଼ିର, ଛେପ ସାଙ୍ଗରେ ପକାନ୍ତି ଶୁଖିଲା ସେଓର ମଞ୍ଜି ।

ହେ ମୋର ଲୋକେ ।

୬

ଯଦିଓ ମୁଁ ପୁଣି ଫେରିଆସିବାକୁ ଆଶା ତ କରେନି
ଯଦିଓ ମୁଁ ଆଶା ତ କରେନି
ଯଦିଓ ମୁଁ ଫେରି ଆସିବାକୁ ଆଶା ତ କରେନି

ଲାଭ ଓ କ୍ଷତିରେ ଥାଏ ଅନିଶ୍ଚିତ ଭାବେ
ସଂକ୍ଷିପ୍ତ ଗମନାଗମନରେ
ଯେଉଁଠି ସ୍ୱପ୍ନଗୁଡ଼ିକ ଅତିକ୍ରମ କରେ
ଜୀବନ ଓ ମୃତ୍ୟୁ ମଝିରେ ଥିବା ଗୋଧୂଳି
(ଆଶୀର୍ବାଦ କରନ୍ତୁ ପିତା) ଯଦିଓ ମୁଁ
ଇଚ୍ଛା କରୁନି ଏହି ଜିନିଷଗୁଡ଼ିକର ଇଚ୍ଛା କରିବା ପାଇଁ
ପ୍ରଶସ୍ତ ଝରକା ପାଖରୁ ଗ୍ରାନାଇଟ୍‌ର କୂଳଯାଏଁ
ଧଳା ପାଲ ଏବେ ସମୁଦ୍ର ଆଡ଼କୁ ଉଡ଼ିଯାଏ,
ଉଡ଼େ ସମୁଦ୍ର ଆଡ଼େ
ଅଭଙ୍ଗା ଡେଣାଗୁଡ଼ିକ
ଏବଂ ହଜି ଯାଇଥିବା ଆତ୍ମା କଠିନ ହୋଇଯାଏ
ଏବଂ ହୋଇଥାଏ ଆନନ୍ଦିତ
ହଜି ଯାଇଥିବା ଇଲାକ ଫୁଲରେ
ଏବଂ ହଜି ଯାଇଥିବା ସମୁଦ୍ରର ସ୍ୱରରେ
ଆଉ ଦୁର୍ବଳ ଆତ୍ମା ତୀବ୍ର ହୋଇଯାଏ କରିବାକୁ ବିଦ୍ରୋହ
କାହିଁକି ନା ବଙ୍କା ହୋଇଥିବା ସୁନାର ଛଡ଼ ଆଉ
ହଜି ଯାଇଥିବା ଗନ୍ଧ ସମୁଦ୍ରର

ପୁନରୁଦ୍ଧାର କରିବା ପାଇଁ ଦ୍ରୁତ ହୁଏ
କାନ୍ଦଣା ଗୁଣ୍ଠୁରୀର ଏବଂ ଘୂର୍ଣ୍ଣାୟମାନ ଟିଟ୍ଟିଭର
ଏବଂ ଅନ୍ଧ ଆଖି ତିଆରି କରେ
ହାତୀଦାନ୍ତର ଫାଟକ ମଝିରେ ଫାଙ୍କା ରୂପ
ଏବଂ ଗନ୍ଧ ତାଜା ହୁଏ ଲୁଣିଆ ସ୍ୱାଦର
ବାଲୁକାମୟ ମାଟିର

ଏହା ହେଉଛି ମୃତ୍ୟୁ ଏବଂ ଜନ୍ମ ଭିତରେ
ଉତ୍ତେଜନାର ସମୟ
ନିର୍ଜନତାର ସ୍ଥାନ ଯେଉଁଠି ତିନୋଟି ସ୍ୱପ୍ନ
ନୀଳ ପଥର ଭିତର ଦେଇ ଅତିକ୍ରମ କରେ
କିନ୍ତୁ ଯେତେବେଳେ ଚିର ସବୁଜ ବୃକ୍ଷରୁ
କଣ୍ଠସ୍ୱର ଗୁଡ଼ିକ ଦୂରକୁ ଘୁଞ୍ଚି ଯାଏ
ସେତେବେଳେ ଅନ୍ୟ ଚିରସବୁଜ ବୃକ୍ଷ
କଂପି ଉଠେ ଏବଂ ଉତ୍ତର ଦିଏ ।

ଆଶୀର୍ବାଦ ଲାଭ କରିଥିବା ଭଉଣୀ, ପବିତ୍ର ମା',
ଝରଣାର ଆତ୍ମା,
ଆତ୍ମା ଉଦ୍ୟାନର,
ଆମକୁ କଷ୍ଟ ଭୋଗିବାକୁ ଦିଅ ଯେମିତି ଆମେ ନିଜର
ଉପହାସ ନକରୁ ଅସତ୍ୟ ସହିତ
ଆମକୁ ଶିଖାଅ ଯତ୍ନ ନେବା ପାଇଁ
ଏବଂ ଯତ୍ନ ନ ନେବା ପାଇଁ
ଏହି ପଥରଗୁଡ଼ିକ ଭିତରେ ଆମକୁ
ଶିଖାଅ ଶାନ୍ତ ଭାବରେ ବସି ରହିବାକୁ,
ତାଙ୍କ ଇଚ୍ଛାରେ ଆମର ଶାନ୍ତି
ଏବଂ ଏମିତିକି ଏହି ପଥରଗୁଡ଼ିକ ଭିତରେ
ଭଉଣୀ, ମା'
ଏବଂ ନଦୀର ଆତ୍ମା, ଆତ୍ମା ସମୁଦ୍ରର,
ମୋତେ କଷ୍ଟ ଦିଅନି ଅଲଗା ହେବା ପାଇଁ
ଏବଂ ମୋ କାନ୍ଦଣା ତୁମ ପାଖରେ ପହଞ୍ଚୁ ।

ବର୍ଣ୍ଣ ନର୍ଟନ

୧

ବର୍ତ୍ତମାନ କାଳ ଆଉ ବିଗତ ଯେଉଁ କାଳ
ଉଭୟ ହୁଏତ ରହିଛି ଭବିଷ୍ୟତ କାଳରେ
ଏବଂ ଭବିଷ୍ୟତ କାଳ ବିଗତ କାଳରେ ସମାହିତ ।
ଯଦି ସବୁକାଳ ହୁଏ ଶାଶ୍ୱତ ରୂପରେ ବର୍ତ୍ତମାନ
ସବୁକାଳ ହୋଇଥାଏ ଅପ୍ରାପ୍ୟ ।
ଯାହା ହୋଇ ପାରିଥାନ୍ତା ଏକ ବିମୂର୍ତ୍ତ ଧାରଣା
ସତତ ସମ୍ଭାବନା ମାତ୍ର ଆଉ କିଛି ନୁହେଁ
ଅନୁମାନ-ନିର୍ଭର ଜଗତରେ ।
ଯାହା ହୋଇ ପାରିଥାନ୍ତା ଏବଂ ଯାହା ହୋଇଛି
ଉଭୟର ଗୋଟିଏ ପରିଣାମ, ଉଭୟ ଚିର-ବର୍ତ୍ତମାନ ।
ପଦଶବ୍ଦ ପ୍ରତିଧ୍ୱନିତ ହୋଇ ଉଠେ ସ୍ମୃତିର ଭିତରେ
ସେହି ବାଟରେ ତଳ ଆଡ଼େ ଯେଉଁ ବାଟ ଦେଇ ଆମେ ଯାଇନୁ
ସେହି ଦୁଆର ଆଡ଼େ ଯାଏ ଯାହାକୁ ଆମେ କେବେ ଖୋଲିନୁ
ଗୋଲାପ-ବଗିଚା ଆଡ଼େ ।
ମୋ କଥା ପ୍ରତିଧ୍ୱନିତ ହୁଏ ଏହିପରି ଭାବରେ
ତୁମ ମନରେ ।
କିନ୍ତୁ କେଉଁ ଉଦ୍ଦେଶ୍ୟରେ
ଧୂଳିକୁ ବିଚଳିତ କରେ ଗୋଟିଏ ଗୋଲାପ-ପତ୍ରର ପାତ୍ରରେ
ମୋତେ ଜଣା ନାହିଁ ।
ଅନ୍ୟଗୁଡ଼ିକ ପ୍ରତିଧ୍ୱନିତ ହୁଏ

ବଗିଚାରେ। ଆମେ କ'ଣ ପଛେ ପଛେ ଯିବୁ ?
ଶୀଘ୍ର କର, ପକ୍ଷୀଟି କହିଲା, ଖୋଜ ସେମାନଙ୍କୁ,
ଖୋଜ ସେମାନଙ୍କୁ,
କୋଣର ଆରପାଖରେ। ପ୍ରଥମ ଦୁଆର ଦେଇ,
ଆମର ପ୍ରଥମ ଦୁନିଆକୁ, ଆମେ କ'ଣ ପଛେ ପଛେ ଯିବୁ
ଥ୍ରାସ୍ ପକ୍ଷୀଟିର ଛଳନାର ? ଆମର ପ୍ରଥମ ଦୁନିଆକୁ।
ସେଠି ସେମାନେ ଥିଲେ, ମର୍ଯ୍ୟାଦାବାନ, ଅଦୃଶ୍ୟ,
ସାବଲୀଳ ଚଲାବୁଲା, ମୃତ ପତ୍ରଗୁଡ଼ିକ ଉପରେ,
ଶରତ ଋତୁର ତାପରେ, ଗୁଂଜାୟମାନ ପବନର ଭିତର ଦେଇ,
ଏବଂ ପକ୍ଷୀ ଉଠିଥିଲା ଡାକି, ଶୁଣି ସେହି
ଅଶ୍ରୁତ ସଂଗୀତ ଢଙ୍କା ହୋଇ ରହିଥିଲା ଯାହା ଲତାଗୁଳ୍ମ ତଳେ,
ଏବଂ ତୀର୍ଯ୍ୟକ ଥିଲା ଅଦୃଶ୍ୟ ଚାହାଣି, ଯେହେତୁ
ଗୋଲାପ ସବୁ ରୀତିମତ ଦର୍ଶନୀୟ ଦେଖା ଯାଉଥିଲା
ପୁଷ୍ପ ହିସାବରେ।
ସେଠାରେ ସେମାନେ ଥିଲେ ଅଭ୍ୟାଗତ ପରି ଯେ ଆମର,
ଯୁଗପତ୍ ଗୃହୀତ, ଗୃହୀତା।
ତେଣୁ ଆମେ ହେଲୁ ଗତିଶୀଳ, ସେମାନେ ବାହାରିଲେ
ନକ୍ସାର ଆକାରରେ,
ଶୂନ୍ୟ ଥିବା ଗଳିରେ
ବାକ୍ସର ବୃତ୍ତରେ,
ଦେଖିବାକୁ ତଳ ଆଡ଼କୁ
ନଳା ଭିତରେ ରହିଥିବା ଶୁଖିଲା ଗାତକୁ।
ଶୁଖିଲା ଗାତ, ଶୁଖିଲା କଂକ୍ରିଟ, ଧୂସର ଧାରଯୁକ୍ତ,
ଏବଂ ଗାତଟି ଭରି ଯାଇଥିଲା
ସୂର୍ଯ୍ୟ କିରଣରୁ ବାହାରିଥିବା ପାଣିରେ
ଆଉ ଜାଗିଛି ପଦ୍ମ ଚୁପ୍‌ଚାପ୍, ଚୁପ୍‌ଚାପ୍,
ଭୂପୃଷ୍ଠ ଚମକି ଉଠିଲା ହୃଦୟର ଆଲୋକରେ,
ଏବଂ ସେମାନେ ଥିଲେ ଆମ ପଛପଟେ,
ପାଣି ଭିତରେ ହେଉଥିଲେ ପ୍ରତିବିମ୍ବିତ।

ତାପରେ ଖଣ୍ଡେ ମେଘ ଚାଲିଗଲା ଭାସି ଭାସି,
ଏବଂ ଜଳାଧାର ହେଲା ଜଳଶୂନ୍ୟ।
ପକ୍ଷୀ କହିଲା, ଯାଅ, କାରଣ ପତ୍ରରେ
ଯେତେ ଶିଶୁମାନଙ୍କର ମେଳା,
ଲୁଚକାଳି ଖେଳରେ ସେମାନେ ଉତ୍ତେଜିତ,
ଯେମିତି ହସ ଉଛୁଳି ପଡୁଛି।
ଯାଅ, ଯାଅ, ଯାଅ, କହିଲା ପକ୍ଷୀ: ମାନବ ଜାତି
ମନକୁ ନେଇ ପାରିବନି ବାସ୍ତବ ସତ୍ୟ।
ବିଗତ ଯେଉଁ କାଳ ଆଉ ଭବିଷ୍ୟତ କାଳ
କ'ଣ ହୋଇ ପାରିଥାନ୍ତା ଏବଂ କ'ଣ ହୋଇଛି
ଉଭୟର ଗୋଟିଏ ପରିଣାମ, ତାହା ଚିର ବିଦ୍ୟମାନ।

୨

ରସୁଣ ଏବଂ ନୀଳମଣି ପଥର କାଦୁଅରେ
ଜମାଟ ବାନ୍ଧି ରହିଛି ଅକ୍ଷ-ବୃକ୍ଷରେ।
ରକ୍ତରେ କଂପି ଉଠୁଥିବା ତାର
ଗାଉଛି ଠିକ୍ ନ ହେବା ପରି ଘା'ର ଦାଗତଳେ
ସନ୍ତୁଷ୍ଟି ଲାଭ କରି ବହୁ ଦିନରୁ ବିସ୍ମୃତ ଯୁଦ୍ଧଗୁଡ଼ିକର।
ଧମନୀରେ ଚାଲେ ରକ୍ତରେ ନୃତ୍ୟ
ସ୍ରୋତ ପରି ରକ୍ତରେ ଆବର୍ତ୍ତନ
ତାରାମାନଙ୍କ ପଥରେ ଘଟେ ପ୍ରତିଫଳନ
ଆରୂଢ଼ ହୁଏ ଗ୍ରୀଷ୍ମ ତରୁ ଶାଖାରେ
ଆମେ ଚାଲୁ ଚଳନ୍ତ ବୃକ୍ଷର ଉପର ଦେଇ
ଆଲୋକରେ ଛାୟା-ପତ୍ରରେ
ଏବଂ ଶୁଣୁ ସମ୍ପୂର୍ଣ୍ଣ ଓଦା ଚଟାଣ ଉପରେ
ତଳେ, ବଣୁଆ ଘୁଷୁରୀ ଏବଂ ଘୁଷୁରୀ
ଆଗ ପରି ଯଥାକ୍ରମେ ଥାଆନ୍ତି
କିନ୍ତୁ କଟୁତା ଭୁଲି କରି ଶାନ୍ତ ହୋଇ ଯାଆନ୍ତି
ତାରାଙ୍କ ଗହଣରେ।
ଘୂର୍ଣ୍ଣାୟମାନ ସଂସାରର ସ୍ଥିର ବିନ୍ଦୁରେ।
ଦେହ ନୁହେଁ ଦେହହୀନ ନୁହେଁ;
କେଉଁଆଡୁ ନୁହେଁ କେଉଁ ଆଡ଼କୁ ନୁହେଁ;
ସ୍ଥିର ବିନ୍ଦୁରେ, ନୃତ୍ୟରେ ଅବସ୍ଥିତି,
ଯତି ନୁହେଁ ଗତି ନୁହେଁ।

ଏବଂ ଏହାକୁ ସ୍ଥିରତା ବୋଲି କହନି,
ଯେଉଁଠି ଏକତ୍ରିତ ହୋଇଥାଏ ଅତୀତ ଏବଂ ଭବିଷ୍ୟତ।
କୌଣସି ସ୍ଥାନରୁ ନୁହେଁ
କିମ୍ବା କୌଣସି ସ୍ଥାନର ଅଭିମୁଖେ ନୁହେଁ,
ଉତ୍ଥାନ ନୁହେଁ ପତନ ନୁହେଁ।
ବିନ୍ଦୁ, ସ୍ଥିର ବିନ୍ଦୁ ବ୍ୟତିରକେ।
ନୃତ୍ୟ ନୁହେଁ, ଏବଂ ନୃତ୍ୟ ଖାଲି ଅଛି।
ମୁଁ କେବଳ କହିପାରେ, ଆମେ ସେଠି ରହିଛୁ:
କିନ୍ତୁ କେଉଁଠି କହି ପାରିବିନି।
ଏବଂ ମୁଁ କହି ପାରିବିନି, କେତେ କାଳ,
କାରଣ ତାହା ହେବ ସ୍ଥାନକୁ କାଳ ଭିତରେ ଧରି ରଖିବା।
ବାସ୍ତବ କାମନାରୁ ଅନ୍ତରର ମୁକ୍ତିଲାଭ,
କର୍ମ ଏବଂ ଦୁଃଖ ହାତରୁ ମୁକ୍ତିଲାଭ, ଭିତରର ଓ ବାହାରର
ବାଧ୍ୟତାରୁ ମୁକ୍ତି ଏବଂ ବେଷ୍ଟିତ ହୋଇ ରହିବା
ଚେତନାର ନମ୍ରତାରେ, ଶୁଭ୍ର ଜ୍ୟୋତି
ଏକାଧାରରେ ସ୍ଥିର ଓ ଗତିଶୀଳ
ଉତ୍କର୍ଷ ବିନା ଗତିର, ବିନା ଅପସରଣ ଏକାଗ୍ରତା,
ଉଭୟ ହେଉଛି ଗୋଟିଏ ନୂତନ ବିଶ୍ୱ
ଏବଂ ପ୍ରାଚୀନ ବିଶ୍ୱ ପୁନରାୟ ସୁସ୍ପଷ୍ଟ ଏହି କାଳରେ,
ତାକୁ ବୁଝିବାର ଆଂଶିକ ଉଲ୍ଲାସ ହେଲେ,
ଏବଂ ଆଂଶିକ ତ୍ରାସର ନିବୃତ୍ତି ଘଟିଲେ।
ତଥପି ମୋହିନୀ ମାୟା ଅତୀତର ଓ ଆଗାମୀ କାଳର
ଦେହର ଦୁର୍ବଳତାରେ ଗୁଛା,
ସେହି ଦେହଟି ପରିବର୍ତ୍ତନଶୀଳ,
ମାନବଜାତିକୁ ରକ୍ଷାକରେ ସ୍ୱର୍ଗରୁ ନର୍କ ଯାଏଁ
ଉଭୟ ସହ୍ୟାତୀତ ମର୍ତ୍ତ୍ୟର ମଣିଷର।
ବିଗତ ଯେଉଁ କାଳ ଏବଂ ଭବିଷ୍ୟତ କାଳ
ଅନୁମତି ଦିଏ କେବଳ ସାମାନ୍ୟ ଚେତନାକୁ।
ସଚେତନ ହେବା ମାନେ ଖାଲି କାଳର ଅଧୀନ ହେବା ନୁହେଁ

କିନ୍ତୁ କେବଳ କାଳର ସ୍ମରଣ କରାଯାଏ
ଗୋଲାପ ବଗିଚାର ସେହି କ୍ଷଣକୁ,
ସେହି କ୍ଷଣ ଯେତେବେଳେ ବର୍ଷା ପିଟୁଥିଲା କୁଂଜକାନନରେ,
ସେହି କ୍ଷଣରେ ଧୂଆଁ ଓହ୍ଲାଇଲା ଖୋଲା ମେଲା ଗିର୍ଜାଘରେ
ସ୍ମରଣ କରିବା କଥା; ବିଜଡ଼ିତ ଭୂତ ଏବଂ ଭବିଷ୍ୟତରେ।
କେବଳ କାଳ ଭିତର ଦେଇ କାଳକୁ ଜିତି ହୁଏ।

୩

ଏହା ଗୋଟିଏ ବିରକ୍ତିକର ସ୍ଥାନ
ପୂରାକାଳ ଏବଂ ଭବିଷ୍ୟତ କାଳ
କ୍ଷୀଣାଲୋକରେ: ନୁହେଁ ଦିବାଲୋକ
ସ୍ୱଚ୍ଛ ନୀରବତା ଦେଇ ରୂପ ସୃଷ୍ଟି କରିବା ଯାହାର କାମ
ଛାୟାକୁ କ୍ଷଣଭଙ୍ଗୁର ସୌନ୍ଦର୍ଯ୍ୟର ରୂପ ଦେବା
ମନ୍ଥର ପରିକ୍ରମା ଯାହା ଆଭାସ ଦିଏ ଶାଶ୍ୱତାର
ନୁହେଁ ଅନ୍ଧକାର ଆତ୍ମାର ଶୁଦ୍ଧିକରଣ ପାଇଁ
ରିକ୍ତ କରେ ଇନ୍ଦ୍ରିୟ ଗୁଡ଼ିକୁ କୃଚ୍ଛ ସାଧନାରେ
ଶୁଦ୍ଧ କରେ ସ୍ନେହକୁ କାଳର ସ୍ପର୍ଶରେ ।
ନା ତ ପରିପୂର୍ଣ୍ଣତା ନା ରିକ୍ତତା ।
କେବଳ ଏକ ଝଲକ ଆଲୋକର
କ୍ଲିଷ୍ଟ କାଳପୀଡ଼ିତ ଲୋକମାନଙ୍କର ମୁହଁ ଉପରେ
ଧ୍ୟାନ ଭଙ୍ଗ, ଧ୍ୟାନ ଭଙ୍ଗୁର, ଧ୍ୟାନ ଭଙ୍ଗ ଦ୍ୱାରା
ପୂର୍ଣ୍ଣ ହୋଇଥିବା ଭ୍ରାନ୍ତିରୁ ଏବଂ ରିକ୍ତ ଅର୍ଥରୁ
ସ୍ଫୀତ ବିମୁଖତା ବିନା ଏକାଗ୍ରତାର
ମଣିଷ ଏବଂ କାଗଜର ଛୋଟ ଛୋଟ ଟୁକୁଡ଼ା,
ଯାହା ଘୂରିବୁଲେ ଶୀତଳ ପବନରେ
ଯାହା ପ୍ରବାହମାନ କାଳର ପୂର୍ବରୁ ଏବଂ ପରେ,
ଅସୁସ୍ଥ ଫୁସ୍ ଫୁସ୍ ସହିତ ଜଡ଼ିତ ପ୍ରଶ୍ୱାସ ଏବଂ ନିଃଶ୍ୱାସ
ପୂରାକାଳ ଏବଂ ଭବିଷ୍ୟତ କାଳ ।
ଅସୁସ୍ଥ ଆତ୍ମାର ଯେମିତି ପ୍ରବଳ ଉଦ୍‌ଗାର

ବିଲୀନ ନିସ୍ତେଜ ପବନରେ,
ଧିମେଇ ଯାଏ ସେହି ପବନରେ ଯାହା ପ୍ରବାହମାନ
ଲଣ୍ଡନର ଧୂସର ପାହାଡ଼ରେ,
ହ୍ୟାମସ୍ଟିଡ୍ ଏବଂ କ୍ଲାର୍କେନୱେଲ, କ୍ୟାମଡେନ୍ ଏବଂ ପୁଟ୍‌ନେ,
ହାଇଗେଟ୍, ପ୍ରିମ୍‌ରୋଜ୍ ଏବଂ ଲୁଡ୍‌ଗେଟ୍।
ନା ଏଠି ନାହିଁ, ଅନ୍ଧାର ଏଠି ନାହିଁ,
କୂଜନ-ମୁଖର ଏହି ବିଶ୍ୱରେ।
ଓହ୍ଲାଅ ତଳକୁ, ଓହ୍ଲାଅ କେବଳ ତଳକୁ
ଚିରନ୍ତନ ନିର୍ଜନ ବିଶ୍ୱକୁ,
ଦୁନିଆ ନୁହେଁ ଦୁନିଆ, ତେବେ ଯାହା ଦୁନିଆ ନୁହେଁ,
ଆନ୍ତରିକ ଅନ୍ଧକାର, ବଞ୍ଚିତ
ଏବଂ ରହିତ ହୋଇ ସବୁ ସଂପତ୍ତିରୁ
ଶୁଷ୍କତା ଇନ୍ଦ୍ରିୟ ଜଗତର,
ଭାବନାର ନିଷ୍କ୍ରମଣ ଘଟିଛି ଏଇଠି,
ଯେଉଁଠି ନିଷ୍କ୍ରିୟ ଆତ୍ମା;
ଏହା ହେଉଛି ସେହି ଗୋଟିଏ ବାଟ, ଆଉ
ଅନ୍ୟ ବାଟଟି ସେହି ଗୋଟିଏ,
କିନ୍ତୁ ଗତିରୁ ଦୂର ହେବା; ବିଶ୍ୱ ଯେତେବେଳେ ଗତିମୟ
ପ୍ରବଳ ଆଗ୍ରହର ସହିତ, ନିଜର ଶକ୍ତ ରାସ୍ତା ଉପରେ
ବିଗତ ଓ ଅନାଗତ ଉଭୟ କାଳର।

୪

କାଳ ଓ ଘଣ୍ଟାର ଧ୍ୱନି ଦିନକୁ କବର ଦେଲା,
କଳା ମେଘ ସୂର୍ଯ୍ୟକୁ ଲୁଟିନେଲା ।
ସୂର୍ଯ୍ୟମୁଖୀ କ'ଣ ଆମ ଆଡ଼କୁ ମୋଡ଼ି କରି ଦେଖିବ,
କ'ଣ କ୍ଲେମ୍‌ଟିସ ଲତା
ନଇଁ ଆସିବ ଆମ ଆଡ଼େ, ଲତାତନ୍ତୁ ଏବଂ ଶାଖା
ଶକ୍ତକରି ଟାଣି ଧରିବ ଏବଂ ଚିପିକି ଯିବ ?
ଚିରସବୁଜ ବୃକ୍ଷର ହିମଶୀଳତ ଆଙ୍ଗୁଳି ମୋଡ଼ି ହୋଇଯିବ
ନଇଁ ଆସିବ ଆମ ଉପରକୁ ? ମାଛରଙ୍କାର ଡେଣା
ଆଲୋକକୁ ଆଲୋକର ଉତ୍ତର ଦେବା ପରେ
ଏବଂ ନୀରବ ରହିବା ପରେ,
ଆଲୋକ ସ୍ଥିର
ପରିବର୍ତ୍ତନଶୀଳ ସ୍ଥିର ବିନ୍ଦୁରେ ଏହି ବିଶ୍ୱର ।

୫

ଶବ୍ଦ ଅଗ୍ରସର ହୁଏ, ସଂଗୀତ ଆଗାଏ
କେବଳ କାଳରେ; କିନ୍ତୁ ଯାହା ଖାଲି ବଞ୍ଚିଛି
ତାହା କେବଳ ମରି ପାରେ। ଶବ୍ଦଗୁଡ଼ିକ, ଭାଷଣ ପରେ,
ପହଞ୍ଚେ ନୈଃଶବ୍ଦ୍ୟରେ। ଖାଲି ଅବୟବରେ, ଖାଲି ନକ୍ସାରେ,
ଶବ୍ଦ କିମ୍ବା ଗୀତ ଛୁଇଁ ପାରେ,
ନୈଶବ୍ଦ୍ୟ, ଯେମିତି କଳସ ଚିନ୍ ଦେଶର
କ୍ରମାଗତ ଘୂରେ ଆଉ ଘୂରେ ନିଜର ନୈଶବ୍ଦ୍ୟରେ।
ଭାୟୋଲିନ୍‌ର ନିଃଶବ୍ଦତା ନୁହେଁ,
ଯେତେବେଳ ଯାଏଁ ସ୍ୱର ରହେ,
ଖାଲି ସେହି ଟିକକ ନୁହେଁ, ବରଂ ଯାହା ସହ ଅବସ୍ଥିତି
ଅଥବା ଏମିତି କୁହାଯାଏ, ଅନ୍ତ ଥାଏ ଆରମ୍ଭର ଆଗରୁ।
ଏବଂ ସମାପ୍ତି ଆଉ ଆରମ୍ଭ ଥିଲା ଚିରକାଳ
ଆରମ୍ଭର ଆଗରୁ ଏବଂ ସମାପ୍ତିର ଶେଷରେ।
ଏବଂ ସବୁ କିଛି ଅଛି ସର୍ବଦା ବର୍ତ୍ତମାନ କାଳରେ।
ଶବ୍ଦ ଜୀର୍ଣ୍ଣ ହୁଏ, ସେଥିରେ ଫାଟ ପଡ଼େ
ଏବଂ କେବେ ବା ଭାଙ୍ଗିପଡ଼େ
ଗୁରୁଭାରରେ ନତ ହୋଇ,
ତୀବ୍ରଟାଣରେ, ଖସି ପଡ଼େ, ଗଡ଼େ ଏବଂ ଧ୍ୱଂସ ହୁଏ,
ସ୍ଥିର ହୋଇ ରହିବନି। କର୍କଶ ଚିତ୍କାର
ଭର୍ତ୍ସନା, ବିଦ୍ରୁପ କିମ୍ବା ଖାଲି ବକର ବକର,
ସର୍ବଦା ତାଡ଼ନ କରେ।

ଶବ୍ଦ ମରୁଭୂମିରେ ଆକ୍ରାନ୍ତ ସବୁଠୁ ବେଶି
ଆକ୍ରାନ୍ତକ ସ୍ୱରରେ
ଅନ୍ତ୍ୟେଷ୍ଟି ନୃତ୍ୟର କ୍ରନ୍ଦନରତ ଛାୟାରେ
ନିରାଶ କଳ୍ପନାର
ଉଚ୍ଚସ୍ୱରେ ବିଳାପ ତାହାର।
ନକ୍ସାର ପୁଙ୍ଖାନୁପୁଙ୍ଖତା ହିଁ ଗତି,
ଦଶ ସୋପାନର ଚକ୍ରରେ ଅଙ୍କିତ ଯେମିତି।
ଅଭିଳାଷ ସ୍ୱୟଂ ଏକ ଗତି
ଯଦିଓ ଅଭିଳାଷ ନିଜେ କାମ୍ୟ ନୁହେଁ;
ପ୍ରେମ ତ ସ୍ୱୟଂ ଅଚଳ,
କେବଳ କାରଣ ଆଉ ଅନ୍ତ ଗତିର,
କାଳାତୀତ ଏବଂ କାମନା ରହିତ
ଖାଲି କାଳର ବିଚାରରେ ତ
ଆବଦ୍ଧ ସୀମାର ରୂପରେ
ନଥିବା ଏବଂ ଥିବାର ଭିତରେ।

ସହସା ସୂର୍ଯ୍ୟର ଆଲୋକ-ବାଣରେ
ଯେତେବେଳେ ଉଡ଼େ ଧୂଳି ଏମିତି କି ସେତେବେଳେ
ଚପା ହସ ଶୁଣାଯାଏ
ପତ୍ରର ଆଢୁଆଳରେ ଢଙ୍କା ଶିଶୁକଣ୍ଠରୁ
ଏବେ ଶୀଘ୍ର କର, ଏଇଠି, ଏବେ, ସବୁବେଳେ-
ହାସ୍ୟକର ଏହି ଉଦାସ ବେଳ ତ
ଅଗ୍ରେ ଓ ପଶ୍ଚାତେ ସୁବିସ୍ତୃତ।

ଇଷ୍ଟ କୋକର

୧

ଆଦିରେ ମୋହର ଅନ୍ତ। କ୍ରମାନ୍ୱୟରେ
ଘର ଉଠେ ଓ ପଡ଼େ, ଧସିଯାଏ, ହୁଏ ପ୍ରସାରିତ
ହଟେଇ ଦିଆଯାଏ, ଧ୍ୱଂସ ହୁଏ, ପୁନର୍ସ୍ଥାପିତ ହୁଏ, ଅଥବା
ତା ସ୍ଥାନରେ ଗୋଟିଏ ଖୋଲା ପଡ଼ିଆ
କିମ୍ବା ଗୋଟିଏ କାରଖାନା ଅଥବା ଗୋଟିଏ ବାହ୍ୟ ପଥ।
ନୂଆ ଘର ତିଆରିରେ ଲାଗେ ପୁରୁଣା ପଥର,
ପୁରୁଣା କାଠ ନୂଆ ନିଆଁ ପାଇଁ
ପୁରୁଣା ନିଆଁରୁ ପାଉଁଶ ହୁଏ ଏବଂ
ପାଉଁଶ ମିଶେ ମାଟିରେ
ଯାହା ସହ ପ୍ରଥମରୁ ମାଂସ, ଲୋମ ଏବଂ ବିଷ୍ଠା ଏକାକାର,
ମଣିଷର ଏବଂ ପଶୁର ହାଡ଼, ଶସ୍ୟର ଶିଷ ଓ ପତ୍ରଗୁଛ।
ଘରଗୁଡ଼ିକ ବଞ୍ଚିରହେ ଓ ମରେ: ସମୟ ଅଛି ନିର୍ମାଣ ପାଇଁ
ଆଉ ଗୋଟିଏ ସମୟ ଥାଏ ବଞ୍ଚିବା ପାଇଁ ଏବଂ
ପ୍ରଜନନର ପାଇଁ
ଏବଂ ଗୋଟିଏ ସମୟ ପବନ ପାଇଁ
ଢିଲା ହୋଇଥିବା ଝରକା କାଚକୁ ଭାଙ୍ଗିବା ପାଇଁ
ଆଉ ଦୋହଲାଇବା ପାଇଁ ଭିତର ପଟ କାନ୍ଥର ତଳ ଭାଗକୁ
ଯେଉଁ ବାଟ ଦେଇ ବିଲର ମୂଷାମାନେ
ଛୋଟ ପାହୁଣ୍ଡ ପକାଇ ଦୌଡ଼ନ୍ତି

ଏବଂ ଫଟା କାରୁକାର୍ଯ୍ୟ କରାଯାଇଥିବା ପର୍ଦ୍ଦାକୁ
ହଲାଇବା ପାଇଁ ମୌନ ଆଦର୍ଶ-ବାକ୍ୟ ସହିତ ।

ଆଦିରେ ମୋହର ଅନ୍ତ । ଏବେ ଆଲୋକ ପଡୁଛି
ଉନ୍ମୁକ୍ତ ପ୍ରାଙ୍ଗଣରେ, ଗହନ ଗଳିକୁ ତ୍ୟାଗ କରି
ବନ୍ଦ ହୋଇଥିବା ଶାଖାରେ,
ଅପରାହ୍ନର ଅନ୍ଧକାରରେ,
ଯେଉଁଠି ତୁମେ ନଦୀକୂଳରେ ଝୁଙ୍କିପଡ଼
ଯେତେବେଳେ ଗାଡ଼ିଟିଏ ଚାଲିଯାଏ,
ଏବଂ ଗହନ ଗଳି ଟାଣିନିଏ ସେହି ଆଡ଼େ
ଗାଆଁ ଭିତରକୁ, ବିଦ୍ୟୁତର ଉତ୍ତାପରେ
ସମ୍ମୋହିତ ହୋଇ ।
ଉଷ୍ଣମ କୁହୁଡ଼ିରେ ଉଦାସ ଆଲୋକ
ଶୋଷିହୁଏ, ହୁଏନି ପ୍ରତିସରିତ ଧୂସର ପ୍ରସ୍ତରର ପାଶେ ।
ଶୂନ୍ୟ ନୈଃଶବ୍ଦ୍ୟର ଭିତରେ ନିଦ୍ରାଯାଏ ଡାଲିଆ କୁସୁମ ।
ଧୈର୍ଯ୍ୟରଖ ଦେଖିବା ପାଇଁ ବଡ଼ିସକାଳର ପେଚାକୁ ।

ସେହି ଖୋଲା ପଡ଼ିଆରେ
ଯଦି ତୁମେ ଖୁବ୍ ନିକଟକୁ ନ ଆସ,
ଯଦି ତୁମେ ଖୁବ୍ ନିକଟକୁ ନ ଆସ,
କୌଣସି ଗୋଟିଏ ଗ୍ରୀଷ୍ମଦିନର ମଧ୍ୟରାତ୍ରିରେ,
ତୁମେ ଶୁଣି ପାରିବ ସଂଗୀତ
କୋମଳ ବଂଶୀର ଏବଂ ଛୋଟ ଢୋଲର
ଦେଖି ପାରିବ ଉତ୍ସବାଗ୍ନିକୁ ଘେରି
ନାଚୁଥିବେ ଘୂରି ଘୂରି
ନରନାରୀ ଯୁଗଳେ ଯୁଗଳେ
ବିବାହ-ସୂଚକ ମଙ୍ଗଳ ସଂଗୀତେ ଉଷାକାଳେ
ଗୋଟିଏ ଗରିମାପୂର୍ଣ୍ଣ ଏବଂ ବଡ଼ ସଂସ୍କାରର ।

ଦୁଇ ଆଉ ଦୁଇ, ଆବଶ୍ୟକ ସମାଗମର,
ପରସ୍ପର କରଧୃତ କିମ୍ବା ବାହୁଧୃତ
ପ୍ରତିମୂର୍ତ୍ତି ମିଳନର।
ପରିକ୍ରମା ଏବଂ ପୁଣି ପରିକ୍ରମା ଅଗ୍ନିର
ଗ୍ରାମୀଣ ଗାମ୍ଭୀର୍ଯ୍ୟ ସହ, ଅଥବା ଗ୍ରାମୀଣ ପରିହାସରେ
ଉଠାଇ କରି ଭାରି ପାଦ କଦର୍ଯ୍ୟ ଜୋତାରେ,
କାଦୁଅରେ ମଖା ପାଦ, ସାରାମାଟି ପାଦ
ଉଠିଥାଏ ଗ୍ରାମ୍ୟ ଉତ୍ସବରେ
ଯାହାଙ୍କର ଚିତ୍ତବିନୋଦନ ଶୋଇ ରହି ମାଟି ତଳେ
କରିଥାଏ ଶସ୍ୟର ପୋଷଣ। ସମୟକୁ ରଖି,
ରଖି ଲୟ ନୃତ୍ୟ ତାଳେ ତାଳେ
ଯେମିତି ସେମାନଙ୍କର ବଞ୍ଚି ରହିବା ଜୀବନ୍ତ ଋତୁରେ
ସମୟ ଋତୁର ଏବଂ ନକ୍ଷତ୍ର ଗୁଡ଼ିକର
ଦୁଗ୍ଧ ଦୋହନର କାଳ ଏବଂ ଫସଲର କାଳ
ନରନାରୀ ଉଭୟଙ୍କ ସଂଗମର କାଳ
ଏବଂ ପଶୁମାନଙ୍କର।
ଉଠିବା-ପଡ଼ିବା ପଦଯୁଗଳର।
ଖିଆପିଆ। ଗୋବର ଓ ଦେହତ୍ୟାଗ।

ଫସର ଫାଟିବା ସଂକେତ କରେ ଏବଂ ଅନ୍ୟ ଗୋଟିଏ ଦିନ
ନେଇ ଆସେ ତାପ ଏବଂ ନୀରବତା।
ସମୁଦ୍ରରୁ ଆସୁଥିବା ଭୋରର ପବନ
ଢେଉ ଖେଳାଏ ଏବଂ ଗଡ଼ାଏ।
ମୁଁ ଏଇଠି ଅଛି ଅଥବା ସେଇଠି।
କିମ୍ବା ଅନ୍ୟ କୌଣସି ସ୍ଥାନରେ।
ଆପଣାର ଆରମ୍ଭରେ।

୨

କ'ଣ କରୁଛି ବିଳମ୍ବରେ ଆସିଥିବା ନଭେମ୍ବର
ବସନ୍ତର ଶାନ୍ତି ଭଙ୍ଗ ହେବା ସହିତ
ଏବଂ ଜୀବଜନ୍ତୁ ଦଗ୍ଧ ଗ୍ରୀଷ୍ମର ତାପରେ,
ଆଉ ଦଳିତ ପାଦରେ ତୁହିନାର୍ଦ୍ର ଫୁଲ
ଆଉ ବିଭିନ୍ନ ପ୍ରକାରର ଫୁଲ ଗଛ ସଦା ଊର୍ଦ୍ଧ୍ୱମୁଖ
ଧୂସର ଭିତରେ ନାଲି ଏବଂ ଲଡ଼ଖଡ଼ ହୋଇ
ତଳେ ଖସିପଡ଼େ
ବିଳମ୍ବିତ ଗୋଲାପଗୁଡ଼ିକ ଭରି ହୋଇଥାଏ
ଆରମ୍ଭର ବରଫ ସହିତ ?
ଆକାଶେ ବଜ୍ରର ଧ୍ୱନି ତାରାଙ୍କର ହାଟ
ଅନୁସରେ ବିଜୟିନୀ ମୋଟର ଗାଡ଼ିର
କରେ ଉପଯୋଗ ଅନ୍ତରୀକ୍ଷ ଯୁଦ୍ଧର ତ
ବୃଶ୍ଚିକ କରେ ଲଢ଼େଇ ସୂର୍ଯ୍ୟର ସହିତ
ଯେତେବେଳ ଯାଏଁ ସୂର୍ଯ୍ୟ ଓ ଚନ୍ଦ୍ର ଅସ୍ତ ହୁଅନ୍ତିନି
ଧୂମକେତୁଗୁଡ଼ିକ କାନ୍ଦନ୍ତି ଏବଂ ଉଲ୍କାଗୁଡ଼ିକ ଉଡ଼ନ୍ତି
ଆଉ ସମତଳ ଭୂମିକୁ
କ୍ରମାଗତ ଘୂରି ଘୂର୍ଣ୍ଣିବଳୟରେ,
ସେହି ଘୂର୍ଣ୍ଣି ସମଗ୍ର ବିଶ୍ୱକୁ ଟାଣି ନେଇଯିବ
ଘୋର ବିଧ୍ୱଂସକ ଅଗ୍ନିକୁ
ଯାହା ବରଫର ପରତ ଜମିବା ଆଗରୁ ଜଳିଯାଉଛି ।

ଏହା କହିବା ଗୋଟିଏ ପଦ୍ଧତିରେ- ଯାହା ନୁହେଁ
ବହୁତ ସନ୍ତୋଷଜନକ:
ଘସା-ପିଟା କାବ୍ୟାତ୍ମକ ଅନ୍ଦାଜରେ
ଗୋଟିଏ ପରିଧୀୟ ଅଧ୍ୟୟନ,
ଗୋଟିଏକୁ ଏବେ ବି ଅସହନୀୟ କୁସ୍ତିର ସହିତ ଛାଡ଼ିଦେଇ
ଶବ୍ଦ ଏବଂ ଅର୍ଥର ସହିତ।
କବିତାର କୌଣସି ମହତ୍ତ୍ୱ ନାହିଁ।
ଏହା ସେମିତି ନ ଥିଲା (ପୁଣି ଥରେ ଆରମ୍ଭ କରିବାକୁ)
ଯେମିତି କେହି ଜଣେ ଆଶା ରଖିଥିଲା।
କ'ଣ ବା ମୂଲ୍ୟ ହେବାକୁ ଥିଲା ତା'ର
ଯାହାର ଦୀର୍ଘ ସମୟ ଧରି ପ୍ରତୀକ୍ଷା ଥିଲା,
ଦୀର୍ଘ ଆଶା ଥିଲା ପ୍ରଶାନ୍ତିର, ଶାରଦୀୟ ସ୍ତବ୍ଧତାର
ଏବଂ ବୃଦ୍ଧର ପ୍ରତିଜ୍ଞାର ?
ସେମାନେ କ'ଣ ଆମକୁ ଠକିଥିଲେ,
କିମ୍ବା ଠକିଥିଲେ ନିଜକୁ, ଧୀର କଣ୍ଠସ୍ୱରରେ
କହୁଥିବା ବୟୋବୃଦ୍ଧଗଣ,
ଉତ୍ତରାଧିକାରୀ ଭାବରେ ଆମ ପାଇଁ ରଖି ଯାଇଥିଲେ
କେବଳ ଖଣ୍ଡେ ରସିଦ୍ ଛଳ-କପଟର ?
ପ୍ରଶାନ୍ତି ମୂର୍ଖତା ମାତ୍ର ସଯତ୍ନେ ଲାଳିତ,
ବିଜ୍ଞତା କେବଳ ମୂର୍ଖ ଗୁପ୍ତଜାଲ
ବେକାର ଅନ୍ଧାରରେ ଯାହା ଭିତରେ ସେମାନେ
ଉଙ୍କିମାରି ଦେଖୁଥିଲେ
ଅଥବା ଯେଉଁଥିରୁ ସେମାନେ ଦୂରେଇ ନେଇଥିଲେ ଦୃଷ୍ଟି।
ଆମର ମନେ ହୁଏ ମୂଲ୍ୟ ତା'ର ନିତାନ୍ତ ସୀମିତ
ଅଭିଜ୍ଞତାଲବ୍ଧ ସେହି ବିଶେଷ ଜ୍ଞାନ ତ।
ବିଶେଷ ଜ୍ଞାନର କାମ ଗଢ଼ିବାର ବିଶେଷ ନକ୍ସାଟି
ଏବଂ କରେ ମିଥ୍ୟାର ବର୍ଣ୍ଣନା,
କାରଣ ନକ୍ସା ଯେ ଥାଏ ପ୍ରତି ମୁହୂର୍ତ୍ତରେ ସଂପୂର୍ଣ୍ଣ ନୂତନ
ଆଉ ସ୍ତବ୍ଧ କଲା ଭଳି ମୂଲ୍ୟାଙ୍କନ ସେସବୁର

ଯାହା ଆମେ ହୋଇ ଥାଉ।
ସେମାନେ କରି ନାହାନ୍ତି ଆମେ ପାଶେ ଛଳ,
ଯେ କରନ୍ତି ଛଳ, କିନ୍ତୁ କରନ୍ତିନି କେବେହେଲେ କ୍ଷତି।
ପଥ ମଧ୍ୟେ, ଖାଲି ଯେ ପଥ ମଧ୍ୟେ ତାହା ନୁହେଁ,
କିନ୍ତୁ ସାରା ପଥେ ଏକ ଅନ୍ଧାର ବନରେ
ଏବଂ କଣ୍ଟାବୁଦାରେ,
କାଦୁଅର କଡ଼ରେ
ଯେଉଁଠି ପାଦ ରଖିବାକୁ ସୁରକ୍ଷିତ ସ୍ଥାନ ନ ଥାଏ
ଆଉ ଆତଙ୍କିତ ହୋଇ ରାକ୍ଷସମାନଙ୍କ ଦ୍ୱାରା,
ଆଲୋକର ଶିଖା ପରା ମାରାତ୍ମକ ମାୟାର ଛଳନା।
ଶୁଣାଅନି ମୋତେ କେବେ ତୁମେ
ବୃଦ୍ଧ ଲୋକମାନଙ୍କର ବିଜ୍ଞତାର କଥା, ବରଂ କହ
ସେମାନଙ୍କ ମୂର୍ଖତା କାହାଣୀ
ସେମାନଙ୍କ ଭୟର ଭୟ, କିମ୍ବା ପାଗଳାମି ପାଇଁ
ଥିବା ସ୍ୱାମିତ୍ୱ ତାଙ୍କର,
ହେବା ଆଉ କାହାର ଅଥବା ଅନ୍ୟ ସମସ୍ତଙ୍କର
କିମ୍ବା ଈଶ୍ୱରଙ୍କର।
କେବଳ ଗୋଟିଏ ଜ୍ଞାନର ଯାହା ପାଇବାର ଆଶା
ଆମେ କରି ପାରିବୁ
ତାହା ହେଉଛି ନମ୍ରତା-ଜାତ ପରମ ବିଜ୍ଞତା:
ନମ୍ରତା ହେଉଛି ଅନ୍ତହୀନ।

ଗୃହଗୁଡ଼ିକ ଚାଲିଯାଉଛି ସମୁଦ୍ରର ଗର୍ଭକୁ।

ନର୍ତ୍ତକୀମାନେ ଚାଲିଯାଇଛନ୍ତି ପାହାଡ଼ ତଳକୁ।

୩

ହେ ଅନ୍ଧକାର ଅନ୍ଧକାର ଅନ୍ଧକାର ।
ସେମାନେ ସମସ୍ତେ ଅନ୍ଧକାର ଭିତରକୁ ଯାଆନ୍ତି,
ଯେଉଁଠି ତାରାଙ୍କ ଦେଶରେ ଶୂନ୍ୟ ମହାକାଶ,
ଶୂନ୍ୟର ଭିତରେ ଶୂନ୍ୟ,
କ୍ୟାପ୍‌ଟେନ୍, ମହାଜନ, ବ୍ୟାଙ୍କର, ଖ୍ୟାତନାମା ସାହିତ୍ୟିକ,
କଳାର ଉତ୍ସାହଦାତା ଉଦାର ହୃଦୟ,
ରାଷ୍ଟ୍ରବିଦ୍ ଏବଂ ଶାସକ
ପ୍ରତିଷ୍ଠିତ ସରକାରୀ କର୍ମଚାରୀ, ନାନା କମିଟିର ସଭାପତି,
ଶିଳ୍ପପତି ଏବଂ କ୍ଷୁଦ୍ର ଠିକାଦାର,
ସମସ୍ତେ ଅନ୍ଧାର ଭିତରକୁ ଯାଆନ୍ତି,
ଏବଂ ଅନ୍ଧକାରମୟ ସୂର୍ଯ୍ୟ ଓ ଚନ୍ଦ୍ର,
ଆଉ ଗୋଥାର ପଞ୍ଜିକା
ଆଉ ଷ୍ଟକଏକ୍ସଚେଞ୍ଜ ଗେଜେଟ, ନିର୍ଦ୍ଦେଶକମାନଙ୍କର ନିର୍ଦ୍ଦେଶିକା,
ପୁଣି ଇନ୍ଦ୍ରିୟ ଶୀତଳ ଏବଂ କର୍ମର ପ୍ରେରଣା ତିରୋହିତ ।

ଆଉ ଆମେ ସବୁ ସେମାନଙ୍କ ସହିତ ଚାଲିଛୁ,
ନୀରବ ଅନ୍ତ୍ୟେଷ୍ଟି ଅନୁଷ୍ଠାନକୁ,
କୌଣସି ଲୋକର ଅନ୍ତ୍ୟେଷ୍ଟି ନୁହେଁ,
ନାହିଁ କେହି କବର ଦେବାକୁ ।
ମୁଁ କହିଲି ମୋର ଆତ୍ମାକୁ,
ସ୍ଥିର ହୋଇ ରହ, ଅନ୍ଧାରକୁ ଆସିବାକୁ ଦିଅ ନିଜ ଉପରକୁ

ଯାହା ହେବ ଅନ୍ଧକାର ଈଶ୍ୱରଙ୍କର।
ଯେମିତି ଗୋଟିଏ ରଂଗାଳୟରେ ଆଲୋକ ଲିଭାଇ ଦିଆଯାଏ,
ଦୃଶ୍ୟକୁ ବଦଳାଇବା ପାଇଁ ପାର୍ଶ୍ୱର ଫମ୍ପା ଶବ୍ଦ ସହିତ,
ଅନ୍ଧକାର ଉପରେ ଅନ୍ଧକାରର ଗତିର ସହିତ,
ଏବଂ ଆମେ ଜାଣୁ ଯେ ପର୍ବତଗୁଡ଼ିକ ଓ ବୃକ୍ଷରାଜି,
ଦୂରର ପରିଦୃଶ୍ୟ
ଏବଂ ଜାକଜମକରେ ଭରା ପ୍ରଭାବଶାଳୀ ସମ୍ମୁଖଭାଗକୁ
ଗୁଡ଼େଇ ନିଆ ଯାଇଛି-
ଅଥବା ଯେତେବେଳେ ଗୋଟିଏ ଭୂଗର୍ଭ ରେଳଗାଡ଼ି,
ଟ୍ୟୁବ୍‌ରେ ଅଟକୁଛି,
ଷ୍ଟେସନଗୁଡ଼ିକର ମଝିରେ ବେଶି ସମୟ ଅଟକିଯାଏ
ଏବଂ କଥାବାର୍ତ୍ତା ଉଠି ଧୀରେ ଧୀରେ
ନୀରବତାରେ ମଳିନ ହୋଇଯାଏ
ଆଉ ତୁମେ ପ୍ରତ୍ୟେକ ମୁହଁ ପଛରେ ମାନସିକ ଶୂନ୍ୟତାକୁ
ଗଭୀରତାର ହେବାର ଦେଖ
କେବଳ କ୍ରମବର୍ଦ୍ଧମାନ ଆତଙ୍କର କଥା ଚିନ୍ତା କରିବାର ନାହିଁ;
ଅଥବା ଯେତେବେଳେ, ଇଥରର ପ୍ରଭାବରେ ମନ ସଚେତନ
କିନ୍ତି ସଚେତନ କୌଣସି ବିଷୟରେ ନୁହେଁ-
ମୁଁ କହିଲି ମୋ ଆତ୍ମାକୁ, ସ୍ଥିର ହୁଅ,
ଏବଂ ଅପେକ୍ଷା କର ଆଶାର ସହିତ
କାରଣ ସେହି ଆଶା ହେବ ଭୁଲ୍ ବିଷୟ ପାଇଁ ଆଶା,
ଅପେକ୍ଷା କର ପ୍ରେମ ବିନା,
କାରଣ ସେହି ପ୍ରେମ ଭୁଲ୍ ପାତ୍ରରେ ପ୍ରେମ ହେବ;
ବିଶ୍ୱାସ ଏବେ ବି ଅଛି
କିନ୍ତୁ ସେହି ବିଶ୍ୱାସ, ଆଶା, ପ୍ରେମ ସବୁକିଛି ଅପେକ୍ଷାରତ।
ଅପେକ୍ଷା କର ଚିନ୍ତା ଛାଡ଼ି,
କାରଣ ଚିନ୍ତା କରିବାକୁ ତୁମେ ପ୍ରସ୍ତୁତ ନୁହଁ:
ଅତଏବ ଅନ୍ଧାର ହେବ ଆଲୁଅ ଏବଂ ସ୍ତବ୍ଧତା ହେବ ନୃତ୍ୟ।
ଝରଣାର ମର୍ମର ଧ୍ୱନି ଏବଂ ଶୀତ ଋତୁର ବିଜୁଳି।

ଅଦେଖା ବଣୁଆ ସୁଗନ୍ଧିତ ଶାଳପତ୍ର ଏବଂ ବଣୁଆ ଷ୍ଟ୍ରବେରୀ,
ଉଦ୍ୟାନ ହାସ୍ୟମୁଖର, ପ୍ରତିଧ୍ୱନିତ ପରମାନନ୍ଦ
ଯାହା ହଜି ଯାଇନି, କିନ୍ତୁ ଯାହା ଚାହୁଁଛି ସଂକେତ
ଜନ୍ମ ଏବଂ ମୃତ୍ୟୁର ପୀଡ଼ାର।

ତୁମେ କହ ଯେ ମୁଁ ପୂର୍ବରୁ କହିଥିବା କିଛି କଥାର
ପୁନରାବୃତ୍ତି କରୁଛି। ମୁଁ ପୁଣି କହିବି।
ମୁଁ କ'ଣ ପୁଣି କହିବି ? ସେଠି ପହଞ୍ଚିବା ପାଇଁ,
ପହଞ୍ଚିବାକୁ ଯେଉଁଠି ତୁମେ ଅଛ, ଯିବାକୁ ଯେଉଁଠି ତୁମେ ନାହିଁ
ଅବଶ୍ୟ ତୁମେ ଯିବ ସେହି ପଥ ଦେଇ ଯେଉଁଠି ନାହିଁ ଉଚ୍ଛ୍ୱାସ।
ଯେଉଁ ବିଷୟରେ ତୁମେ ଅଜ୍ଞ ସେହି ବିଷୟରେ ଜାଣିବା ପାଇଁ
ତୁମକୁ ସେହି ପରିତ୍ୟକ୍ତ ପଥରେ ଯିବାକୁ ହେବ।
ଏବଂ ଯାହା ତୁମେ ଜାଣିନ ତାହା ଖାଲି ସେହି ଜିନିଷ
ଯାହା ତୁମେ ଜାଣ
ଏବଂ ଯାହାକୁ ତୁମେ ଆପଣେଇ ନେଇଛ
ଯାହାର ମାଲିକ ତୁମେ ନୁହଁ
ଏବଂ ଯେଉଁଠି ତୁମେ ଅଛ ସେଇଠି ତୁମେ ନାହିଁ।

୪

ଆହତ ସର୍ଜନ ହାତରେ ଧରିଛନ୍ତି ଛୁରୀ
ପ୍ରଶ୍ନ ଉଠେ ଧାରଟା କେତେ ଧାରୁଆ;
ରକ୍ତକ୍ଷରା ହାତର ତଳେ ଆମେ ଅନୁଭବ କରୁ
ସ୍ପର୍ଶ କରିଥିବା ନିରାମୟକାରୀଙ୍କ ଶାଣିତ ମମତା
ଜ୍ୱରର ଚାର୍ଟର ରହସ୍ୟ ସମାଧାନ କରି।

ଆମର ଏକମାତ୍ର ସ୍ୱାସ୍ଥ୍ୟ ହେଉଛି ଆମ ରୋଗ
ଆମେ ଯଦି ମରିବାକୁ ଯାଉଥିବା ନର୍ସର କଥା ମାନୁ
ଯାହାର ନିରନ୍ତର ସେବା ଆମକୁ ଖୁସୀ କରିବାକୁ ନୁହେଁ
କିନ୍ତୁ ଆମକୁ ଚେତାଇବା ପାଇଁ ଆମର
ଏବଂ ଆଦାମର ଅଭିଶାପର କଥା,
ଆଉ ଏହା ଯେ, ପୁନରୁଦ୍ଧାର କରିବା ପାଇଁ
ଆମର ଅସୁସ୍ଥତା ଆହୁରି ଖରାପ ଆଡ଼କୁ ଗତି କରିବ।

ସାରା ପୃଥିବୀ ହେଉଛି ଆମର ରୁଗ୍‌ଣାଳୟ
ସର୍ବସ୍ୱାନ୍ତ କୋଟିପତି କର୍ତ୍ତୃକ ଯାହା ସ୍ଥାପିତ,
ଯେଉଁଠି ଯଦି ଆମେ ଭଲ ହୋଇଯାଉ, ଆମେ ମରିବୁ
ସଂପୂର୍ଣ୍ଣ ପୈତୃକ ଯତ୍ନରେ
ଯାହା ଆମକୁ ଛାଡ଼ିବନି, ବରଂ ସବୁଠି ଆମକୁ ବାଧା ଦେବ।

ପାଦରୁ ଆଣ୍ଠୁ ପର୍ଯ୍ୟନ୍ତ ଶୀତଳତା ଉଠୁଛି,

ଜ୍ୱର ଗୀତ ଗାଉଛି ମାନସିକ ତାରରେ।
ଯଦି ଉଷ୍ଣ ହେବାକୁ ହୁଏ, ତାହେଲେ ମୁଁ ଅବଶ୍ୟ
ହିମାୟିତ ହେବି
ଏବଂ କଂପିବି ହିମଶୀତଳ ନର୍କର ଅଗ୍ନିରେ
ଯାହା ମଧ୍ୟରେ ଶିଖା ହେଲା ଗୋଲାପ
ଏବଂ ଧୂଆଁ ହେଲା ଗୋଲାପବୁଦା।

ଟପକୁଥିବା ରକ୍ତ ଆମର ଏକମାତ୍ର ପାନୀୟ
ରକ୍ତାକ୍ତ ମାଂସ ଆମର ଏକମାତ୍ର ଖାଦ୍ୟ:
ଯାହା ବ୍ୟତୀତ ଆମେ ଭାବିବାକୁ ପସନ୍ଦ କରୁ
ଯେ ଆମେ ସୁସ୍ଥ, ଯଥେଷ୍ଟ ମାଂସ ଏବଂ ରକ୍ତ-
ଏବଂ ଏହା ସତ୍ତ୍ୱେ ଆମେ ଏହି ଶୁକ୍ରବାରକୁ
ଶୁଭ ବୋଲି କହୁ।

୫

ତେଣୁ ମୁଁ ଏଇଠି ଅଛି, ବାଟ ମଝିରେ, କୋଡ଼ିଏ ବର୍ଷ ଧରି-
କୋଡ଼ିଏ ବର୍ଷ ଯାହା ଅଧିକାଂଶ ନଷ୍ଟ ହୋଇଛି,
ବର୍ଷ ଦୁଇଟି ଯୁଦ୍ଧର ମଝିରେ-
ଶିଖିବାକୁ ଚେଷ୍ଟା କରୁଛି ଶବ୍ଦର ପ୍ରୟୋଗ ଏବଂ ପ୍ରତ୍ୟେକ ଚେଷ୍ଟା
ଏକେବାରେ ନୂଆ କରି ଆରମ୍ଭ,
ଏବଂ ଗୋଟିଏ ନୂତନ ଧରଣର ପରାଜୟ
କାରଣ ଜଣେ କେବଳ ଶିଖିଛି ଶବ୍ଦର ଉନ୍ନତ ବ୍ୟବହାର
ଯେଉଁ ବିଷୟ ପାଇଁ ବର୍ଣ୍ଣନାର ପ୍ରୟୋଜନ ନାହିଁ
ଅଥବା ସେମିତି ଭାବରେ ସେହି କଥା କହିବାକୁ
କାହାର ଆଉ ଉତ୍ସାହ ନାହିଁ।
ଏବଂ ସେହି କାରଣରୁ ପ୍ରତ୍ୟେକଟି ଅଭିଯାନ
ଯେମିତି ଗୋଟିଏ ନବାରମ୍ଭ,
ଅସ୍ପଷ୍ଟ ଉପରେ ଆକ୍ରମଣ,
ଭଙ୍ଗାରୁଜା ଯନ୍ତ୍ରପାତି ନେଇ ଯାହା କେବଳ କ୍ଷୟ ହୁଏ
ସୂକ୍ଷ୍ମତାବିହୀନ ଅନୁଭବରେ,
ଅନୁଶାସନହୀନ ଆବେଗର ଭିଡ଼ରେ।
ଏବଂ ଯାହା ଜୟ କରି ହେବ ଶକ୍ତି ଓ ସମର୍ପଣରେ
ଇତିମଧ୍ୟରେ ଆବିଷ୍କୃତ ହୋଇଛି
ଥରଟିଏ ବା ଦୁଇଥର ବା ଅନେକ ଥର,
ସେହି ଲୋକମାନଙ୍କ ଦ୍ୱାରା ଯେଉଁମାନଙ୍କୁ କେହି
ଆଶା କରିବନି ଅନୁସରଣ କରିବା ପାଇଁ-

କିନ୍ତୁ କୌଣସି ପ୍ରତିଯୋଗିତା ନାହିଁ-
କେବଳ ଯାହା ହଜେଇ ଦିଆ ଯାଇଛି
ତା'ର ପୁନରୁଦ୍ଧାର କରିବା ପାଇଁ ଲଢ଼େଇ ରହିଛି
ଏବଂ ମିଳିଛି ଓ ହଜିଛି ବାରମ୍ବାର:
ଆଉ ଏବେ, ଏମିତି ପରିସ୍ଥିତିରେ
ମନେ ହୁଏ ଅଶୁଭ ସମୟ। କିନ୍ତୁ ସମ୍ଭବତଃ ନା ଲାଭ ନା କ୍ଷତି
ଆମ ପାଇଁ, କେବଳ ରହିଛି ଚେଷ୍ଟା କରିବା।
ଯାହା ବାକି ଅଛି ତାହା ଆମ କାମର ନୁହେଁ।

ଯେଉଁଠୁ ଜଣକର ଜୀବନଯାତ୍ରା ଆରମ୍ଭ ହୁଏ ତାହା ହିଁ ଘର।
ବୟସ ଯେତେ ବଢ଼େ
ସେତେ ଅଚିହ୍ନା ଲାଗେ ଦୁନିଆ, କ୍ରମଶ ଜଟିଳ ବୋଧ ହୁଏ
ମୃତ ଏବଂ ଜୀବିତ ସମ୍ପର୍କରେ।
ତୀବ୍ର ମୁହୂର୍ତ୍ତ ନୁହେଁ ବିଚ୍ଛିନ୍ନ, ଆଗରୁ ନୁହେଁ ଓ ପରେ ନୁହେଁ,
କିନ୍ତୁ ଗୋଟିଏ ଜୀବନ-କାଳ ପ୍ରତି ମୁହୂର୍ତ୍ତରେ ଜଳୁଥାଏ
ଏବଂ କୌଣସି ଗୋଟିଏ ମଣିଷର ଏକକ ଜୀବନ-କାଳ ନୁହେଁ
କିନ୍ତୁ ପୁରୁଣା ପଥରର କାଳଲିପି ଯାହାର ଉଦ୍ଧାର କରି ହେବନି।
ତାରାର ଆଲୋକରେ ସଂଧ୍ୟା ପାଇଁ ଗୋଟିଏ କାଳ ଅଛି,
(ଫଟୋ ଆଲବମ୍ ସହିତ ସଂଧ୍ୟାକାଳ)।
ପ୍ରେମ ପ୍ରାୟ ନିଜ ସହିତ ଘଟେ
ଯେତେବେଳେ ଏଇଠି ଏବଂ ଏବେ ଲୁପ୍ତ ହୁଏ।
ଅଭିଯାତ୍ରୀ ହେବା ଉଚିତ ବୃଦ୍ଧ ଲୋକମାନେ
ଏଠି ବା ସେଠିର ବିଚାର ବୃଥା
ଆମକୁ ସ୍ଥିର ହେବାକୁ ପଡ଼ିବ ଏବଂ ତଥାପି ଚଳମାନ ହୋଇ
ପହଞ୍ଚିବାକୁ ହେବ
ଅନ୍ୟ ଏକ ତୀବ୍ରତା ଭିତରେ
ପୁଣି ଆଗକୁ ଗୋଟିଏ ମିଳନ ପାଇଁ
ଆହୁରି ଭାବ ବିନିମୟ ହେବ ବୋଲି
ଅନ୍ଧକାର ଶୀତ ପାରି ହୋଇ ଏବଂ ଜନହୀନ ଶୂନ୍ୟତାକୁ ଟପି,

ଢେଉ କାନ୍ଦେ, ପବନ କାନ୍ଦେ, ବିଶାଳ ଜଳରାଶି
ସାମୁଦ୍ରିକ କାକର ଏବଂ ଶୁଶୁକର।
ମୋର ଅନ୍ତ ହିଁ ମୋର ଆଦି।

ଦି ଡ୍ରାଇ ସାଲଭେଜେସ

୧

ଦେବତାମାନଙ୍କ ବିଷୟରେ ମୁଁ ବହୁତ କିଛି ଜାଣିନି;
ତେବେ ମନେ ହୁଏ, ନଦୀ
ଗୋଟିଏ ପରାକ୍ରମୀ ପିଙ୍ଗଳ ଦେବତା-
କ୍ରୁଦ୍ଧ, ଉଚ୍ଛୃଙ୍ଖଳ ଏବଂ ଦୁର୍ଦ୍ଦମନୀୟ
କିଛି ମାତ୍ରାରେ ଧୈର୍ଯ୍ୟଶୀଳ, ପ୍ରାଥମିକ ପରିଚିତି ସୀମାନ୍ତ ହିସାବରେ;
ଉପଯୋଗୀ, ଅବିଶ୍ୱାସନୀୟ, ବ୍ୟବସାୟର ବାହକ;
ସେହି ସମୟରେ ଗୋଟିଏ ସମସ୍ୟା ଥିଲା ପୋଲର ନିର୍ମାତା ପାଖରେ।
ସମସ୍ୟାର ସମାଧାନ ହୋଇଗଲା ପରେ, ପିଙ୍ଗଳ ଦେବତା
ମନରୁ ପ୍ରାୟ କାଢ଼ିଦିଆ ଯାଇଛନ୍ତି
ମହାନଗରରେ ରହୁଥିବା ଲୋକମାନଙ୍କ ଦ୍ୱାରା-
ଯଦିଓ ତାହା ଅସାଧ୍ୟ ହୋଇ ରହେ।
ନିଜସ୍ୱ ଋତୁ ଓ କ୍ରୋଧ ଠିକ୍ ରଖେ, ନାଶକ ସିଏ, ସ୍ମରଣ କରାଏ
ଯାହା ଲୋକମାନେ ଭୁଲିଯିବାକୁ ଚାହାନ୍ତି। ଅପୂଜିତ, ଅତୋଷିତ
ମେଶିନ୍‌ର ପୂଜକମାନଙ୍କ ଦ୍ୱାରା,
ତେବେ ଅପେକ୍ଷାରେ ଥାଆନ୍ତି, ଦୃଷ୍ଟି ରଖନ୍ତି, ଅପେକ୍ଷାରେ ଥାଆନ୍ତି।
ତା'ର ଛନ୍ଦ ଥିଲା ବିଦ୍ୟମାନ ପିଲାଙ୍କ ଶୟନକକ୍ଷରେ,
ଏପ୍ରିଲ୍‌ର ଦ୍ୱାର ପ୍ରାଙ୍ଗଣରେ ଏଲାଣ୍ଟସ୍ ବଂଶୀୟ ବୃକ୍ଷରେ,
ଛୋଟ ଅଙ୍ଗୁରର ଗନ୍ଧରେ ଶରତ ଋତୁର ଟେବୁଲ୍ ଉପରେ,
ଏବଂ ସଂଧ୍ୟାର ବୃତ୍ତରେ ଶୀତଦିନେ ଗ୍ୟାସ-ଆଲୋକରେ।

ଆମ ଭିତରେ ନଦୀ, ସମୁଦ୍ର ଆମର ଚତୁର୍ଦ୍ଦିଗରେ;
ସମୁଦ୍ର ଭୂଖଣ୍ଡର ପ୍ରାନ୍ତ ବି, ଗ୍ରାନାଇଟ୍ ପଥର
ଯାହା ଭିତରେ ଏହା ପହଞ୍ଚେ, ସମୁଦ୍ର ସୈକତ
ଯେଉଁଠି ଏହା ନିକ୍ଷେପ କରେ ତା'ର
ପୂର୍ବର ଏବଂ ଅନ୍ୟାନ୍ୟ ସୃଷ୍ଟିର ଇଂଗିତ:
ତାରାମାଛ, ଘୋଡ଼ାନାଲ କଙ୍କଡ଼ା, ତିମିମାଛର ମେରୁଦଣ୍ଡ;
ଗାଡ଼ିଆରେ ଯେଉଁଠି ଶୈବାଳ ଆଉ ସାମୁଦ୍ରିକ ଫୁଲ।
ଚୁରଚୁର୍ ହୋଇଥିବା ସାମୁଦ୍ରିକ ଚୁଙ୍ଗୁଡ଼ିର ଖୋଳ, ଭଙ୍ଗାକାତ
ଏବଂ ମୃତ ବିଦେଶୀଲୋକମାନଙ୍କର ସାଜସଜାର ଜିନିଷ
ସମୁଦ୍ରର ଅନେକ ସ୍ୱର, ଅନେକ ଦେବତା ଏବଂ ଅନେକ ସ୍ୱର।
ବର୍ଣ୍ଣୁଆ ଗୋଲାପ ଉପରେ ଲବଣ,
କୁହୁଡ଼ିରେ ଢଙ୍କା ଦେବଦାରୁ ଗଛଗୁଡ଼ିକ।

ସମୁଦ୍ରର ଗର୍ଜନ ଏବଂ ସମୁଦ୍ରର ଚିତ୍କାର,
ହେଉଛି ଅଲଗା ଅଲଗା ସ୍ୱର
ଅଧିକାଂଶ ସମୟରେ ଶୁଣାଯାଏ ଏକାସାଙ୍ଗରେ:
କର୍ଣ୍ଣଭେଦୀ ସ୍ୱର ଜାହାଜ ଚଳାଚଳର,
ପାଣି ଉପରେ ଭାଙ୍ଗି ପଡ଼େ ଢେଉର ଭୟ ଏବଂ ସ୍ନେହ,
ବହୁ ଦୂରରୁ ଭାସି ଆସେ ଗ୍ରାନାଇଟ୍ ପଥର ଦାନ୍ତକୁ କଡ଼ମଡ଼ କରି,
ଏବଂ ନିକଟବର୍ତ୍ତୀ ଅନ୍ତରୀପରୁ ହାହାକାରର ସତର୍କବାଣୀ
ସବୁଗୁଡ଼ିକ ସମୁଦ୍ରର ସ୍ୱର ଏବଂ ଉଚ୍ଚ ସ୍ୱରର କ୍ରନ୍ଦନ
ଚକ୍ରାକାରରେ ଘୂରେ ଗୃହ ଅଭିମୁଖରେ ଏବଂ ସମୁଦ୍ର ସାରସ:
ଏବଂ ମୌନ କୁୟାଶାର ଉତ୍ପୀଡ଼ନର ତଳେ
ବଜାଏ ଘଣ୍ଟା
ମାପେ ସମୟକୁ ଯାହା ଆମ ସମୟ ନୁହେଁ,
ଧ୍ୱନି ଉଠେ ଚଞ୍ଚଳତା ବିନା
ଭୂମି ହୁଏ ସ୍ଫୀତ, ଗୋଟିଏ କାଳ
କାଳଯନ୍ତ୍ରରେ ପରିମିତ କାଳଠାରୁ ଅନେକ ପ୍ରାଚୀନ, ବେଶି ପ୍ରାଚୀନ

ସେହି କାଳଠୁ, ଯେଉଁ କାଳ ଗଣନା କରେ,
ଉତ୍କଣ୍ଠିତା ଉନ୍ମନା ନାରୀକୂଳ
ଜାଗିରହି, ଭବିଷ୍ୟତ କାଳର ଗଣନା କରି,
ଚେଷ୍ଟା କରେ ବୟନ କାର୍ଯ୍ୟକୁ ଅନାବୃତ କରିବା ପାଇଁ,
ଖୋଲିବା ପାଇଁ, ଅଲଗା କରିବା ପାଇଁ
ଏବଂ ଯୋଡ଼ି ଦେବାକୁ ଏକାସାଙ୍ଗରେ ଅତୀତ ଓ ଭବିଷ୍ୟତ,
ନିଶୀଥ ଓ ଉଷାର ମଝିରେ, ଯେତେବେଳେ ଅତୀତ ଖାଲି ପ୍ରବଞ୍ଚନା,
ଭବିଷ୍ୟତ ଭବିଷ୍ୟତହୀନ, ପ୍ରଭାତି ଜାଗିବା ଆଗରୁ
ଯେଉଁ ସମୟରେ କାଳ ରୋକିଥାଏ ଏବଂ କାଳ ଶେଷ ହୁଏନି;
ଏବଂ ଭୂମି ହୁଏ ସ୍ଫୀତ, ଯାହା ଅଛି ଓ ଥିଲା ଆରମ୍ଭରୁ,
ଟଂ ଟଂ
ଘଣ୍ଟା ବାଜେ।

୨

କେଉଁଠି ଏହାର ଶେଷ, ଶବ୍ଦହୀନ ଏହି ବିଳାପର,
ଶରତ ଋତୁର ଫୁଲଗୁଡ଼ିକ ନୀରବରେ ଝଡ଼ି ପଡ଼େ
ପାଖୁଡ଼ା ଗୁଡ଼ିକ ମାଟି ଉପରେ ଖସେ ଏବଂ ଥାଏ ଗତିହୀନ;
କେଉଁଠି ଶେଷ ଜାହାଜର ପ୍ରବାହିତ ଧ୍ୱଂସାବଶେଷର,
ସମୁଦ୍ର ସୈକତରେ ଅସ୍ଥିଗୁଡ଼ିକର ପ୍ରାର୍ଥନା,
ବିପର୍ଯ୍ୟୟକର ଘୋଷଣାର ଅପାଥିତ ପ୍ରାର୍ଥନା ?

ଏହାର କୌଣସି ଶେଷ ନାହିଁ, କିନ୍ତୁ ସଂଯୋଜନ:
ଆଉ ଦିନ ଏବଂ ଘଣ୍ଟାର ଅନୁଗାମୀ ପରିଣତି,
ଯେତେବେଳେ ଆବେଗ ନିଜକୁ ନେଇଯାଏ ଆବେଗହୀନ ନିକଟକୁ
ନିରାବେଗ ଜୀବନର ବର୍ଷଗୁଡ଼ିକୁ ଭଙ୍ଗାରୁଜା ଭିତରେ ଅବଶେଷରେ
ବିଶ୍ୱାସନୀୟ ବୋଲି ମନେ କରି ଯାହା ଉପରେ ବିଶ୍ୱାସ କରାଯାଉଥିଲା-
ଏବଂ ସେଥିଲାଗି ଉପଯୁକ୍ତ ତ୍ୟାଗ ପାଇଁ।

ତା'ପରେ ଅଛି ସେହି ମହାଯୋଗ ସର୍ବଶେଷରେ,
ଦର୍ପର ପତନ କିମ୍ବା ଆକ୍ରୋଶ ସମାପ୍ତ ହେଉଥିବା ଶକ୍ତି ଉପରେ,
ଅନାସକ୍ତ ଭକ୍ତି ଯାହାକୁ ଅଭକ୍ତି ବୋଲି ମନେ କରାଯାଇ ପାରେ,
ଧୀରେ ଧୀରେ ପାଣି ପଶୁଥିବା ଗୋଟିଏ ଭାସମାନ ନୌକାରେ,
ନୀରବରେ ଶୁଣିବା ଅନସ୍ୱୀକାର୍ଯ୍ୟ ସେହି ଘଣ୍ଟାର ଧ୍ୱନିକୁ
ଯେଉଁଥିରେ ରହିଛି ସର୍ବଶେଷ ଘୋଷଣା।

ସେଗୁଡ଼ିକ ପାଇଁ ଶେଷ କେଉଁଠି, କେଉଟମାନେ
ବତାସର ଲାଞ୍ଜରେ ଭାସି ବୁଲନ୍ତି, କୁହୁଡ଼ି
କଂପେ କେଉଁଠି ?
ଆମେ ଏମିତି ଗୋଟିଏ ସମୟର କଥା ଭାବି ପାରୁନି
ଯାହା ସମୁଦ୍ରବିହୀନ
କିମ୍ବା ସମୁଦ୍ର ବିଷୟରେ ଯାହା ପୂର୍ଣ୍ଣ ହୋଇ ରହିନି
ବର୍ଜ୍ୟ ଅବଶେଷରେ
ଅଥବା ଏମିତି ଭବିଷ୍ୟତର କଥା ଯାହା ଅତୀତ ପରି
ସମ୍ଭାବନାଯୁକ୍ତ ନୁହେଁ
ଯାହାର ନ ଥାଏ କୌଣସି ଗନ୍ତବ୍ୟ ସ୍ଥାନ।

ଆମକୁ ଭାବିବାକୁ ହେବ ସେମାନଙ୍କ ବିଷୟରେ
ଯେଉଁମାନେ ଚିରଦିନ ପାଇଁ ନିଅନ୍ତି ଜମାନତ,
କରନ୍ତି ସବୁ ଠିକ୍-ଠାକ୍ ଏବଂ ଲଦି କରି
ଘୋସାଡ଼ି ଘୋସାଡ଼ି ନିଅନ୍ତି,
ଯେବେ ଉତ୍ତର-ପୂର୍ବର ପବନ ଅଗଭୀର ତଟରେ ନଇଁଆସେ
ଅପରିବର୍ତ୍ତିତ ଏବଂ କ୍ଷୟହୀନ
କିମ୍ବା କାଢ଼ି ନେଇ ସେମାନଙ୍କର ଟଙ୍କା,
ଶୁଖାଇ କରି ପାଲକୁ ସେଇଠି ଯେଉଁଠି ମାଲ୍ ଓହ୍ଲାଇଯାଏ;
ଏମିତି ଗୋଟିଏ ଭ୍ରମଣର ପାଇଁ ଯାହା ଅପ୍ରଦେୟ ହେବ
କାରଣ ପ୍ରାପ୍ତମାଲ୍ ସହିବନି ପରୀକ୍ଷଣ।

ଏହାର କୌଣସି ଶେଷ ନାହିଁ, ଶବ୍ଦହୀନ ବିଳାପର,
ଶେଷ ନାହିଁ ଶୁଖିଥିବା ଫୁଲର କ୍ଷୟ ହେବାର,
ପୀଡ଼ାର ଗତିର ଯାହା ପୀଡ଼ାହୀନ ଏବଂ ଗତିହୀନ,
ସମୁଦ୍ରର ସ୍ରୋତ ଏବଂ ଆବର୍ଜନା ଯାଏ ଭାସି ଭାସି,
ଅସ୍ଥିର ପ୍ରାର୍ଥନା ଯମ ଦେବତାଙ୍କ ପାଖରେ
ପୂର୍ଣ୍ଣପଣେ ସମର୍ପିତ।
କେବଳ ମୁସ୍କିଲ୍‌ରେ ମାତ୍ର ପ୍ରାର୍ଥନୀୟ
ପ୍ରାର୍ଥନା ଗୋଟିଏ ଘୋଷଣାର।

ମନେ ହୁଏ, ଜଣକର ବୟସ ବଢ଼ିବା ସଙ୍ଗେ ସଙ୍ଗେ
ଅତୀତର ଅନ୍ୟ ଏକ ରୂପରେଖା ଅଛି,
ଏବଂ ଏହା ଗୋଟିଏ ନିଛକ କ୍ରମ-
ବା ଏମିତି କି ବିକାଶ ହେବାରୁ ରୋକି ଯାଏ:
ପରବର୍ତ୍ତୀଟି ବିବର୍ତ୍ତନର ଉପରି ଭାଗର ଧାରଣା ଦ୍ୱାରା
ଉତ୍ସାହିତ ଗୋଟିଏ ଆଂଶିକ ଭ୍ରାନ୍ତି,
ଯାହା ଜନପ୍ରିୟ ମନରେ, ଅତୀତକୁ ଅସ୍ୱୀକାର କରିବାର
ଗୋଟିଏ ମାଧ୍ୟମ ହୋଇଉଠେ।
ସୁଖର ମୁହୂର୍ତ୍ତଗୁଡ଼ିକ- ସୁସ୍ଥତା,
ଫଳିତ, ପରିପୂର୍ଣ୍ଣତା, ନିରାପତା ବା ସ୍ନେହର ଅନୁଭୂତି ନୁହେଁ
କିମ୍ବା ଏମିତି କି ଖୁବ୍ ଭଲ ରାତ୍ରି ଭୋଜନ ନୁହେଁ,
କିନ୍ତୁ ଗୋଟିଏ ଅକସ୍ମାତ ଆଲୋକସଜ୍ଜା-
ଅଭିଜ୍ଞତା ହୋଇଥିଲା ଆମର, କିନ୍ତୁ
ଠିକ୍ ଭାବରେ ବୁଝି ହୋଇନି ଅର୍ଥ,
ଅର୍ଥର ପାଖକୁ ଗଲେ ଅଭିଜ୍ଞତା ଫେରିଆସେ ପାଖକୁ
ଭିନ୍ନ ରୂପରେ, କୌଣସି ଅର୍ଥର ବାହାରେ
ଯାହା ଆମେ ଖୁସୀକୁ ଦେଇଥାଉ।

ମୁଁ ପୂର୍ବରୁ କହିଛି
ଯେ ଅତୀତରେ ଅଭିଜ୍ଞତା ପୁନରୁଜୀବିତ ହେବା ମାନେ
ସେହି ଅଭିଜ୍ଞତା ମାତ୍ର ଏକ ଜୀବନର ଅଭିଜ୍ଞତା ନୁହେଁ
ଅଭିଜ୍ଞତା ଜନ୍ମ ଜନ୍ମାନ୍ତରର- ସ୍ମୃତି ପଟରେ ରହିଯାଏ
ଭୁଲି ନ ଯାଇ ତାକୁ ଯାହା ହୁଏତ ସଂପୂର୍ଣ୍ଣ ରୂପେ ଅକଥନୀୟ:
ସେହି ଆଶ୍ୱାସନକୁ ପଛକୁ ପଛକୁ ମୋଡ଼ି ହୋଇ ଦେଖିବା
ଯାହା ଲିପିବଦ୍ଧ ହୋଇ ରହିଛି ଇତିହାସରେ,
ପଛ ଆଡ଼କୁ ଅର୍ଦ୍ଧ-ଦୃଷ୍ଟି କାନ୍ଧ ଉପର ଦେଇ,
ଆଦିମ ଆତଙ୍କ ଆଡ଼େ।
ଏବେ, ଆମେ ଆବିଷ୍କାର କରିବାକୁ ଆସିଛୁ
ଯେ ଯନ୍ତ୍ରଣାର ମୁହୂର୍ତ୍ତଗୁଡ଼ିକ

(ଭୁଲ ବୁଝିବାର କାରଣରୁ ହେଉ ବା ନ ହେଉ,
ଭଲ ଜିନିଷ ପାଇଁ ଆଶା କରିବା
ବା ଭୁଲ ଜିନିଷକୁ ଭୟ କରିବା, ବିବେଚ୍ୟ ନୁହେଁ)
ଗୋଟିଏ ଭାବରେ ସ୍ଥାୟୀ ହୁଏ
ସମୟର ପରି ସ୍ଥାୟୀତ୍ୱର ସହିତ ।
ଏହା ଆମେ ଭଲ କରି ବୁଝି ପାରି ଅନ୍ୟର ଯନ୍ତ୍ରଣା ଦେଖି,
ଅନ୍ୟର ଯନ୍ତ୍ରଣା ନିଜେ ପ୍ରାୟ ଭୋଗକରି,
ଏହାକୁ ଆହୁରି ଭଲଭାବରେ ଉପଲବ୍ଧି କରୁ ।
କାରଣ ଆମର ଅତୀତ କର୍ମର ସ୍ରୋତ ଦ୍ୱାରା ଅଚ୍ଛାଦିତ,
କିନ୍ତୁ ଅନ୍ୟମାନଙ୍କର କଷ୍ଟ ରହିଯାଏ ଆମ ପାଖରେ
ପୂର୍ଣ୍ଣ ଅଭିଜ୍ଞତା ରୂପରେ
ଅଯୋଗ୍ୟ, ଅଜଣା ପରବର୍ତ୍ତୀ ଆକର୍ଷଣ ଦ୍ୱାରା ।
ଲୋକମାନେ ବଦଳନ୍ତି ଏବଂ ହସନ୍ତି: କିନ୍ତୁ ଯନ୍ତ୍ରଣା ରହିଯାଏ ।
ସମୟ ଧ୍ୱଂସକାରୀ ହୋଇଥିଲେ ବି ତାହା ସମୟର ରକ୍ଷକ,
ସେହି ନଦୀ ପରି ଯେଉଁଥିରେ ଭର୍ତ୍ତି ହୋଇ ରହିଥାଏ
ନିଗ୍ରୋମାନଙ୍କର ଶବ, ଗାଈଗୋରୁ ଏବଂ କୁକୁଡ଼ାଙ୍କୁ ରଖିବା ପିଞ୍ଜରା,
ପିତା ସେଓ ଏବଂ ଦାନ୍ତ କାମୁଡ଼ା ସେଓକୁ ନେଇ ।
ଆଉ ଅବଡ଼ାଖାବଡ଼ା ପଥର ଅଶାନ୍ତ ପାଣିରେ,
ଢେଉ ଏହାର ଉପରୁ ଧୋଇ ଦିଏ, କୁହୁଡ଼ି ଢାଙ୍କି ଦିଏ ଏହାକୁ;
ଗୋଟିଏ ଶାନ୍ତିପୂର୍ଣ୍ଣ ଦିନରେ
ଏହା କେବଳ ଗୋଟିଏ ସ୍ମୃତିସ୍ତମ୍ଭ,
ସମୁଦ୍ରର ଯାତ୍ରା କଲାବେଳେ ମୌସୁମ
ଏହା ସର୍ବଦା ଗୋଟିଏ ସମୁଦ୍ରର ସଂକେତ ବାହକ
ଏବଂ ଦିଶାରୀ: କିନ୍ତୁ ଅନ୍ଧକାର ପୂର୍ଣ୍ଣ ଋତୁ
ଅଥବା ଅଚାନକ ଆକ୍ରୋଶରେ,
ଯାହା ସର୍ବଦା ଥିଲା ।

୩

ମୁଁ ମଝିରେ ମଝିରେ ଆଶ୍ଚର୍ଯ୍ୟ ହୁଏ ଯେ କୃଷ୍ଣ ମାନେ କ'ଣ-
ଅନ୍ୟାନ୍ୟ କଥା ମଧ୍ୟରେ-
ଅଥବା ଗୋଟିଏ କଥାକୁ ରଖିବା ଗୋଟିଏ ଧରଣରେ:
ଭବିଷ୍ୟତ ହେଉଛି ଗୋଟିଏ ଫିକା ପଡ଼ିଯାଇଥିବା ଗୀତ,
ଗୋଟିଏ ରାଜକୀୟ ଗୋଲାପ କିମ୍ବା ଗୋଟିଏ ସ୍ପ୍ରେ
ତୀବ୍ର ଶୋଚନାରେ ଭରା ସେମାନଙ୍କ ପାଇଁ
ଯେଉଁମାନେ ଶୋଚନା କରିବା ପାଇଁ ଏବେ ନାହାନ୍ତି,
ଏମିତି ଗୋଟିଏ ପୃଷ୍ଠା ମଝିରେ ଚାପିହୋଇ
ଯାହା କେବେହେଲେ ଖୋଲାଯାଇନି।
ଏବଂ ଯେଉଁ ପଥ ଉପରକୁ ଉଠେ ସେହିପଥ ପୁଣି ତଳକୁ ଖସେ
ଯାହା ଆଗକୁ ଯାଏ ତାହା ପଛକୁ ଫେରି ଆସେ।
ତୁମେ ସ୍ଥିର ଭାବରେ ଏହାର ମୁଖାମୁଖି ହୋଇ ପାରିବନି,
କିନ୍ତୁ ଏହି କଥା ନିଶ୍ଚିତ,
ଯେ ସମୟ ଘାଆକୁ ଭରି ପାରିବନି:
ରୁଗ୍ଣ ଯେତେବେଳେ ଏଠି ନାହିଁ।
ରେଳଗାଡ଼ି ଯେବେ ଚାଲିବା ଆରମ୍ଭ କରେ,
ଏବଂ ଯାତ୍ରୀମାନେ ବ୍ୟବସ୍ଥିତ ହୋଇ ସାରିଥାନ୍ତି
ମନ ଦେବାକୁ ଫଳ, ପତ୍ରପତ୍ରିକା ଏବଂ ବ୍ୟବସାୟିକ ଚିଠିପତ୍ର ଆଡ଼େ
(ଆଉ ଯେଉଁମାନେ ତାଙ୍କୁ ବିଦାୟ ଦେବାକୁ ଆସିଥିଲେ
ସେମାନେ ପ୍ଲାଟ୍‌ଫର୍ମ ଛାଡ଼ି ଦେଇ ସାରିଛନ୍ତି)
ତାଙ୍କର ଚେହେରା ନିଦ୍ରାଳୁ ଛନ୍ଦରେ ମିଶିଯାଏ କ୍ରମେ।

ଆଗେଇ ଯାଆନ୍ତି ଯାତ୍ରୀଗଣ ! ଅତୀତର ଜୀବନରୁ
ନିଷ୍କ୍ରିୟ ନ ହୋଇ
ଭିନ୍ନ ଜୀବନକୁ, କିମ୍ବା କୌଣସି ଭବିଷ୍ୟତକୁ;
ତୁମ୍ଭେମାନେ ସେହି ଲୋକ ନୁହଁ ଯେଉଁମାନେ ଷ୍ଟେସନ୍ ଛାଡ଼ିଥିଲେ
ଅଥବା ଯେଉଁମାନେ ଆସିବେ କୌଣସି ଅନ୍ତିମ ଷ୍ଟେସନ୍‌ରେ,
ଯେବେ ସରୁ ହୋଇ ରେଳଲାଇନ୍ ଦୁଇଟି ଏକା ସାଙ୍ଗରେ
ତୁମ ପଶ୍ଚାତରେ ମିଶିଯାଏ;
ଗର୍ଜନମାନ ଜାହାଜର ଡେକ୍‌ର ଉପରେ ବସି
ତୁମ ପଶ୍ଚାତରେ ବିସ୍ତୃତ ହେଉଥିବା ଛୋଟ ଖାଲକୁ ଲକ୍ଷ୍ୟ କର,
ତୁମେ ଭାବିବନି "ଅତୀତ ଶେଷ ହୋଇ ଯାଇଛି"
କିମ୍ବା ଭବିଷ୍ୟତ ଆମ ଆଗରେ ଅଛି।"

ରାତି ହେଲା ପରେ, କାରସାଜି ଏବଂ ବାୟବୀୟ ମଧ୍ୟରେ,
ଗୋଟିଏ କଣ୍ଠସ୍ୱର ଧ୍ୱନିତ ହୁଏ (ଯଦିଓ କାନ ପାଖରେ ନୁହେଁ,
କାଳର ଶଙ୍ଖ ଭିତରେ ଗୁଂଜରିତ ଏବଂ ଅନ୍ୟ କୌଣସି
ଭାଷାରେ ନୁହେଁ ଗ୍ରଥିତ ସେ ସ୍ୱର)
ଆଗକୁ ବଢ଼, ତୁମେ ଯିଏ ଭାବୁଛ ଯେ ସମୁଦ୍ରଯାତ୍ରା କରୁଛ;
ତୁମେ ସିଏ ନୁହଁ ଯିଏ ଦେଖିଛ ବନ୍ଦର
ପଛକୁ ଫେରିବାର,
ଅଥବା ସେମାନଙ୍କୁ ଯେଉଁମାନେ ଓହ୍ଲାଉଥିବେ।
ଏଇଠି ଏହି ସ୍ଥାନ ଏବଂ କିଛି ଦୂରରେ କୂଳ ମଝିରେ
ଯେତେବେଳେ ସମୟ ପ୍ରତ୍ୟାହୃତ ହୁଏ,
ବିଚାର କର ଭବିଷ୍ୟତର
ଏବଂ ଅତୀତର ସମାନ ଭାବ ମନରେ ରଖି।
ମୁହୂର୍ତ୍ତ କର୍ମର ନୁହେଁ କିମ୍ବା ଅକର୍ମର ନୁହେଁ
ତୁମେ ଏହା ପାଇ ପାରିବ: "ଜୀବନର କୌଣସି କ୍ଷେତ୍ରରେ
ମଣିଷର ବୃଦ୍ଧି ଆତୁର ହୋଇ ପାରେ
ମୃତ୍ୟୁ ସମୟରେ"- ତାହା ହିଁ କର୍ମ
(ଏବଂ ପ୍ରତ୍ୟେକ କ୍ଷଣ ମୃତ୍ୟୁକାଳ)

ଯାହା ଫଳିତ ହେବ ହେବ ଅନ୍ୟମାନଙ୍କ ଜୀବନରେ:
ଆଉ କର୍ମର ଫଳ ବିଷୟରେ ଚିନ୍ତା କରନି।
ଅଗ୍ରସର ହୁଅ।
ହେ ଅଭିଯାତ୍ରୀ ଦଳ, ହେ ନାବିକଗଣ
ତୁମ୍ଭେମାନେ ଯିଏ ବନ୍ଦରକୁ ଆସିଛ, ଏବଂ ଯେଉଁମାନଙ୍କ ଶରୀର
ଯନ୍ତ୍ରଣା ଭୋଗ କରିବ ସମୁଦ୍ରର ପରୀକ୍ଷା ଓ ନିଷ୍ପତ୍ତି,
ଅଥବା କୌଣସି ବି ଘଟଣାର, ଏହା ତୁମର
ପ୍ରକୃତ ଲକ୍ଷ୍ୟ,
ଏମିତି କହିଲେ କୃଷ୍ଣ, ଯେତେବେଳେ ସିଏ ଅର୍ଜ୍ଜୁନଙ୍କୁ
ଉପଦେଶ ଦେଲେ ଯୁଦ୍ଧ କ୍ଷେତ୍ରରେ।
ଖାଲି ଭଲରେ ରହନି,
କିନ୍ତୁ ଅଗ୍ରସର ହୁଅ, ଯାତ୍ରୀଦଳ।

୪

ଦେବୀ, ଯାହାର ମନ୍ଦିର ରହିଛି ଶୈଳାନ୍ତରୀପରେ,
ପ୍ରାର୍ଥନା କର ସେହି ସମସ୍ତଙ୍କ ପାଇଁ ଯେଉଁମାନେ ଅଛନ୍ତି ଜାହାଜରେ,
ଯେଉଁମାନେ ମାଛ ବେପାରୀ,
ଏବଂ ସେମାନେ ଯେଉଁମାନେ ପ୍ରତ୍ୟେକ ବୈଧବାଣିଜ୍ୟ ସାଙ୍ଗରେ ଜଡ଼ିତ
ଆଉ ଯେଉଁମାନେ ସେମାନଙ୍କୁ ପରିଚାଳନା କରନ୍ତି ।

ଦୋହରାଅ ଗୋଟିଏ ପ୍ରାର୍ଥନା ସେହି ମହିଳାମାନଙ୍କ ତରଫରୁ
ଯେଉଁମାନେ ସନ୍ତାନଗଣ କିମ୍ବା ସ୍ୱାମୀମାନଙ୍କୁ ଦେଖିଛନ୍ତି
ଯିବାର ଏବଂ ଫେରି ନ ଆସିବାର:
କନ୍ୟା ଆପଣଙ୍କ ପୁତ୍ରର,
ସ୍ୱର୍ଗର ରାଣୀ ।

ପୁଣି ଥରେ ସେମାନଙ୍କ ପାଇଁ ପ୍ରାର୍ଥନା କର
ଯେଉଁମାନେ ଜାହାଜରେ ଥିଲେ,
ଏବଂ ନିଜର ଯାତ୍ରା ସମାପ୍ତ କଲେ ବାଲୁକାର,
ସମୁଦ୍ରର ଓଠରେ
କିମ୍ବା ଅନ୍ଧକାରପୂର୍ଣ୍ଣ ଗଳା ଭିତରେ
ଯାହା ସେମାନଙ୍କୁ ଠୁକୁରାଇବନି
ଅଥବା ସେହିଠାରେ ଯେଉଁଠି ସେମାନଙ୍କ ପାଖରେ ପହଞ୍ଚୈନି
ସମୁଦ୍ର-ଘଣ୍ଟାର ଧ୍ୱନି
ଚିରସ୍ଥାୟୀ ଭକ୍ତିର ଗୀତ ।

୫

ମଙ୍ଗଳ ଗ୍ରହ ସହିତ ସମ୍ପର୍କ ସ୍ଥାପନ କରିବା ପାଇଁ,
ପ୍ରେତାତ୍ମା ସାଙ୍ଗରେ କଥାବାର୍ତ୍ତା ହେବା ପାଇଁ,
ସମୁଦ୍ରର ନରଭକ୍ଷୀମାନଙ୍କର ବ୍ୟବହାର ବିଷୟରେ,
ସୂଚନା ଦେବାକୁ,
ଜାତକର ବର୍ଣ୍ଣନା କରିବା, ଭବିଷ୍ୟତ ଜାଣିବା କିମ୍ବା ଚିକ୍ରାର କରିବା,
ହସ୍ତାକ୍ଷରରୁ ରୋଗରୁ ନିର୍ଦ୍ଧାରଣ କରିବା
ହାତ ପାପୁଲିର କୁଞ୍ଚରୁ ଜୀବନୀକୁ ପାଠ କରିବା,
ଏବଂ ଦୁଃଖଦ ଘଟଣା ଆଙ୍ଗୁଳିଗୁଡ଼ିକରୁ,
ଅଶୁଭ ଫଳ ପ୍ରକାଶ କରିବା ଭବିଷ୍ୟତବାଣୀ,
କିମ୍ବା ଚା ପତ୍ର ଦ୍ୱାରା, ଏବଂ ତାସ ଯୋଗୁ
ରହସ୍ୟ ଉନ୍ମୋଚନର ଅପରିହାର୍ଯ୍ୟତା,
ପଞ୍ଚକୋଶୀ-ଯନ୍ତ୍ର ସାହାର୍ଯ୍ୟରେ ବେହେଲା ବଜାଇବା
କିମ୍ବା ସମ୍ମୋହନୀ ଅମ୍ଳ, ଅବା ବିଶ୍ଳେଷଣ କରିବା
ସ୍ୱପ୍ନରେ ବାରମ୍ବାର ଦେଖୁଥିବା ଚିତ୍ରଗୁଡ଼ିକ
ପ୍ରାକ୍-ଚେତନ ମନରେ ଆତଙ୍କ-
ଅନ୍ୱେଷଣ କରିବା ପାଇଁ ଗର୍ଭଶୟର,
କିମ୍ବା ସମାଧିର,
ଅଥବା ସ୍ୱପ୍ନର,
ଏସବୁ ଅତି ସାଧାରଣ
ଅବସର ବିନୋଦନ କିମ୍ବା ନିଶା, ଏବଂ ବୈଶିଷ୍ଟ୍ୟ ବିଶେଷ
ସଂବାଦପତ୍ରର:

ଆଉ ସବୁବେଳେ ହେବ, ସେଗୁଡ଼ିକରୁ କିଛି ବିଶେଷ ରୂପରେ
ଯେବେ ରାଷ୍ଟ୍ର ଆଗରେ ବିପତ୍ତି ଓ ଦ୍ୱିବିଧା ଥାଏ
ହୁଏତ ଏସିଆ ତଟରେ ହେଉ କିମ୍ବା ଏଡ୍‌ଗଓ୍ୱେର ମାର୍ଗରେ,
ମନୁଷ୍ୟର ଜିଜ୍ଞାସା ଖୋଜେ ଅତୀତ ଓ ଭବିଷ୍ୟତକୁ
ଏବଂ ଜାବୁଡ଼ି ଧରିଥାଏ ତା'ର ନିଜ ଆୟତନକୁ।
କିନ୍ତୁ ଏହି ସମୟାତୀତ ସମୟର ସହିତ
ପ୍ରତିଚ୍ଛେଦନର ବିନ୍ଦୁକୁ ଜାଣିବାର କାମ ସନ୍ଥଙ୍କର-
କାମ ନୁହେଁ, କିନ୍ତୁ କିଛି ଦେବା ଓ ନେବା,
ଗୋଟିଏ ସମ୍ପୂର୍ଣ୍ଣ ଜୀବନର ମୃତ୍ୟୁ ପ୍ରେମରେ,
ଉତ୍ସାହ ଏବଂ ସ୍ୱାର୍ଥହୀନତା ଓ ଆତ୍ମ-ସମର୍ପଣ।
ଆମ ଭିତରୁ ଅନେକଙ୍କ ପାଇଁ, କେବଳ ସେହି ଗୋଟିଏ
ଅନାୟତ କ୍ଷଣ,
କ୍ଷଣ ଯାହା କାଳର ଭିତରେ ଏବଂ କାଳାତୀତ କାଳରେ,
ଧ୍ୟାନ ଭଙ୍ଗ ହେବା ପରି ମୂର୍ଚ୍ଛାବସ୍ଥା
ହଜି ଯାଇଛି ଯାହା ସୂର୍ଯ୍ୟାଲୋକର ବାଣରେ,
ବଣୁଆ ସୁଗନ୍ଧିତ ପତ୍ର ଚକ୍ଷୁର ଆଢୁଆଳରେ,
କିମ୍ବା ଶୀତ ଋତୁର ବିଜୁଳି
ଅଥବା ଜଳପ୍ରପାତ କିମ୍ବା ସଂଗୀତ
ଗମ୍ଭୀର ଭାବରେ ଶ୍ରୁତ
ଯାହା ଏକେବାରେ ଶୁଣା ଗଲାନି,
କିନ୍ତୁ ତୁମେ ହେଉଛ ସଂଗୀତ
ଯେତେବେଳ ଯାଏ ସଂଗୀତ ବାଜୁଥାଏ।
କେବଳ ଏଗୁଡ଼ିକ ସଂକେତ ଓ ଅନୁମାନ,
ସଂକେତ ପ୍ରଥମେ, ପରେ ଅନୁମାନ ଏବଂ ବାକିସବୁ
ପ୍ରାର୍ଥନା, ନ୍ୟାୟ ପାଳନ, ଅନୁଶାସନ, ଚିନ୍ତା ଓ କର୍ମ।
ସଂକେତ ଅଧା ଅନୁମାନ, ଉପହାର ଅର୍ଦ୍ଧ-ପରିଜ୍ଞାତ,
ଏହାର ଅର୍ଥ ଅବତାର।
ଏଠାରେ ଅସମ୍ଭବ ମିଳନ
ବିଭିନ୍ନ ସତ୍ତା ମଧ୍ୟରେ ରହିଛି ବାସ୍ତବ,

ଏଠାରେ ବିଜିତ ଏବଂ ସଂପ୍ରୀତ
ଯେଉଁଠି କର୍ମ ମାନେ ଗତି
ସେହି ବସ୍ତୁର ଯାହାର ଅଛି ଗତି
ତାକୁ ଯାହାକୁ ଖାଲି ଘୁଞ୍ଚା ଯାଇଛି
ଆଉ ଯେଉଁଥିରେ ଗତିର ସ୍ରୋତ ନାହିଁ-
ତଡ଼ି ଦିଆଯାଇଛି ଦାନବୀ ଅପରାଧୀମାନଙ୍କର
ଶକ୍ତିଦ୍ୱାରା । ଆଉ ପ୍ରକୃତ କର୍ମ ହେଉଛି ମୁକ୍ତି
ଅତୀତ ଏବଂ ଭବିଷ୍ୟତ ପାଖରୁ ।
ଆମ ଭିତରୁ ଅନେକଙ୍କ ପାଇଁ, ଏହା ହେଉଛି ଲକ୍ଷ୍ୟ
ଯଦିଓ ତାହା କେବେ ବି ଏଠାରେ ପ୍ରାପ୍ତ ହେବନି;
ଯେଉଁମାନେ ଖାଲି ଅପରାଜିତ
କାରଣ ଆମେ ଚେଷ୍ଟା କରି ଚାଲିଛୁ;
ଆମେ, ପରିଶେଷରେ ସନ୍ତୁଷ୍ଟ
ଯଦି ଆମର ଲୌକିକ ପ୍ରତ୍ୟାବର୍ତ୍ତନ ପୁଷ୍ଟ କରେ
(ତମାଳ ବୃକ୍ଷଠାରୁ ଖୁବ୍ ଦୂରରେ ନୁହେଁ)
ଅର୍ଥବହ ମୃତ୍ତିକାର ପ୍ରାଣ ।

ଲିଟିଲ୍ ଗିଡିଂଗ୍

୧

ମଧ୍ୟଶୀତରେ ଯେଉଁ ବସନ୍ତ ତାହା ଯେମିତି ନିଜେ ଏକ ଋତୁ
ଶାଶ୍ୱତ ଯଦିଓ ସୂର୍ଯ୍ୟାସ୍ତ ସମୟରେ ଆର୍ଦ୍ର,
ଝୁଲୁଛି ସମୟରେ,
ମେରୁ ଏବଂ ଅୟନାନ୍ତବୃତ୍ତର ମଝିରେ।
ଯେତେବେଳେ ଉଜ୍ଜ୍ୱଳତମ ହୋଇ ଉଠେ ଛୋଟ ଦିନଟି,
ବରଫ ଏବଂ ନିଆଁର ସହିତ,
ସ୍ୱଳ୍ପକାଳସ୍ଥାୟୀ ସୂର୍ଯ୍ୟ ଦାଉ ଦାଉ କରେ ବରଫକୁ,
ପୋଖରୀରେ ଏବଂ ପାରିକାରେ,
ପବନହୀନ ଥଣ୍ଡାରେ ଯାହା ହେଉଛି ହୃଦୟର ତାପ,
ପ୍ରତିବିମ୍ବିତ ହୁଏ ଜଳର ଦର୍ପଣରେ
ଗୋଟିଏ ଚମକ ଯାହା ହୋଇଥାଏ ଅନ୍ଧତ୍ୱ ଅପରାହ୍ନର ଆରମ୍ଭରେ।
ଏବଂ ଦୀପ୍ତି ବେଶି ତୀବ୍ର ଜଳୁଥିବା ଶାଖାଗୁଡ଼ିକ ଅପେକ୍ଷା,
କିମ୍ବା କଂସାରୀ,
ମୂକ ଆତ୍ମାକୁ ଆଲୋଡ଼ିତ କରେ:
ପବନ ନାହିଁ, କିନ୍ତୁ ଖ୍ରୀଷ୍ଟିୟ ପର୍ବରେ ଜଳୁଥିବା ନିଆଁ
ବର୍ଷର ଅନ୍ଧକାର ପୂର୍ଣ୍ଣ ସମୟରେ।
ତରଳିବା ଏବଂ ଜମାଟବାନ୍ଧିବା ଏହି ଦୁଇଟିର ମଝିରେ
ଆତ୍ମାର ଅନ୍ତଃସ୍ଥ ରସ କଂପମାନ।
ମୃତ୍ତିକାର ଘ୍ରାଣ ନାହିଁ

କିମ୍ବା ନାହିଁ କୌଣସି ଜୀବିତ ବସ୍ତୁର ଘ୍ରାଣ।
ଏବେ ବସନ୍ତ ସମୟ
କିନ୍ତୁ ସୂଚିତ ହୋଇନି ସମୟର ପ୍ରତିଜ୍ଞା-ପତ୍ରରେ।
ଏବେ କ୍ଷେତର ଚତୁର୍ଦ୍ଦିଗକୁ ଘେରି କରିଥିବା ଗଛ
ଫିକା ପଡ଼ିଯାଏ ଘଣ୍ଟାଏ ପର୍ଯ୍ୟନ୍ତ
କ୍ଷଣସ୍ଥାୟୀ ଫୁଲ ଧରିଥିବା ବରଫର
ଯାହାର ପ୍ରସ୍ଫୁଟନ ଗ୍ରୀଷ୍ମର ଫୁଲଫୁଟିବା ଅପେକ୍ଷା
ଆହୁରି ଅଧିକ ଅକସ୍ମାତ,
କଢ଼ ହେବା ନୁହେଁ କି ମଉଳିଯିବା ନୁହେଁ,
ନୁହେଁ ବି ପ୍ରଜନନର ଯୋଜନାରେ।
ଗ୍ରୀଷ୍ମ କେଉଁଠି, ସେହି ଅକଳ୍ପନୀୟ
ଶୂନ୍ୟ ଗ୍ରୀଷ୍ମ ?

ଯଦି ତୁମେ ଏହି ବାଟ ଦେଇ ଆସ,
ଯେଉଁବାଟ ଦେଇ ତୁମର ଆସିବାର କଥା
ଯେଉଁ ସ୍ଥାନରୁ ଆସିବାର କଥା,
ଯଦି ତୁମେ ଏହି ବାଟ ଦେଇ ଆସ ମେ ମାସରେ,
ତୁମେ ଦେଖିବାକୁ ପାଇବ ଚତୁର୍ଦ୍ଦିଗକୁ ଘେରି ରହିଥିବା ଗଛଗୁଡ଼ିକୁ
ପୁଣି ଥରେ ଫିକା ପଡ଼ିଯାଇ ଥିବାର, ମେ ମାସରେ,
କାମାକୁଳ ମଧୁରତାର ସହିତ।
ଏହା ସେମିତି ରହିଥିବା ଯାତ୍ରାର ଶେଷ ପର୍ଯ୍ୟନ୍ତ,
ଯଦି ତୁମେ ଆସ ରାତିରେ ଭଗ୍ନ-ଉରୁ ନୃପତିଙ୍କ ପରି,
ଯଦି ତୁମେ ଦିନବେଳେ ଆସ ବିନା ଜାଣିକରି ତୁମେ କାହିଁକି ଆସିଛ,
ଏହା ସେଇଠି ରହିବ, ଯେବେ ତୁମେ ଛାଡ଼ିଦେବ ଆବଡ଼ା-ଖାବଡ଼ା ବାଟ
ଆଉ ମୋଡ଼ି ହୋଇଯିବ ଘୁଷୁରୀ ଘର ପଛପଟୁ
ଅଟ୍ଟାଳିକାର ବିବର୍ଣ୍ଣ ସମ୍ମୁଖ ଆଡ଼େ
ଏବଂ କବରରେ ଲଗାଯାଇଥିବା ପଥରର ସ୍ମୃତି ଫଳକ ଆଡ଼େ।
ଆଉ ତୁମେ ଯେଉଁଥିପାଇଁ ଆସିଛ ବୋଲି ଭାବୁଛ
ତାହା କେବଳ ଗୋଟିଏ ସିପ, ଅର୍ଥରେ ଭୁସି

ଯେଉଁଥିରୁ ସଂକଳ୍ପ ପ୍ରକଟ ହୁଏ
ଯେତେବେଳେ ଏହା ପରିପୂର୍ଣ୍ଣ ହୋଇଥାଏ
ଯଦି କେବେ। ତୁମର କିଛି ଉଦ୍ଦେଶ୍ୟ ନ ଥିଲା
ଅଥବା ସେହି ଉଦ୍ଦେଶ୍ୟ ତୁମର କଳ୍ପିତ ଲକ୍ଷ୍ୟକୁ ଛାଡ଼ି
ଅନେକ ଦୂରରେ ସ୍ଥିତ
ଏବଂ ପରିବର୍ତ୍ତିତ ହେଉଥିଲା ଉପଲବ୍ଧିରେ।
ଆହୁରି ଅନେକ ସ୍ଥାନ ଅଛି
ଯାହା ରହିଛି ଦୁନିଆର ଶେଷ ମୁଣ୍ଡରେ,
କିଛି ମୁହଁରେ ସମୁଦ୍ରର,
କିମ୍ବା ଉପରେ ଅନ୍ଧକାରମୟ ହ୍ରଦର,
ଗୋଟିଏ ମରୁଭୂମିରେ ଅଥବା ଗୋଟିଏ ସହରରେ-
କିନ୍ତୁ ଏହା ସବୁଠୁ ନିକଟସ୍ଥ,
ସ୍ଥାନରେ ଏବଂ ସମୟରେ,
ଏବେ ଏବଂ ଇଂଲଣ୍ଡରେ।
ଯଦି ତୁମେ ଏହି ବାଟ ଦେଇ ଆସ,
ଯେକୌଣସି ଗଳି ଧରିକରି,
ଆରମ୍ଭ କରି ଯେକୌଣସି ସ୍ଥାନରୁ
ଯେ କୌଣସି ସମୟରେ କିମ୍ବା ଯେ କୌଣସି ଋତୁରେ,
ଏହା ସବୁବେଳେ ସେହି ପରି ହୋଇ ରହିବ:
ତୁମକୁ ଟାଳି ଦେବାକୁ ହେବ ସଂବେଦନା ଓ ଧାରଣା।
ତୁମେ ଏଠି ନାହିଁ ପ୍ରମାଣିତ କରିବା ପାଇଁ,
ନିଜକୁ ନିର୍ଦ୍ଦେଶ ଦିଅ, କିମ୍ବା ଦେଖାଅ ଉତ୍ସୁକତା
ଅଥବା ସଂବାଦ ବହନ କର।
ତୁମେ ଏଠାକୁ ନତଜାନୁ ହେବା ପାଇଁ ଆସିଛ,
ଯେଉଁଠି ପ୍ରାର୍ଥନା ସତ୍ୟ ପ୍ରମାଣିତ।
ଏବଂ ପ୍ରାର୍ଥନା ବେଶି ତୀବ୍ର ହୋଇଥାଏ ଶବ୍ଦଠାରୁ,
ଯେଉଁମାନେ ପ୍ରାର୍ଥନାରତ ତା'ର ସଂକଳ୍ପିତ କୃତ୍ୟ
ଅଥବା କଣ୍ଠର ଧ୍ୱନି ପ୍ରାର୍ଥନାରତର।
ଏବଂ ମୃତମାନେ ଜୀବିତ ଥିବା ବେଳେ ଯେଉଁ କଥା କହିବାର

ଭାଷା ଖୋଜି ପାଇନଥିଲେ
ଏବେ ସେମାନେ ତାହା କହି ପାରିବ ତୁମକୁ ମୃତ ହୋଇକରି:
ମୃତର ବାଣୀ ବିନିମୟ ଅଗ୍ନିଜିହ୍ୱା ଦେଇ ହୁଏ,
ଜୀବିତ ଲୋକର ଭାଷା ସେଠାକୁ ଯାଏନି।
ଏଠାରେ କାଳାତୀତ ମୁହୂର୍ତ୍ତର ଛେଦବିନ୍ଦୁ
ହେଉଛି ଇଂଲଣ୍ଡ ଏବଂ ଆଉ କେଉଁଠି ନୁହେଁ।
କଦାପି ନୁହେଁ ଏବଂ ସର୍ବଦା

୨

ବୁଢ଼ା ଲୋକଟିର କମିଜର ହାତରେ ପାଉଁଶ
ଏଗୁଡ଼ିକ ସେହି ପାଉଁଶ ଯାହାକୁ ପୋଡ଼ା ଗୋଲାପ ଛାଡ଼ି ଯାଇଛି।
ଧୂଳି ପବନରେ ଝୁଲିକରି ରହିଛି
ବତାଉଛ ଯେଉଁ ଜାଗାରେ ଗପଟି ଶେଷ ହେଲା।
ଧୂଳି ଯାହା ପ୍ରଶ୍ୱାସରେ ଯାଉଥିଲା ଭିତରକୁ ଥିଲା ଗୋଟିଏ ଘର-
କାନ୍ଥ, ଘର ଭିତରର କାନ୍ଥ ତଳେ ଲାଗିଥିବା ତକ୍ତା ଏବଂ ମୂଷା,
ଅବସାନ ଆଶାର ଏବଂ ନିରାଶାର,
ଏହା ହେଲା ମୃତ୍ୟୁ ପବନର।
ବନ୍ୟା ଅଛି ଏବଂ ମରୁଡ଼ି ଅଛି
ଆଖି ଉପରେ ଆଉ ମୁହଁ ଭିତରେ,
ପାଣିମୃତ ଏବଂ ବାଲି ମୃତ
ବିଜୟ-ସଂଘର୍ଷରେ ରତ।
ଶୁଖିଲା ଫାଟିଲା ରିକ୍ତସାର ମାଟି
ଦେଖେ ଶ୍ରମର ଦଣ୍ଡ ପରିପାଟି
ହସ ଭିତରେ ଆନନ୍ଦ ନାହିଁ ତା'ର
ଏହା ହେଲା ମୃତ୍ୟୁ ମୃତ୍ତିକାର।

ପାଣି ଏବଂ ନିଆଁ ହୁଅନ୍ତି ସଫଳ
ସହର, ଚାରଣଭୂମି ଏବଂ ଶୈବାଳ।
ପାଣି ଏବଂ ନିଆଁ କରନ୍ତି ଉପହାସ
ବଳିଦାନ ଯାହାକୁ ଆମେ ନମଣୁ ବିଶେଷ।

ପାଣିରେ ଏବଂ ନିଆଁରେ ସଢ଼ିଯିବ ଭିତ୍ତି
ଭୁଲିଛୁ ସେ ମୂଳଦୁଆ ଯାହା ଏବେ ଧ୍ୱସ୍ତ,
ଅଭୟାରଣ୍ୟର ଏବଂ ଗାୟକ ଦଳର
ଏହା ଅଟେ ମୃତ୍ୟୁ ପାଣି ଏବଂ ନିଆଁର।
ସକାଳ ହେବା ଆଗରୁ ଅନିଶ୍ଚିତ ସମୟରେ
ଅନ୍ତହୀନ ରାତିର ସମାପ୍ତିର ପୌନଃପୁନିକ ପ୍ରାନ୍ତରେ
କଳା କପୋତର ଜିହ୍ୱା ଲକଲକ ହୁଏ
ଦିଗନ୍ତର ତଳ ଦେଇ ପରେ ଚାଲିଯାଏ
ମରିଥିବା ପତ୍ରସବୁ ଟିଣ ପରି କରେ ଝଣଝଣ
ପିଚୁ ରାସ୍ତା ପରେ ଯହିଁ ନ ଥିଲା ତ ଶବ୍ଦ ଅନ୍ୟ କିଛି
ତିନି ଜିଲ୍ଲାର ମଧ୍ୟରୁ ଯେଉଁଠାରେ ଉଠିଥିଲା ଧୂଆଁ
ମୋର ଦେଖା ହୋଇଥିଲା ଜଣେ ଲୋକ ସହିତ
ସିଏ ଚାଲୁଥିଲା, ଇତସ୍ତତଃ ଘୂରି ବୁଲୁଥିଲା
ସତେ ଯେମିତି ଗୋଟିଏ ଧାତବ ପାତିଆ
ପବନରେ ଉଡ଼ଇ ଆସିଥିଲା ମୋ ଆଡ଼େ
ସହରର ସକାଳର ପବନ ପ୍ରତିରୋଧ ନ କରିବା ପୂର୍ବରୁ।
ଏବଂ ମୁଁ ଯେମିତି ଅଧୋମୁଖୀ ମୁଖଟି ଆଡ଼େ
ନିବଦ୍ଧ କରିଛି ଦୃଷ୍ଟି
ଯିଏ ଦର୍ଶାଉଥିଲା ସୂକ୍ଷ୍ମ ପରୀକ୍ଷଣ
ଯାହା ସହିତ ଆମେ ଜଣାଉଥିଲୁ ଆପତ୍ତି
ସବୁଠୁ ପ୍ରଥମେ ଭେଟିଥିବା ଅପରିଚିତଙ୍କୁ
କ୍ଷୀଣ ଗୋଧୂଳି ବେଳାରେ
ଅକସ୍ମାତ ମୁଁ ଦେଖିଲି ଜଣେ ମୃତ ଗୁଣୀଲୋକର ଚାହାଣି
ଯିଏ ଥିଲେ ମୋର ପରିଚିତ, ବିସ୍ମୃତ, ଅସ୍ପଷ୍ଟ ସ୍ମରଣରେ ଆସିଲେ
ଯୁଗପତ୍ ଏକ ଏବଂ ଅନେକ;
ଖଇରିଆ ରଂଗର ସେକା ହୋଇଥିବା ଚେହେରା
ଆଖିଗୁଡ଼ିକ ଜଣେ ପରିଚିତ ଯୌଗିକ ପ୍ରେତର
ଏକାଧାରରେ ଅନ୍ତରଙ୍ଗ ଏବଂ ଅଚିହ୍ନା।
ତେଣୁ ମୁଁ ଦ୍ୱୈତ ଭୂମିକାରେ ଅବତୀର୍ଣ୍ଣ ହେଲି,

ଚିତ୍କାର କରି ଡାକିଲି
କାନରେ ପଡ଼ିଲା ଅନ୍ୟ ଏକ ଉଚ୍ଚ ସ୍ୱର:
"ଆରେ! ତୁମେ ଯେ ଏଇଠି"
ଯଦିଓ ଆମେ କେହି ନ ଥିଲୁ।
ସେତେବେଳେ ମୁଁ ଥିଲି ପୂର୍ବ ପରି
ନିଜକୁ ଜାଣିଛି ତଥାପି ଲାଗୁଛି ଯେ ମୁଁ ଅନ୍ୟ କେହି ଜଣେ-
ଏବଂ ସିଏ ଗୋଟିଏ ଚେହେରା ଯାହାର ଏବେ ବି ଗଢ଼ା ଚାଲିଛି;
ତଥାପି ପ୍ରଚୁର ଶବ୍ଦ ଥିଲା
ବିବଶ କରିବା ପାଇଁ ସେହି ଜ୍ଞାନକୁ ଯାହା ଆଗରୁ
ସେମାନେ ଆସି ସାରିଥିଲେ।
ଏବଂ ସେଥିପାଇଁ, ଆମେ ନମନଶୀଳ ହେଉ
ସାଧାରଣ ପବନର ପ୍ରତି,
ଏତେ ଅପରିଚିତ ଜଣେ ଅନ୍ୟ ଜଣକ ପ୍ରତି
ଯେ ଭୁଲ ବୁଝାମଣା ହୋଇଯାଏ,
ମୈତ୍ରୀରେ ଏହି ପ୍ରତିଚ୍ଛେଦନ ସମୟର
କେଉଁଠି ଭେଟ ହୁଏନି, ପୂର୍ବରୁ ନୁହେଁ କି ପରେ ନୁହେଁ,
ଆମେ ପକ୍କା ରାସ୍ତା ଉପରେ ପାଦ ରଖି
ଗୋଟିଏ ପୂରା ଗସ୍ତ ଲଗାଇ ଥାଉ।
ମୁଁ କହିଲି: "ଖୁବ୍ ସହଜ, ଯେଉଁ ଆଶ୍ଚର୍ଯ୍ୟ ମୁଁ ଅନୁଭବ କରେ,
ତଥାପି ସହଜ ହେବ ଆଶ୍ଚର୍ଯ୍ୟର କାରଣ। ତେଣୁ କହେ:
ହୋଇ ପାରେ ମୁଁ ବୁଝି ପାରିଲିନି,
ହୋଇପାରେ ମୋର ମନେ ପଡୁନି।"
ଏବଂ ସିଏ: "ମୁଁ ଉତ୍ସୁକ ନୁହେଁ ପୁନରାବୃତ୍ତି ପାଇଁ
ମୋ ଚିନ୍ତା ଏବଂ ତତ୍ତ୍ୱ ଯାହା ତୁମେ ଭୁଲି ଯାଇଛ।
ଏହି ଜିନିଷଗୁଡ଼ିକ ନିଜ କାମ ପୂରା କରି ସାରିଛି:
ଏବେ ଯେମିତି ଅଛନ୍ତି ସେମିତି ଥାଆନ୍ତୁ।
ଏମିତି ଭାବରେ ନିଜ ସହିତ,
ଏବଂ ପ୍ରାର୍ଥନା କର ଯେ ସେମାନଙ୍କୁ କ୍ଷମା ମିଳୁ
ଅନ୍ୟମାନଙ୍କ ପାଖରୁ,

ଯେମିତି ମୁଁ ପ୍ରାର୍ଥନା କରେ ତୁମ ପାଖରେ କ୍ଷମା ଦେବା ପାଇଁ
ମନ୍ଦ ଓ ଭଲ ଉଭୟକୁ ।
ଗଲା ଋତୁର ଫଳ ଖିଆ ସରିଛି
ଏବଂ ପେଟ ଭର୍ତ୍ତିକରି ଖାଇଥିବା ପଶୁ ଲାତ ମାରିବ ଖାଲି ପାତ୍ରଟିକୁ ।
କାହିଁକି ନା ଗତ ବର୍ଷର ଶବ୍ଦ ଥିଲା ଗତ ବର୍ଷର ଭାଷା
ଏବଂ ପର ବର୍ଷର ଶବ୍ଦ ଅପେକ୍ଷା କରେ
ଅନ୍ୟ ଗୋଟିଏ ସ୍ୱରକୁ ।
କିନ୍ତୁ ଯେହେତୁ ଏବେ ପଥ ଦିଏନି କୌଣସି ବାଧା
ଅତୃପ୍ତ ଆତ୍ମାକୁ, ଅତୃପ୍ତ ଏବଂ ଭ୍ରାମ୍ୟମାଣ
ଦୁଇଟି ଦୁନିଆର ମଝିରେ ହୋଇଯାଏ,
ଉଭୟର ସଦୃଶ ଉଭୟେ,
ତେଣୁ ମୁଁ ଖୋଜି କରି ପାଏ ଶବ୍ଦ ଯାହାକୁ
କେବେ ବି ମୁହଁରେ ଆଣିବି ବୋଲି ଭାବିନି
ଚଲାପଥରେ ମୁଁ କେବେ ଭାବିନି
ମୋତେ ପୁଣି ଥରେ ଫେରିବାକୁ ହେବ
ଯେତେବେଳେ ମୁଁ ଛାଡ଼ିଦେଇ ଆସିଲି ମୋ ଦେହକୁ
ଗୋଟିଏ ସୁଦୂର ସମୁଦ୍ର ତଟରେ ।
ଯେହେତୁ ଆମର ଉଦ୍‌ବେଗ ଥିଲା ବକ୍ତୃତା,
ଏବଂ ବକ୍ତୃତା ଆମକୁ ଅନୁପ୍ରାଣିତ କରିଥିଲା
ଆଦିବାସୀମାନଙ୍କର ଉପଭାଷାଟିକୁ ଶୁଦ୍ଧ କରିବା ପାଇଁ
ଆଉ ମନକୁ ଉତ୍ସାହିତ କରିବାକୁ
ଉତ୍ତର ଦୃଷ୍ଟି ଓ ପୂର୍ବଦୃଷ୍ଟି ପାଇଁ,
ବୃଦ୍ଧାବସ୍ଥା ପାଇଁ ରଖାଯାଇଥିବା ରହସ୍ୟକୁ
ମୋତେ ଉନ୍ମୋଚନ କରିବାକୁ ଦିଅ
ତୁମ ଜୀବନର ପ୍ରଚେଷ୍ଟା ଉପରେ
ମୁକୁଟ ସ୍ଥାପନ କରିବା ପାଇଁ ।
ପ୍ରଥମତ, ଶୀତଳ ଘର୍ଷଣ ମୃତପ୍ରାୟ ଇନ୍ଦ୍ରିୟର
ମୋହିନୀ ମାୟାର ସ୍ପର୍ଶହୀନ ଆଶାର
ଆଶ୍ୱାସହୀନ ଛାୟାମୟ ଅଳୀକ ଫଳର

ତିକ୍ତ ସ୍ୱାଦହୀନତା କେବଳ
ଯେତେବେଳେ ଦେହ ଏବଂ ଆତ୍ମ ବିଚ୍ଛିନ୍ନ ହେବା ଆରମ୍ଭ କରେ।
ଦ୍ୱିତୀୟତ, ମଣିଷର ମୂର୍ଖତା ପ୍ରତି
କ୍ରୋଧର ସଚେତନ ନପୁଂସକତା
ଏବଂ ବିଦୀର୍ଣ୍ଣ କରିବା ହସ ଦେଇ ଏମିତି ବିଷୟ
ଯାହା ଫଳରେ ଆଉ ସଜା କିଛି ନାହିଁ।
ଏବଂ ପରିଶେଷରେ, ପୁନର୍ବ୍ୟକ୍ତ କରିବାର ବେଦନାଦାୟକ ଯନ୍ତ୍ରଣା
ଯାହା ତୁମେ କରିଛ ଏବଂ ଯେମିତି ଥିଲ;
ସେହି ଲଜ୍ଜା ଖରାପ ଢଙ୍ଗରେ କରାଯାଇଥିବା କାର୍ଯ୍ୟର
ଏବଂ ଅନ୍ୟର କ୍ଷତି କରିବା ଉଦ୍ଦେଶ୍ୟରେ
ଯାହା ତୁମକୁ ଦିନେ ସଦ୍‌ଗୁଣର ଅଭ୍ୟାସ ପାଇଁ ଚାହିଁଥିଲା।
ତାପରେ ମୂର୍ଖର ଅନୁମୋଦନ ଦଂଶନ କରେ
ଏବଂ ସମ୍ମାନ କଳଙ୍କ ଲେପିଦିଏ।
ଭ୍ରାନ୍ତିରୁ ଭ୍ରାନ୍ତି ଯାଏଁ ଆତ୍ମା ଅତ୍ୟଧିକ କ୍ରୋଧିତ
ଆଗକୁ ବଢ଼େ, ଯେତେବେଳ ଯାଏଁ ପୁନର୍ସ୍ଥାପିତ ହୋଇନି
ସେହି ଶୁଦ୍ଧ କରୁଥିବା ଅଗ୍ନି ଦ୍ୱାରା
ଯେଉଁଠି ଚାଲିବାକୁ ହୁଏ ପରିମିତ ପଦକ୍ଷେପରେ,
ନର୍ତ୍ତକର ପରି।
ଫସରା ଫାଟୁଥିଲା। ବିଦ୍ରୁପ ରାସ୍ତାରେ
ସିଏ ମୋତେ ଛାଡ଼ି ଦେଲା, କୌଣସି ମତେ ବିଦାୟ ଜଣାଇ,
ଏବଂ ବିବର୍ଣ୍ଣ ହୋଇଗଲା ଶୃଙ୍ଗର ବାଜିବା ସହିତ।

୩

ତିନୋଟି ଅବସ୍ଥା ଅଛି ଯାହା ପ୍ରାୟଶ
ଗୋଟିଏ ଧରଣର ଦେଖାଯାଏ
ଯଦିଓ ସେଗୁଡ଼ିକ ସମ୍ପୂର୍ଣ୍ଣ ରୂପେ ଭିନ୍ନ,
ବିକଶିତ ହୋଇଥାଏ ଗୋଟିଏ କ୍ଷେତର ଚତୁର୍ଦ୍ଦିଗରେ ଘେରି କରି:
ନିଜ ପ୍ରତି ଏବଂ ଜିନିଷ ଗୁଡ଼ିକ ପ୍ରତି ଆଉ ବ୍ୟକ୍ତିର ପ୍ରତି ଆସକ୍ତି
ଅନାସକ୍ତି ନିଜଠାରୁ ଏବଂ ଜିନିଷଗୁଡ଼ିକଠାରୁ ଆଉ ବ୍ୟକ୍ତିଠାରୁ:
ଏବଂ ସେମାନଙ୍କ ମଧ୍ୟରେ କ୍ରମବର୍ଦ୍ଧମାନ ଉଦାସୀନତା
ଯାହା ଅନ୍ୟମାନଙ୍କ ସହିତ ସାଦୃଶ୍ୟପୂର୍ଣ୍ଣ
ଯେମିତି କି ମୃତ୍ୟୁ ହୋଇଥାଏ ସାଦୃଶ୍ୟପୂର୍ଣ୍ଣ ଜୀବନ ସହିତ,
ଦୁଇଟି ଜୀବନର ମଧ୍ୟରେ ରହି-ଅପ୍ରସ୍ଫୁଟିତ,
ଜୀବିତ ଏବଂ ମୃତ ବିଛାର ମଧ୍ୟରେ।
ଏହା ସ୍ମୃତିର ବ୍ୟବହାର:
ମୁକ୍ତି ପାଇଁ- ପ୍ରେମର କମ୍ ହେବା ନୁହେଁ,
ବରଂ କାମନାର ବାହାରେ ପ୍ରେମର ବିସ୍ତାର
ସେଥିପାଇଁ ମୁକ୍ତି ମିଳିଥାଏ ଭବିଷ୍ୟତରୁ ଏବଂ ଅତୀତରୁ।
ଏହିପରି ଭାବେ, ଦେଶପ୍ରେମ ଆରମ୍ଭ ହୁଏ
ଆସକ୍ତି ପରି ନିଜର କର୍ମ କ୍ଷେତ୍ରରୁ
ଏବଂ ସେହି ସାମାନ୍ୟ ଗୁରୁତ୍ୱପୂର୍ଣ୍ଣ କର୍ମ ଖୋଜି ପାଏ
ଯଦିଓ କେବେ ବି ଉଦାସୀନ ନୁହେଁ।
ଇତିହାସ ହୋଇ ପାରେ ଦାସତ୍ୱ,
ଇତିହାସ ହୋଇ ପାରେ ସ୍ୱାଧୀନତା।

ଦେଖ, ଏବେ ସେମାନେ ଉଭେଇ ଯାଇଛନ୍ତି,
ମୁଖଗୁଡ଼ିକ ଏବଂ ସ୍ଥାନଗୁଡ଼ିକ,
ସେହି ସତ୍ତାର ସହିତ, ଯାହା ସାଧ୍ୟ ଅନୁସାରେ,
ପ୍ରେମ କରିଥିଲା ସେମାନଙ୍କୁ,
ହେବା ପାଇଁ ନବୀକୃତ, ରୂପାନ୍ତରିତ,
ଅନ୍ୟ ଗୋଟିଏ ନମୁନାରେ।
ପାପ ଉପଯୁକ୍ତ ହୋଇପାରେ, ତେବେ
ସବୁ ଠିକ୍ ଠାକ୍ ହେବ, ଆଉ
ସବୁ ଧରଣର କାମ ଭଲ ହେବ।
ଯଦି ମୋର ପୁଣି ଥରେ ମନେ ପଡ଼େ ଏହି ଜାଗାର କଥା,
ଆଉ କଥା ଲୋକମାନଙ୍କର,
ସଂପୂର୍ଣ୍ଣ ରୂପରେ ପ୍ରଶଂସାର ଯୋଗ୍ୟ ନୁହେଁ,
ସେମାନଙ୍କ ବିଷୟରେ ଯେଉଁମାନେ ନୁହନ୍ତି ଜ୍ଞାତି କୁଟୁମ୍ବ
ଅଥବା ସେମାନଙ୍କ ପରି,
କିନ୍ତୁ କିଛି ଅଦ୍ଭୁତ ପ୍ରତିଭାବାନଙ୍କର କଥା,
ସମସ୍ତଙ୍କ ଭିତରେ ସାଧାରଣ ପ୍ରତିଭା ରହିଛି,
ସେମାନେ ବିଭକ୍ତକାରୀ ସଂଘର୍ଷ ଯୋଗୁ ଏକତ୍ରିତ;
ମୁଁ ଯଦି ଭାବେ ରାତି ହେଲେ ଜଣେ ରାଜାଙ୍କ କଥା,
ତିନିଜଣଙ୍କ କଥା ଓ ଅଧିକ ଲୋକଙ୍କ ବିଷୟରେ
ଯେଉଁମାନେ ଅଛନ୍ତି ଫାଶୀଖୁଣ୍ଟରେ
ଆଉ ସେହି ଅଳ୍ପ ଲୋକଙ୍କ କଥା
ଯେଉଁମାନେ ମରିଯାଇଛନ୍ତି ମନେ ପକାଇବା ବିନା
ଅନ୍ୟ ସ୍ଥାନଗୁଡ଼ିକରେ,
ଏଠାରେ ଓ ବିଦେଶରେ
ଆଉ ସେହି ଜଣକର କଥା ଯିଏ ମୃତ୍ୟୁକୁ ବରଣ କରିଛି
ଅନ୍ଧ ହୋଇ ଏବଂ ଶାନ୍ତ ଭାବରେ,
କାହିଁକି ବା ଆମେ ମାତିବା ଉତ୍ସବରେ
ଏହିସବୁ ମୃତ ଲୋକମାନଙ୍କ ପାଇଁ
ମୁମୂର୍ଷୁ ମଣିଷମାନଙ୍କୁ ବାଦ୍ ଦେଇ ?

ଏହି ଘଣ୍ଟାଟିକୁ ପଛପଟୁ ବଜାଇବା ପାଇଁ ନୁହେଁ
ନା ଏହା ଗୋଲାପର ପ୍ରେତାତ୍ମାକୁ ଡାକି ଆଣିବାର ମନ୍ତ୍ର।
ପୁରୁଣା ଉପଦ୍ରବୀ ଦଳକୁ ଆମେ ପୁନର୍ଜୀବିତ କରି ପାରିବାନି
ପୁରୁଣା ନୀତିଗୁଡ଼ିକୁ ଆମେ ପୁନର୍ସ୍ଥାପିତ କରି ପାରିବାନି
କିମ୍ବା ଅନୁସରଣ କରିପାରିବା ଗୋଟିଏ ପୁରାତନ ଢୋଲର।
ଏହି ମଣିଷମାନେ ଏବଂ ଯେଉଁମାନେ ତାଙ୍କୁ କରୁଥିଲେ ବିରୋଧ
ଏବଂ ଯେଉଁମାନଙ୍କୁ ସେମାନେ ବିରୋଧ କରୁଥିଲେ
ସ୍ୱୀକାର କରନ୍ତି ସଂବିଧାନ ମୌନତାର
ଆଉ ସଂହତ ସେମାନେ ଗୋଟିଏ ଦଳରେ।
ଯାହାସବୁ ଆମେ ପାଉ ଉତ୍ତରାଧିକାର ସୂତ୍ରରେ
ଭାଗ୍ୟବାନ ଲୋକମାନଙ୍କ ପାଖରୁ
ଆମେ ନେଇଛୁ ପରାଜିତଙ୍କ ପାଖରୁ
ଯାହା ସେମାନେ ଆମକୁ ଦେଇଛନ୍ତି ବାଧ୍ୟ ହୋଇ-ଗୋଟିଏ ପ୍ରତୀକ:
ଗୋଟିଏ ପ୍ରତୀକ ଯାହା ମୃତ୍ୟୁରେ ସିଦ୍ଧତା ନିଖୁଣ ରୂପ ଲାଭକରେ।
ସବୁ ଠିକ୍‌ଠାକ୍ ହେବ, ଆଉ
ସବୁ ଧରଣର କାମ ଭଲରେ ହେବ
ଉଦ୍ଦେଶ୍ୟର ଶୁଦ୍ଧିକରଣ ଦ୍ୱାରା
ଆମର ପ୍ରାର୍ଥନା ଭୂମିରେ।

୪

ପତନୋନ୍ମୁଖ କପୋତ ଚିରେ ପବନକୁ
ଅଗ୍ନିଶିଖା ସହିତ ଉତ୍ତପ୍ତ ଆତଙ୍କ
ଯାହାର ଜିହ୍ୱା ଘୋଷଣା କରେ
ମୁକ୍ତିର ପାପ ଏବଂ ଭୁଲ ପାଖରୁ।
ଗୋଟିଏ ମାତ୍ର ଆଶା, ଅନ୍ୟଥା ହତାଶା
ଚୟନରେ। ରହିଛି ଚିତାର ଚିତା-
ତ୍ରାଣ ପାଇବା ପାଇଁ ନିଆଁ ପାଖରୁ ନିଆଁ ଦ୍ୱାରା।

କିଏ ତାହେଲେ ପରିକଳ୍ପନା କରିଥିଲା ଏହି ପୀଡ଼ାର ? ପ୍ରେମ।
ପ୍ରେମ ହେଉଛି ଗୋଟିଏ ଅଜଣା ନାମ
ସେହି ହାତଗୁଡ଼ିକ ପଛରେ
ଯିଏ ସିଲେଇକରି ଦେଇଛି
ଅଗ୍ନିଶିଖାର ଅସହ୍ୟ କମିଜଟିକୁ
ମଣିଷର ଶକ୍ତି ହଟେଇ ପାରିବନି ଯାହାକୁ।
ଆମେ ଖାଲି ବଞ୍ଚି ରହୁ, କେବଳ ଗଭୀର ଶ୍ୱାସ ନେଇ କରି
ଆମେ କେବଳ ଦଗ୍ଧ ଅଗ୍ନିରେ ଅଥବା ଅଗ୍ନିରେ।

୫

ଆମେ ଯାହାକୁ ଆରମ୍ଭ ବୋଲି କହୁ ତାହା ପ୍ରାୟଶ ଅନ୍ତ ହୋଇଥାଏ
ଏବଂ ସମାପ୍ତ କରିବା ମାନେ ଆରମ୍ଭ କରିବା।
ସମାପ୍ତି ସେଇଠି, ଯେଉଁଠୁ ଆମେ ଆରମ୍ଭ କରୁ।
ଏବଂ ପ୍ରତ୍ୟେକ ବାକ୍ୟାଂଶ ଓ ବାକ୍ୟ ଯାହା ସଠିକ
(ଯେଉଁଠି ପ୍ରତ୍ୟେକ ଶବ୍ଦ ରହିଛି ସ୍ୱସ୍ଥାନରେ,
ଥାଏ ସ୍ୱସ୍ଥାନରେ ଅନ୍ୟ ଶବ୍ଦଗୁଡ଼ିକୁ ସାହାଯ୍ୟ କରିବା ପାଇଁ,
ଶବ୍ଦ ଯାହା ଭିନ୍ନ ନୁହେଁ, ନା ଆଡ଼ମ୍ବରପୂର୍ଣ୍ଣ,
ପ୍ରାଚୀନ ଏବଂ ନୂତନର ସହଜ ମିଳନରେ ଗଢ଼ା,
ସାଧାରଣ ଶବ୍ଦ ଯାହା ଉପଯୁକ୍ତ ଅଶ୍ଳୀଳତା ବିନା,
ଆନୁଷ୍ଠାନିକ ଶବ୍ଦ ନିର୍ଦ୍ଦିଷ୍ଟ କିନ୍ତୁ ପାଣ୍ଡିତ୍ୟ ପ୍ରଦର୍ଶନ ପାଇଁ ନୁହେଁ,
ସମ୍ପୂର୍ଣ୍ଣ ସଂଗୀତ-ସମାରୋହରେ ଏକାସାଙ୍ଗରେ ନୃତରତ)
ପ୍ରତ୍ୟେକ ବାକ୍ୟାଂଶ ଓ ପ୍ରତ୍ୟେକ ବାକ୍ୟ
ଗୋଟିଏ ଅନ୍ତ ଏବଂ ଗୋଟିଏ ଆରମ୍ଭ,
ପ୍ରତ୍ୟେକ କବିତା ଗୋଟିଏ ସମାଧି-ଲେଖ
ଆଉ ଯେ କୌଣସି କାମ
ଶିଳାଖଣ୍ଡ ଆଡ଼େ, ଅଗ୍ନି ଆଡ଼େ, ସମୁଦ୍ରର ଗଳାର ତଳେ
ଅଥବା ଗୋଟିଏ ଅସ୍ପଷ୍ଟ ପଥର ଆଡ଼େ ଏକ ପଦକ୍ଷେପ:
ଏବଂ ସେହିଠାରୁ ଆମେ ଆରମ୍ଭ କରୁ।
ଆମେ ମୃତମାନଙ୍କ ସହିତ ମରିଯାଉ:
ଦେଖ, ସେମାନେ ଚାଲିଯାଉଛନ୍ତି,
ଏବଂ ଆମେ ସେମାନଙ୍କ ସହିତ ଯାଉ।

ଆମେ ମୃତମାନଙ୍କ ସହିତ ଜନ୍ମ ଗ୍ରହଣ କରୁ:
ଦେଖ, ସେମାନେ ଫେରି ଆସୁଛନ୍ତି,
ଏବଂ ଆମକୁ ସେମାନଙ୍କ ସହିତ ଆଣୁଛନ୍ତି।
ଗୋଲାପର ମୁହୂର୍ତ୍ତ ଏବଂ ତମାଳର ମୁହୂର୍ତ୍ତ
ସମାନ ସ୍ଥାୟୀତ୍ୱର।
ଗୋଟିଏ ମାନବ-ଜାତି ବିନା ଇତିହାସର
ସମୟର ହାତରୁ ମୁକ୍ତ ହୁଏନି,
କାରଣ ଇତିହାସ ହୋଇଥାଏ ଗୋଟିଏ ନମୁନା
ସମୟହୀନ ମୁହୂର୍ତ୍ତର।
ତେଣୁ ଆଲୋକ ଯେବେ ଲୁପ୍ତ ହୋଇଯାଏ
ଶୀତ ଦିନର ଅପରାହ୍ନରେ,
କୌଣସି ଏକାନ୍ତ ପ୍ରାର୍ଥନାଳୟରେ
ଇତିହାସ ଏବେ ଇତିହାସ ଏବଂ ଇଂଲଣ୍ଡ।

ଏହି ପ୍ରେମର ଆକର୍ଷଣରେ ଏବଂ ଏହି ସ୍ୱରର ଆହ୍ୱାନରେ

ଆମେ ଅନ୍ୱେଷଣରୁ ନିବୃତ ହେବୁନି
ଏବଂ ଆମର ସମସ୍ତ ଅନ୍ୱେଷଣର ସମାପ୍ତି ହେବ
ସେହିଠାରେ ପହଞ୍ଚିବୁ ଯେଉଁଠାରୁ ଆମେ ଆରମ୍ଭ କରିଥିଲୁ
ଆଉ ସେହି ସ୍ଥାନକୁ ଜାଣିଲୁ ପ୍ରଥମଥର ପାଇଁ।
ଅଜଣା, ଅସ୍ମରଣୀୟ ଦ୍ୱାର ଦେଇ
ଯେତେବେଳେ ଧରଣୀର ସେହି ଶେଷ ଭାଗକୁ
ଛାଡ଼ି ଦିଆଯାଏ ଅନ୍ୱେଷଣ ପାଇଁ
ତାହା ହିଁ ଥିଲା ଆରମ୍ଭ;
ଦୀର୍ଘତମ ନଦୀର ଉତ୍ସରେ
ଲୁଚି ରହିଥିବା ଜଳପ୍ରପାତର କଣ୍ଠସ୍ୱର
ଏବଂ ସେଓ ଗଛରେ ଥିବା ପିଲାଏ ଅଜଣା,
କାହିଁକି ନା କେହି ତାଙ୍କୁ ଦେଖାଚାହାଁ କରିନି
କିନ୍ତୁ ଶୁଣିଛି, ଅଧା ଶୁଣିଛି,

ସମୁଦ୍ରର ଦୁଇଟି ଲହରୀର ମଝିରେ ଥିବା ସ୍ଥିରତା ଭିତରେ।
ଶୀଘ୍ର କର ଏବେ, ଏଇଠି, ଏବେ ସବୁବେଳ ପାଇଁ-
ଗୋଟିଏ ଅବସ୍ଥା ସମ୍ପୂର୍ଣ୍ଣ ସରଳତାର
(ଯାହାର ମୂଲ୍ୟ କମ୍ ନୁହେଁ ପ୍ରତ୍ୟେକ ଜିନିଷଠାରୁ)
ଏବଂ ସବୁ ଠିକ୍ ହୋଇଯିବ
ଆଉ ପ୍ରତ୍ୟେକ ଧରଣର ଜିନିଷ ଠିକ୍ ହୋଇଯିବ
ଯେତେବେଳେ ଅଗ୍ନିଶିଖାର ଜିହ୍ୱା ଭିତରକୁ ଚାଲିଯିବ
ଚୂଡ଼ାମଣି ଅଗ୍ନିର ଗ୍ରନ୍ଥୀରେ
ଏବଂ ଅଗ୍ନି ଓ ଗୋଲାପ ହେବେ ଏକାକାର।

ପାହାଡ଼ ନାଟକର ଏକ ସମବେତ ଗାନ

୧

ଈଗଲ୍ ଉଡୁଛି ସ୍ୱର୍ଗର ଉଚ୍ଚତମ ଶିଖରରେ
ଶିକାରୀ ତା'ର କୁକୁର ସହିତ
ପଶ୍ଚାତଧାବନରେ ରତ
ହେ ଦୃଶ୍ୟମାନ ନକ୍ଷତ୍ରାବଳିର ଚିରନ୍ତନ ବିପ୍ଳବ,
ହେ ସୀମାବଦ୍ଧ ଋତୁସମୂହର ଚିରନ୍ତନ ପୁନରାବୃତ୍ତି,
ହେ ବସନ୍ତ ଓ ଶରତର, ଜନ୍ମ ଓ ମୃତ୍ୟୁର ଜଗତ !
କଳ୍ପନା ଓ କର୍ମର ସମାପ୍ତିହୀନ ଚକ୍ର,
ଅସୀମ ଉଦ୍ଭାବନ, ଅସୀମ ଅନୁସନ୍ଧାନ,
ଆଣେ ଖାଲି ଗତିର ଜ୍ଞାନ, ସ୍ତବ୍ଧତାର ନୁହେଁ;
ବାକ୍‌ଶକ୍ତିର ଜ୍ଞାନ, କିନ୍ତୁ ନୀରବତାର ନୁହେଁ;
ଶବ୍ଦର ଜ୍ଞାନ, ଏବଂ ପ୍ରକୃତ ଶବ୍ଦର ଅଜ୍ଞତା ।
ଆମର ସମସ୍ତ ଜ୍ଞାନ ଆମକୁ ଆମ ଅଜ୍ଞତାର
ନିକଟତର କରେ
ଆମର ସମସ୍ତ ଅଜ୍ଞତା ଆମକୁ ପହଞ୍ଚାଇ ଦିଏ
ମୃତ୍ୟୁର ନିକଟରେ,
କିନ୍ତୁ ମୃତ୍ୟୁର ନିକଟତର ହେବାପାଇଁ ଈଶ୍ୱରଙ୍କର
ନିକଟତର ହେବା
ବଞ୍ଚି ରହିବା ଭିତରେ ଆମେ ଯେଉଁ ଜୀବନକୁ ହଜେଇ ଦେଇଛୁ
ତାହା ଏବେ କେଉଁଠି ?
କୋଡ଼ିଏ ଶତକ ଧରି ସ୍ୱର୍ଗର ଘୂର୍ଣ୍ଣନ

ଆମକୁ ଈଶ୍ୱରଙ୍କଠାରୁ ନେଇ ଯାଇଛି ଦୂରକୁ
ଏବଂ ଧୂଳି ନିକଟକୁ।

ମୁଁ ଲଣ୍ଡନକୁ ଯାଇଥିଲି, ସମୟ-ବନ୍ଧା ସହରକୁ,
ଯେଉଁ ନଦୀ ବହେ, ବିଦେଶୀ ଭାସମାନ ପଦାର୍ଥ ସହିତ।
ସେଠି ମୋତେ କୁହାଗଲା: ଆମର ରହିଛି ଗୀର୍ଜା ବହୁତ
ଏବଂ ଖୁବ୍ ଅଳ୍ପ ଭୋଜନାଗାର ଅଛି। ସେଠି ମୋତେ କୁହାଗଲା:
ଗୀର୍ଜାର ପାଦ୍ରୀମାନେ ଅବସର ନିଅନ୍ତୁ। ଲୋକମାନେ
ଗୀର୍ଜା ଲୋଡ଼ୁନାହାନ୍ତି
ଯେଉଁଠି ସେମାନେ କାର୍ଯ୍ୟ କରୁଛନ୍ତି
କିନ୍ତୁ ସେଇଠି ଗୀର୍ଜାର ଆବଶ୍ୟକତା ଅଛି ଯେଉଁଠି ସେମାନେ
ବିତାନ୍ତି ରବିବାର।
ସହରରେ, ଆମେ ଲୋଡ଼ୁନୁ ଗୀର୍ଜାର ଘଣ୍ଟା:
ସେସବୁ ସହରର ତଳିଗୁଡ଼ିକୁ ଜଗାଉ।
ସହର ତଳିକୁ ଗଲି ଏବଂ ସେଇଠି ମୋତେ କୁହାଗଲା:
ଛଅଦିନ ଆମେ କାମ କରୁ, ସପ୍ତମ ଦିନ ଆମେ ମଟରରେ ଯାଉ
ହାଇଣ୍ଡହେଡ୍ କିମ୍ୱା ମେଡ୍‌ନ ହେଡ୍‌କୁ।
ପାଗ ଖରାପ ଥିଲେ ଆମେ ଘରେ ରହୁ ଏବଂ ଖବର କାଗଜ ପଢ଼ୁ
ଶିଳ୍ପାଞ୍ଚଳରେ, ମୋତେ କୁହାଗଲା
ଅର୍ଥନୈତିକ ଆଇନ କାନୁନର କଥା।
ମନୋରମ ଗ୍ରାମ୍ୟାଞ୍ଚଳରେ, ମନେ ହେଲା
ଯେ ଦେଶଟା ଏବେ ବଣଭୋଜି ପାଇଁ ଉପଯୁକ୍ତ।
ଏବଂ ଗୀର୍ଜାର ଆବଶ୍ୟକତା ଥିଲା ପରି ମନେ ହେଲାନି
ପଲ୍ଲୀରେ କିମ୍ୱା ସହରର ଉପକଣ୍ଠରେ : ଏବଂ ସହରରେ
କେବଳ ଗୁରୁତ୍ୱପୂର୍ଣ୍ଣ ବିବାହ ଉତ୍ସବ ପାଇଁ।

ସମବେତ ଗାନର ପରିଚାଳକ:
ନୀରବତା ! ଏବଂ ସମ୍ମାନନୀୟ ଦୂରତା ରକ୍ଷାକର,
କାରଣ ମୁଁ

ହୃଦୟଙ୍ଗମ କରେ ପାହାଡ଼ ଆସୁଥିବାର।
ସିଏ ହୁଏତ ଆମ ସନ୍ଦେହର ମୋଚନ କରିବ।
ପାହାଡ଼। ପ୍ରହରୀ। ଅପରିଚିତ।
ସିଏ ହିଁ ଦେଖିଛନ୍ତି ଯାହା ଘଟିଛି।
ଏବଂ ସିଏ ଦେଖୁଛନ୍ତି ଯାହା ଘଟିବାକୁ ଅଛି...
ପ୍ରତ୍ୟକ୍ଷଦର୍ଶୀ। ସମୀକ୍ଷକ। ଅପରିଚିତ।
ଈଶ୍ୱର-ପ୍ରେରିତ, ଯାହାଙ୍କ ମଧ୍ୟରେ ସତ୍ୟ ଜନ୍ମଗତ।

ପାହାଡ଼ ପ୍ରବେଶ କରେ, ଜଣେ ବାଳକର ନେତୃତ୍ୱରେ:

ପାହାଡ଼
ମଣିଷର ଭାଗ୍ୟ ହେଉଛି ନିରନ୍ତର ପରିଶ୍ରମ,
କିମ୍ୱା ନିରନ୍ତର ଆଳସ୍ୟ, ଯାହା ଆହୁରି କଷ୍ଟକର,
କିମ୍ୱା ଅନିୟମିତ ପରିଶ୍ରମ, ଯାହା ସୁଖଦ ନୁହେଁ।
ମୁଁ ଏକା ଯାଇଛି ଦ୍ରାକ୍ଷାସବ ପ୍ରସ୍ତୁତଶାଳାକୁ, ଏବଂ ମୁଁ ଜାଣେ
ପ୍ରକୃତରେ ଉପଯୋଗୀ ହେବା କଷ୍ଟକର।
ମଣିଷମାନେ ଖୁସୀ ପାଇଁ ଯେଉଁ ଜିନିଷଗୁଡ଼ିକ ଖୋଜନ୍ତି
ଯେଉଁ ଉତ୍ତମ କର୍ମର ପରିଣତି ହୁଏ ଦୁର୍ବୋଧ୍ୟ,
ତାହାର କରେ ଅନ୍ୱେଷଣ
ଅମ୍ଳାନ ମୁଖରେ ଅସମ୍ମାନକୁ କରେ ବରଣ,
ସମସ୍ତଙ୍କର ପ୍ରଶଂସା କିମ୍ୱା କାହାର ପ୍ରେମ ନୁହେଁ।
ସମସ୍ତେ ତାଙ୍କ ଟଙ୍କା ବିନିଯୋଗ କରିବାକୁ ପ୍ରସ୍ତୁତ
କିନ୍ତୁ ଅଧିକାଂଶ ଲାଭାଂଶ ଆଶା କରନ୍ତି।
ମୁଁ ତୁମକୁ କହୁଛି: ତୁମ ଇଚ୍ଛାକୁ ସିଦ୍ଧ କର।
ମୁଁ କହୁଛି: ଫସଲ ବିଷୟରେ ଚିନ୍ତା କରନି,
କିନ୍ତୁ ଉପଯୁକ୍ତ ବିହନ ବୁଣିବା ବିଷୟରେ ଭାବ।

ଦୁନିଆ ପରିଭ୍ରମିତ ଏବଂ ପରିବର୍ତ୍ତିତ ହୁଏ,
କିନ୍ତୁ ଗୋଟିଏ ଜିନିଷ ପରିବର୍ତ୍ତିତ ହୁଏନି।

ମୋର ସାରା ଜୀବନ କାଳରେ, ଗୋଟିଏ ଜିନିଷ
ପରିବର୍ତ୍ତିତ ହୁଏନି:
ଭଲ ଏବଂ ମନ୍ଦର ଚିରନ୍ତନ ସଂଘର୍ଷ।
ବିସ୍ମୃତିଶୀଳ, ତୁମେ ଅବହେଳା କର
ତୁମର ତୀର୍ଥସ୍ଥାନଗୁଡ଼ିକୁ ଏବଂ ଗୀର୍ଜାଗୁଡ଼ିକୁ;
ଏହି କାଳରେ ତୁମେ ଯେଉଁ ପୁରୁଷମାନେ ଅଛ
ଉପହାସ କର ଯାହାସବୁ ଭଲ କରାଯାଇଛି,
ତୁମ୍ଭେମାନେ ଯୁକ୍ତିଯୁକ୍ତ ଏବଂ ଜ୍ଞାନୀ ମନକୁ
ସନ୍ତୁଷ୍ଟ କରିବା ପାଇଁ ବ୍ୟାଖ୍ୟା ଖୋଜ।
ଦ୍ୱିତୀୟତଃ ତୁମ୍ଭେମାନେ ମରୁଭୂମିକୁ
ଅବହେଳା କର ଏବଂ ଛୋଟ କରି ଦେଖ।
ଦକ୍ଷିଣ ଗ୍ରୀଷ୍ମମଣ୍ଡଳର ମରୁଭୂମି ଦୂରରେ ନାହିଁ,
ମରୁଭୂମି କେବଳ ଗୋଟିଏ କୋଣରେ ଆବଦ୍ଧ ହୋଇ ନାହିଁ
ମରୁଭୂମି ତୁମ ପାଖରେ ଥିବା ଟ୍ୟୁବ୍-ଟ୍ରେନ୍‌ରେ
ଚାପି ହୋଇ ରହିଛି,
ମରୁଭୂମି ତୁମ ଭାଇର ହୃଦୟରେ ଅଛି।
ନିର୍ମାତା ହେଉଛି ଭଲ ଲୋକ, ଯଦି ସିଏ ଯାହା ଭଲ
ତାହା ନିର୍ମାଣ କରେ,
ମୁଁ ତୁମକୁ ଏବେ କରାଯାଇଥିବା କାମଗୁଡ଼ିକୁ ଦେଖାଇବି,
ଏବଂ ବହୁ ପୂର୍ବରୁ କରାଯାଇଥିବା କାମଗୁଡ଼ିକ ମଧ୍ୟରୁ କିଛି,
ଯାହା ଦ୍ୱାରା ତୁମେ ହୃଦୟଙ୍ଗମ କରିପାରିବ।
ତୁମର ଇଚ୍ଛା ସିଦ୍ଧ କର।
ମୋତେ ତୁମକୁ ନମ୍ର ଲୋକମାନଙ୍କ କାମ ଦେଖାଇବାକୁ ଦିଅ। ଶୁଣ।

ଆଲୋକ ମଳିନ ପଡ଼ିଯାଏ; ଅର୍ଦ୍ଧ ଅନ୍ଧକାରରେ ଶ୍ରମିକମାନଙ୍କର ସ୍ୱର ଶୁଣାଯାଏ।

ଖାଲି ସ୍ଥାନରେ
ଆମେ ନୂଆ ଇଟାରେ ନିର୍ମାଣ କରିବୁ
ହାତ ଏବଂ କଳ ଅଛି

ଆଉ ନୂଆ ଇଟା ପାଇଁ ମାଟି
ଆଉ ନୂଆ ଚକି ପାଇଁ ଚୂନ
ଯେଉଁଠି ଖସି ପଡ଼ିଛି ଇଟା
ଆମେ ନୂଆ ପଥର ନେଇ ନିର୍ମାଣ କରିବୁ
ଯେଉଁଠି କଡ଼ି ପୁରୁଣା ହୋଇଛି
ଆମେ ନୂଆ କାଠ ସହିତ ନିର୍ମାଣ କରିବୁ
ଯେଉଁଠି ଶବ୍ଦ ଅକୁହା ଅଛି
ଆମେ ସୃଷ୍ଟି କରିବୁ ନୂତନ ଭାଷାର
ସମସ୍ତେ ମିଳିମିଶି କାମ କରିବେ
ସମସ୍ତଙ୍କ ପାଇଁ ଗୋଟିଏ ଗୀର୍ଜା
ଏବଂ ପ୍ରତ୍ୟେକଙ୍କ ପାଇଁ ରୋଜଗାର
ପ୍ରତ୍ୟେକେ କାମରେ ଲାଗିବେ।

ଏବେ ଶ୍ରମିକମାନଙ୍କର ଏକ ଗୋଷ୍ଠୀ ମଳିନ ଆକାଶ
ବିରୁଦ୍ଧରେ ଛାୟାଛନ୍ନ। ଦୂରରୁ ସେମାନଙ୍କୁ
ବେକାରଲୋକଙ୍କ ଦ୍ୱାରା ଉତ୍ତର ଦିଆଯାଇଛି।

କୌଣସି ବ୍ୟକ୍ତି ଆମକୁ ନିଯୁକ୍ତି ଦେଇନାହାନ୍ତି
ପକେଟରେ ହାତ ରଖି
ଏବଂ ତଳକୁ ମୁହଁ କରି
ଆମେ ଖୋଲା ସ୍ଥାନରେ ଠିଆ ହେଉ
ଆଉ ଥରୁଥାଉ ଅନ୍ଧାର କୋଠରୀରେ।
କେବଳ ପବନ ଗତି କରେ
ଖାଲି କ୍ଷେତ ଉପରେ, ଯାହାକୁ ହଳ କରାଯାଇନି
ଯେଉଁଠି ସିଆର କାଟି କଣେଇ କରି
ପଡ଼ି ରହିଥାଏ ଲଙ୍ଗଳ।
ଏହି ଦେଶରେ ଦୁଇଜଣ ପୁରୁଷଙ୍କ ପାଇଁ ଥାଏ
କେବଳ ସିଗାରେଟ୍ ଗୋଟିଏ,
ଦୁଇଜଣ ମହିଳାଙ୍କ ପାଇଁ ଥାଏ ଅଧା ପିଣ୍ଟ କଟୁ ମଦିରା।

ଏହି ଦେଶରେ
କୌଣସି ବ୍ୟକ୍ତି ଆମକୁ ନିଯୁକ୍ତି ଦେଇ ନାହାନ୍ତି।
ଆମ ଜୀବନ ଅଭିନନ୍ଦନର ଯୋଗ୍ୟ ନୁହେଁ,
ଆମ ମୃତ୍ୟୁର କଥା "କାଳର ଖାତାରେ"
ଲିପିବଦ୍ଧ ହୁଏନି।

ପୁଣି ଶ୍ରମିକମାନଙ୍କର ଗାନ:

ନଦୀ ପ୍ରବାହିତ ହୁଏ, ଋତୁର ପରିବର୍ତ୍ତନ ହୁଏ
ଘରଚଟିଆ ଏବଂ ଲାଲମନ୍ ପକ୍ଷୀଙ୍କ ପାଖରେ
ନଷ୍ଟ କରିବା ପାଇଁ ସମୟ ନାହିଁ।
ଯଦି ମଣିଷମାନେ ନିର୍ମାଣ ନ କରନ୍ତି
ତେବେ ସେମାନେ କେମିତି ବଞ୍ଚିବେ?
ଯେତେବେଳେ କ୍ଷେତ ଚାଷ କରାଯାଏ
ଏବଂ ଗହମରୁ ରୁଟି ତିଆରି ହୁଏ
ସେମାନେ ଗୋଟିଏ ଛୋଟ ବିଛଣା ଏବଂ
ଗୋଟିଏ ସଂକୀର୍ଣ୍ଣ ଚାଦରରେ ମରିବେନି।

ଏହି ରାସ୍ତାରେ
ଆରମ୍ଭ ନାହିଁ, ଗତି ନାହିଁ, ଶାନ୍ତି ନାହିଁ
ଏବଂ ଅନ୍ତ ନାହିଁ
କିନ୍ତୁ କଥାବିନା ଶବ୍ଦ, ସ୍ୱାଦ ବିନା ଖାଦ୍ୟ।
ବିଳମ୍ବ ବିନା, ଶୀଘ୍ରତା ବିନା
ଆମେ ନିର୍ମାଣ କରବୁ ଏହି ରାସ୍ତାର ଆରମ୍ଭ ଏବଂ ଶେଷ,
ଆମ ନିର୍ମାଣର ଅର୍ଥ:
ସମସ୍ତଙ୍କ ପାଇଁ ଗୋଟିଏ ଗୀର୍ଜା
ଏବଂ ପ୍ରତ୍ୟେକଙ୍କ ପାଇଁ ରୋଜଗାର
ପ୍ରତ୍ୟେକ କାମରେ ଲାଗିବେ।

ବୋଷ୍ଟନ୍ ସଂଧ୍ୟା ପ୍ରତିଲିପି

ବୋଷ୍ଟନ୍ ସଂଧ୍ୟା ପ୍ରତିଲିପିର ପାଠକମାନେ
ପାଚିଲା ମକା କ୍ଷେତ ପରି ପବନରେ ଉଡ଼ିଯାଅ ।

ଯେତେବେଳେ ରାସ୍ତାରେ ସଂଧ୍ୟା ଅଳ୍ପ ଶୀଘ୍ର ଆସିଯାଏ,
କିଛି ଲୋକଙ୍କ ଭିତରେ ଜୀବନର ଭୋକ ଜାଗ୍ରତ କରିବା
ଏବଂ ଅନ୍ୟମାନଙ୍କୁ ବୋଷ୍ଟନ୍ ସଂଧ୍ୟା ପ୍ରତିଲିପି ଆଣିବା ପାଇଁ,
ମୁଁ ସିଡ଼ି ଚଢ଼େ ଏବଂ ଘଣ୍ଟି ବଜାଏ, ବୁଲି ପଡ଼ିଥାଏ
ରୋଚେଫୁକୋଲ୍ଡଙ୍କୁ ବିଦାୟ ଦେବାକୁ ମୁଣ୍ଡ ହଲାଇଲା ପରି
କ୍ଲାନ୍ତ ହୋଇ କରି,
ଯଦି ରାସ୍ତାଟି ସମୟ ହୋଇଥାନ୍ତା ଏବଂ ସିଏ ରାସ୍ତାର
ଶେଷରେ ଥାଆନ୍ତେ,
ଏବଂ ମୁଁ କହେ, କଜିନ୍ ହାରିୟଟ, ଏଠି ବୋଷ୍ଟନ୍ ସଂଧ୍ୟାର
ପ୍ରତିଲିପି ଅଛି ।

ଅମରତାର ଫୁସ୍‌ଫୁସ୍ ସ୍ୱର

ଓ୍ୱେବଷ୍ଟର ମୃତ୍ୟୁ ଦ୍ୱାରା ବହୁ ପରିମାଣରେ ଆକ୍ରାନ୍ତ
ଆଉ ଚର୍ମ ତଳେ ଦେଖିଲେ ଖପୁରୀ;
ଏବଂ ସ୍ତନହୀନ ପ୍ରାଣୀମାନଙ୍କୁ ଭୂମିତଳେ
ଓଠହୀନ ହସ ସହିତ ପଛକୁ ନଇଁ ପଡ଼ିଲେ।

ବଲ୍ ବଦଳରେ ଡାଫୋଡିଲ୍ ବଲ୍‌ବ
ଆଖିର କୋରଡ଼ ଭିତରୁ ଚାହିଁ ରହିଲେ !
ସିଏ ଜାଣିଥିଲେ ଯେ ଚିନ୍ତାଧାରା
ମୃତ ଅଙ୍ଗଗୁଡ଼ିକର ଚାରିପାଖରେ ଲାଖି କରି ରହିଥାଏ।
ଏହାର କାମନା ଏବଂ ବିଳାସକୁ କଡ଼ାକଡ଼ି କରିବା।

ମୁଁ ଭାବୁଛି, ଡନ୍ ଏମିତି ଅନ୍ୟ ଜଣେ ଥିଲେ
ଯିଏ ବୁଦ୍ଧିର କୌଣସି ବିକଳ୍ପ ପାଇଲେନି;
ଧରିବା ଓ ଜାକିଦେବା ଏବଂ ପ୍ରବେଶ କରିବା ପାଇଁ,
ଅଭିଜ୍ଞତା ବାହାରେ ବିଶେଷଜ୍ଞ,

ସିଏ ମଜ୍ଜାର ଯନ୍ତ୍ରଣା ଜାଣିଥିଲେ
କଙ୍କାଳର ଆଘାତ;
ଶରୀର ସହିତ କୌଣସି ସମ୍ପର୍କ ସମ୍ଭବ ନୁହେଁ
କଂପଜରକୁ କମାଇ ଦେଲେ।

ଗ୍ରିଶକିନ୍ ଭଲ: ତାଙ୍କର ରୁଷୀୟ ଆଖି
ଗୁରୁତ୍ୱ ଦେବା ପାଇଁ ରେଖାଙ୍କିତ କରାଯାଇଛି
ଅକ୍ଷତ, ତାଙ୍କର ବନ୍ଧୁତ୍ୱପୂର୍ଣ୍ଣ ବକ୍ଷ
ବାୟୁଗତ ଆନନ୍ଦର ପ୍ରତିଶ୍ରୁତି ଦିଏ।

ଶୋଇଥିବା ବ୍ରାଜିଲ୍‌ର ଜାଗୁଆର
ଛଳ ଛଳ ମର୍ମୋସେଟ୍‌କୁ ବାଧ୍ୟକରେ
ବିଲେଇର ସୂକ୍ଷ୍ମ ପ୍ରବାହ ସହିତ;
ଗ୍ରିଶକିନ୍‌ର ଗୋଟିଏ ଘର ଅଛି;

ଚିକ୍କଣ ବ୍ରାଜିଲର ଜାଗୁଆର
ଏହା ବୃକ୍ଷଶୋଭିତ ଅନ୍ଧକାରରେ ନାହିଁ
ଡିଷ୍ଟିଲ୍ ତେଣୁ କରି ଏକ ପଦମର୍ଯ୍ୟାଦା ଦିଅନ୍ତୁ ବିଲେଇର ଗନ୍ଧକୁ
ବୈଠକଖାନାରେ ଗ୍ରିଶକିନ୍ ଭାବରେ।

ଏବଂ ସାରସ୍ୱତ ସତ୍ତାଗୁଡ଼ିକ ମଧ୍ୟ
ତାହାର ଆକର୍ଷଣକୁ ପରିକ୍ରମା କରନ୍ତି;
କିନ୍ତୁ ଆମର ସବୁ ଶୃଙ୍ଖଳା ପଞ୍ଜରା ମଧ୍ୟରେ ଘୂରି ବୁଲୁଛି
ଆମର ତତ୍ତ୍ୱବିଜ୍ଞାନକୁ ଉଷ୍ମ ରଖିବା ପାଇଁ।

ଦକ୍ଷିଣ ଆଫ୍ରିକାରେ ମରିଥିବା ଭାରତୀୟମାନଙ୍କ ପ୍ରତି

ଜଣେ ମଣିଷର ଗନ୍ତବ୍ୟ ତା' ନିଜର ଗ୍ରାମ,
ତା' ନିଜ ଚୁଲି ଏବଂ ତା' ପତ୍ନୀର ରାନ୍ଧଣା;
ସୂର୍ଯ୍ୟାସ୍ତ ସମୟରେ ନିଜ ଦୁଆର ଆଗରେ ବସି ରହେ
ଏବଂ ତା'ର ନାତି ଓ ପଡ଼ୋଶୀର ନାତି
ଏକାସାଙ୍ଗରେ ଧୂଳିରେ ଖେଳୁଥିବାର ଲକ୍ଷ୍ୟ କରେ।

କ୍ଷତବିକ୍ଷତ କିନ୍ତୁ ନିରାପଦ, ତା'ର ଅନେକ ସ୍ମୃତି ଅଛି
ଯାହା କଥୋପକଥନ ସମୟରେ ଫେରି ଆସେ,
(ଉଷ୍ଣ ବା ଶୀତଳ, ଯେମିତି ହୋଇଥାଉ ଜଳବାୟୁ ଅନୁସାରେ)
ବିଦେଶୀ ପୁରୁଷମାନଙ୍କ ମଧ୍ୟରେ ଯେଉଁମାନେ
ବିଦେଶରେ ଯୁଦ୍ଧ କରିଛନ୍ତି,
ଜଣେ ଅପର ପାଖରେ ବିଦେଶୀ।

ଜଣେ ମଣିଷର ଗନ୍ତବ୍ୟ ତା'ର ଭାଗ୍ୟ ନୁହେଁ,
ପ୍ରତ୍ୟେକ ଦେଶ ହେଉଛି ଘର
କୌଣସି ଜଣେ ମଣିଷର
ଆଉ ନିର୍ବାସନ ଅନ୍ୟର ପାଖରେ।
ଯେଉଁଠି ଜଣେ ମଣିଷ ସାହସିକତାର ସହିତ ମରିଯାଏ
ଭାଗ୍ୟ ଦ୍ୱାରା ପ୍ରତାଡ଼ିତ ସେହି ମାଟି

ତା' ନିଜର ଗ୍ରାମ ମନରେ ଥାଏ।

ଏହା ତୁମର ବା ଆମର ଜମି ନଥିଲା: କିନ୍ତୁ
ଥିଲା ମଧ୍ୟ ଭୂଭାଗରେ ଗୋଟିଏ ଗ୍ରାମ,
ଏବଂ ପାଞ୍ଚଟି ନଦୀର ମଧ୍ୟସ୍ଥଳରେ
ଗୋଟିଏ, କବରସ୍ଥାନ ଥାଇ ପାରେ।

ଯେଉଁମାନେ ଘରକୁ ଫେରିଲେ
ସେମାନେ ସେହି କାହାଣୀ ଶୁଣାଇଲେ:
କର୍ମ କଲେ ପାରସ୍ପରିକ ଉଦ୍ଦେଶ୍ୟ ନେଇ, କର୍ମ
ପୂର୍ଣ୍ଣ ହେଲା, ତଥାପି ନା ତୁମେ ନା ମୁଁ
ଜାଣିଛେ, ମୃତ୍ୟୁ ଆସିବାଯାଏଁ,
କ'ଣ ଫଳ କର୍ମର।

ମୋ ପତ୍ନୀ ପ୍ରତି ଉତ୍ସର୍ଗ

ଯାହା ପାଖରେ ମୁଁ ଋଣୀ ଉଚ୍ଛୁଳି ଉଠୁଥିବା ଖୁସୀ ପାଇଁ
ଯାହା ମୋ ଇନ୍ଦ୍ରିୟଗୁଡ଼ିକୁ କରି ଦେଉଛି ତୀବ୍ର
ଆମେ ଚେଇଁଥିବା ସମୟରେ
ଏବଂ ଛନ୍ଦ ଯାହା ଆମେ ଶୋଇଥିବା ବେଳେ
ବିଶ୍ରାମକୁ ନିୟନ୍ତ୍ରିତ କରେ,
ଐକ୍ୟବଦ୍ଧ ଭାବରେ ଶ୍ୱାସନେବା।

ପ୍ରେମିକ-ପ୍ରେମିକାଙ୍କ ଶରୀରରୁ ମହକୁ ଥାଏ
ଏକେ ଅପରର ମହକ
ସେହି ଗୋଟିଏ ଭାବନା ଆମ ମନକୁ ଆସେ
ପରସ୍ପର କଥାବାର୍ତ୍ତା ହେବା ବିନା
ଏବଂ ସେହି ଗୋଟିଏ କଥା କହୁ,
ପ୍ରୟୋଜନ ନ ଥାଏ ଅର୍ଥ ଜାଣିବା।

ବିରକ୍ତିକର ଶୀତ ଋତୁର ପବନ ଶୀତଳ ହେବନି
ବିଷନ୍ନ ଗ୍ରୀଷ୍ମମଣ୍ଡଳୀୟ ସୂର୍ଯ୍ୟ ଶୁଖିଯିବନି
ଗୋଲାପ ବଗିଚାରେ ଗୋଲାପଗୁଡ଼ିକ ଯାହା ଆମର
ଏବଂ କେବଳ ଆମର।

କିନ୍ତୁ ଏହି ଉତ୍ସର୍ଗଟି ଅନ୍ୟମାନଙ୍କର ପଢ଼ିବା ପାଇଁ:
ଏଗୁଡ଼ିକ ବ୍ୟକ୍ତିଗତ ଶବ୍ଦ ତୁମକୁ ସମ୍ବୋଧନ କରି
ଜନ ସମକ୍ଷରେ।

ନ୍ୟୁ ହ୍ୟାମ୍ପଶାୟର୍

ବଗିଚାରେ ପିଲାମାନଙ୍କର କୋଳାହଳର ସ୍ୱର
ଫୁଲ ଏବଂ ଫଳ ମାସ ତାହାର ମଝିରେ:
ସୁନା ମୁଣ୍ଡ, ସିନ୍ଦୂର ରଂଗର ମୁଣ୍ଡ,
ସବୁଜ ଅଗଭାଗ ଏବଂ ଗଛମୂଳର ମଝିରେ।
କଳା ଡେଣା, ବାଦାମୀ ଡେଣା, ଯାଅ ଉଡ଼ିଯାଅ;
କୋଡ଼ିଏ ବର୍ଷ ଏବଂ ବସନ୍ତ ଶେଷ ହୋଇଛି;
ଆଜି ଦୁଃଖ କରେ, କାଲି ଦୁଃଖ କରେ,
ମୋତେ ଢାଙ୍କି ଦିଅ, ଆଲୋକ ରହିଛି ପତ୍ର-ଗହଳରେ;
ସୁନା ମୁଣ୍ଡ, କଳା ଡେଣା,
ଜାବୁଡ଼ି ଧର, ଦୋଳି ଖେଳ,
ନାଚ, ଗୀତ ଗାଅ,
ଦୋଳି ଖେଳି ଖେଳି ଉଠିଯାଅ ସେଓ-ଗଛ ଉପରକୁ।

ଭର୍ଜିନିଆ

ଲାଲ୍ ନଦୀ, ଲାଲ୍ ନଦୀ,
ଧୀର ପ୍ରବାହ ତାପ ନୀରବ
କୌଣସି ଅଭିଳାସ ସ୍ଥିର ନୁହେଁ ନଦୀ ପରି
ତଥାପି, କ'ଣ ତାପ ଗତି କରିବ
କେବଳ ଉପହାସ-ପକ୍ଷୀ ଜରିଆରେ
ଯାହାକୁ ଥରେ ମାତ୍ର ଶୁଣାଯାଇଛି ? ଅଚଳ ପର୍ବତମାଳା
ଅପେକ୍ଷା କରେ। ଫାଟକ ଅପେକ୍ଷା କରେ। ବାଇଗଣୀ ବୃକ୍ଷ,
ଶ୍ୱେତ ବୃକ୍ଷ, ଅପେକ୍ଷା କରେ, ଅପେକ୍ଷା କରେ,
ଡେରି କର, କ୍ଷୟ ହୁଅ। ଜୀବିତ, ଜୀବିତ,
କେବେ ଗତିଶୀଳ ନୁହଁ। ସବୁବେଳେ ଗତିଶୀଳ
ଲୁହାର ଚିନ୍ତାଧାରା ମୋ ସହିତ ଆସିଲା
ଏବଂ ଯାଏ ମୋ ସହିତ:
ଲାଲ୍ ନଦୀ, ଲାଲ୍ ନଦୀ।

ୟୁସ୍କ

ଡାଳଟିକୁ ଅଚାନକ ଭାଙ୍ଗି ଦିଅନି, ଅଥବା
ଶ୍ୱେତକୂପର ପଛପଟେ
ଶ୍ୱେତ ହରିଣକୁ ଦେଖିବାର ଆଶା ଛାଡ଼ିଦିଅନି।
ଗୋଟେ ପଟେ ନଜର ପକାଇବା, ବର୍ଚ୍ଛା ପାଇଁ ନୁହେଁ,
ପ୍ରାଚୀନ ମୋହନ ମନ୍ତ୍ର ଉଚ୍ଚାରିବା ନୁହେଁ।
ସେଗୁଡ଼ିକୁ ଶୋଇବାକୁ ଦିଅ।
"ଧୀରେ ବୁଡ଼, କିନ୍ତୁ ଯାଅ ନାହିଁ
ବେଶୀ ଗଭୀରକୁ,
ଆଖିକୁ ଉଠାଇ ଦେଖ
ସଡ଼କ ଯେଉଁଠି ନଇଁ ପଡ଼ିଛି ଆଉ ଯେଉଁଠାରେ ପୁଣି
ସଡ଼କ ଉଠୁଛି
କେବଳ ସେଇଠି ଖୋଜ
ଯେଉଁଠି ଧୂସର ଆଲୋକ ମିଶିଯାଏ ସବୁଜ ପବନେ
ଯେଉଁଠାରେ ରହିଅଛି ସନ୍ୟାସୀଙ୍କ ପୂଜାଘର,
ପୁଣି ଅଛି ପ୍ରାର୍ଥନା ତ ତୀର୍ଥଯାତ୍ରୀଙ୍କର।

ଚାରିଟାବେଳେ ପବନ ଉଚ୍ଛୁଳି ଉଠିଲା

ଚାରିଟାବେଳେ ପବନ ଉଚ୍ଛୁଳି ଉଠିଲା
ପବନ ଉଚ୍ଛୁଳି ଉଠିଲା ଏବଂ ଘଣ୍ଟିଗୁଡ଼ିକୁ ଛିଣ୍ଡାଇ ଦେଲା
ଯାହା ଝୁଲୁଥିଲା ଜୀବନ ଓ ମୃତ୍ୟୁର ମଝିରେ
ଏଇଠି, ମୃତ୍ୟୁର ସ୍ୱପ୍ନିଳ ରାଜ୍ୟରେ
ବିଭ୍ରାନ୍ତିକର କଳହର ଜାଗ୍ରତ ପ୍ରତିଧ୍ୱନି
ଏହା ସ୍ୱପ୍ନ କି ଅନ୍ୟ କିଛି
ଯେତେବେଳେ କାଳିମା-ମଖା ପୃଷ୍ଠରେ ନଦୀର
ଲୋତକରେ ଭିଜା ଗୋଟିଏ ନେହେରା ?
ମୁଁ କାଳିମା-ମଖା ସେହି ନଦୀ ଆଡ଼େ ଚାହିଁଲି
ଶିବିରର ଅଗ୍ନିଶିଖା ବିଦେଶୀ ବର୍ଚ୍ଛା ସହିତ ହଲୁଥିଲା
ଏଇଠି, ମୃତ୍ୟୁର ଅନ୍ୟ ନଦୀର ପାରିରେ
ତାର୍ତାର ଅଶ୍ୱାରୋହୀଗଣ ହଲାଉଛନ୍ତି ତାଙ୍କର ବର୍ଚ୍ଛା ।

ଝରକାରେ ସକାଳ

ସେମାନେ ଭୂଗର୍ଭସ୍ଥ ରୋଷେଇ ଘରେ
ଜଳଖିଆ ଥାଳିଗୁଡ଼ିକୁ ଖଡ଼ଖଡ଼ କରୁଛନ୍ତି,
ଏବଂ ରାସ୍ତାର ପଦଦଳିତ କଡ଼ରେ
ମୁଁ ମହିଳା-ଗୃହକର୍ମୀଙ୍କର ସିକ୍ତ ଆତ୍ମା ବିଷୟରେ ଅବଗତ
କ୍ଷେତ୍ରର ଫାଟକରେ ହତାଶ ହୋଇ ଗଜା ହେଉଛି।
କୁହୁଡ଼ିର ମାଟିଆ ତରଙ୍ଗ ମୋ ଆଡ଼କୁ ଉଠୁଛି
ରାସ୍ତାର ତଳଭାଗରୁ ବଙ୍କା ମୁହଁ,
ଏବଂ ଲୋତକ କାଦୁଅ ଲଗା ସ୍କର୍ଟ ପିନ୍ଧିଥିବା ଜଣେ ପଥଚାରୀଠୁ
ଏକ ଲକ୍ଷ୍ୟହୀନ ହସ ଯାହା ପବନରେ ଉଡ଼ିଯାଏ
ଏବଂ ଛାତର ସ୍ତର ସହିତ ଅଦୃଶ୍ୟ ହୁଏ।

ସଂପର୍କୀୟା ଭଉଣୀ ନାନ୍‌ସି

ମିସ୍ ନାନ୍‌ସି ଏଲିକଟ୍ ପାହାଡ଼ ପାରି ହୋଇ
ସେଗୁଡ଼ିକୁ ଭାଙ୍ଗି ଦେଲେ,
ପାହାଡ଼ ପାରି ହୋଇ ସେଗୁଡ଼ିକୁ ଭାଙ୍ଗି ପକାଇଲେ-
ଅନୁର୍ବର ନ୍ୟୁ ଇଂଲଣ୍ଡର ପାହାଡ଼ଗୁଡ଼ିକୁ-
ଶିକାରୀ ଶିକାର କରିବାକୁ ଯାଆନ୍ତି ଘୋଡ଼ା ଚଢ଼ି କରି
ଗୋ-ଚାରଣ ଭୂମି ଉପର ଦେଇ।

ମିସ୍ ନାନ୍‌ସି ଏଲିକଟ୍‌ରେ ଧୂମପାନ କରିଥିଲେ
ଏବଂ ସବୁ ଧରଣର ଆଧୁନିକ ନୃତ୍ୟ ନାଚିଥିଲେ;
ଆଉ ତାଙ୍କ ମାଉସୀମାନେ ଏହି ବିଷୟରେ କେମିତି
ଅନୁଭବ କରୁଛନ୍ତି
ତାହାଉପରେ ସଂପୂର୍ଣ୍ଣ ନିଶ୍ଚିତ ନଥିଲେ,
କିନ୍ତୁ ସେମାନେ ଜାଣିଥିଲେ ଯେ ଏହା ଆଧୁନିକ।

ଝକମକ ଥାକ ଉପରେ ନଜର ରଖିଥିଲେ
ମାଥ୍ୟୁ ଏବଂ ୱାଲ୍ଡୋ, ବିଶ୍ୱାସର ରକ୍ଷକ,
ଅପରିବର୍ତ୍ତନୀୟ ଆଇନର ସେନା।

ଟି.ଏସ୍.ଏଲିୟଟଙ୍କ ଜୀବନୀ

ବାଲ୍ୟ ଜୀବନ ଏବଂ ଶିକ୍ଷା

ଏଲିୟଟଙ୍କ ପିତାମହ ଉଇଲିୟମ ଗ୍ରୀନ୍‌ଲିଫ୍ ଏଲିୟଟ୍, ସେଣ୍ଟ ଲୁଇସ୍, ମିସୌରୀରେ ଗୋଟିଏ ୟୁନିଟାରିଆନ୍ ଖ୍ରୀଷ୍ଟିୟାନ୍ ଚର୍ଚ୍ଚ ପ୍ରତିଷ୍ଠା କରିବା ପାଇଁ ଚାଲିଯାଇଥିଲେ। ତାଙ୍କ ପିତା ହେନ୍‌ରୀ ୱେର ଏଲିୟଟ ଥିଲେ ଜଣେ ସଫଳ ବ୍ୟବସାୟୀ, ଯିଏ ସେଣ୍ଟ ଲୁଇସ୍‌ରେ ହାଡ୍ରୋଲିକ୍-ପ୍ରେସ୍ ବ୍ରିକ୍ କଂପାନୀର ସଭାପତି ଏବଂ କୋଷାଧକ୍ଷ ଥିଲେ। ତାଙ୍କ ମାତା, ଚାର୍ଲୋଟ ଚାମ୍ପେ ଷ୍ଟର୍ନ୍ସ ଥିଲେ ଜଣେ ଶିକ୍ଷୟତ୍ରୀ, ନାରୀ କବି, ଏବଂ ସମାଜ ସେବିକା। ଏଲିୟଟ ଛଅଜଣ ବଞ୍ଚିଥିବା ସନ୍ତାନଙ୍କ ମଧ୍ୟରୁ ଶେଷ ସନ୍ତାନ ଥିଲେ। ପରିବାର ଏବଂ ବନ୍ଧୁମାନଙ୍କ ପାଖରେ ସିଏ ଟମ୍ ଭାବରେ ଥିଲେ ଜଣାଶୁଣା। ସିଏ ତାଙ୍କ ମାତୃ ପୁରୁଷ ଥମାସ୍ ଷ୍ଟର୍ନ୍ସଙ୍କ ନାମ ଗ୍ରହଣ କରିଥିଲେ। ଏଲିୟଟ ତାଙ୍କ ଜୀବନର ପ୍ରଥମ ୧୬ବର୍ଷ ପାଇଁ ସେଣ୍ଟ ଲୁଇସ୍‌ରେ ଲୋକଷ୍ଟ ଷ୍ଟ୍ରୀଟ୍‌ରେ ସେହି ଘରେ ରହୁଥିଲେ ଯେଉଁଠାରେ ସିଏ ଜନ୍ମ ହୋଇଥିଲେ। ୧୯୦୫ ମସିହାରେ ସ୍କୁଲ୍ ଯିବା ପରେ, ସିଏ କେବଳ ଛୁଟିରେ ସେଣ୍ଟ ଲୁଇସ୍‌କୁ ଆସୁଥିଲେ। ସହରରୁ ଦୂରକୁ ଯିବା ସତ୍ତ୍ୱେ ଏଲିୟଟ ଜଣେ ବନ୍ଧୁଙ୍କୁ ଲେଖିଥିଲେ ଯେ "ବିଶ୍ୱର ଅନ୍ୟ ଯେ କୌଣସି ସ୍ଥାନ ଅପେକ୍ଷା ମିଶୌରୀ ଏବଂ ମିସିସିପି ମୋ ଉପରେ ଅଧିକ ଗଭୀର ପ୍ରଭାବ ପକାଇଛି।

ଏଲିୟଟଙ୍କ ପିଲାଦିନର ସାହିତ୍ୟ ପ୍ରେମ ଅନେକ କାରଣକୁ ନେଇ ଜଣା ପଡ଼େ। ପ୍ରଥମତଃ, ତାଙ୍କୁ ପିଲାବେଳେ ଶାରୀରିକ ସୀମାବଦ୍ଧତାକୁ ଦୂରକରିବାକୁ ପଡ଼ିଥିଲା। ଜନ୍ମଗତ ଡବଲ୍ ଇଙ୍ଗିନାଲ୍ ହାର୍ନିଆ ସହିତ ସଂଘର୍ଷ କରୁଥିବାରୁ, ସିଏ ଅନେକ ଶାରୀରିକ କାର୍ଯ୍ୟକଳାପରେ ଅଂଶ ଗ୍ରହଣ କରିପାରୁନଥିଲେ ଏବଂ ଏହି ପରି ତାଙ୍କ ସାଥୀମାନଙ୍କ ପାଖରୁ ସାମାଜିକ କାରଣରୁ ବାରଣ କରାଯାଇଥିଲା। ଯେହେତୁ ସିଏ ପ୍ରାୟତଃ ଏକାକୀ ରହୁଥିଲେ, ସାହିତ୍ୟ ପ୍ରତି ତାଙ୍କର ପ୍ରେମ ବିକଶିତ ହୋଇଥିଲା।

ଏଲିୟଟଙ୍କ ବିଷୟରେ ତାଙ୍କ ସ୍ମୃତିକଥାରେ, ତାଙ୍କ ବନ୍ଧୁ ରବର୍ଟ ସେନକୋର୍ଟ ମନ୍ତବ୍ୟ ଦେଇଛନ୍ତି ଯେ ଯୁବକ ଏଲିୟଟ "ପ୍ରାୟତଃ ଏକ ବିଶାଳ ପୁସ୍ତକ ପଛରେ ଝରକା ସିଟ୍‌ରେ ଯାକିଯୁକି ହୋଇ ବସିରହି ଜୀବନର ଯନ୍ତ୍ରଣାରେ ପ୍ରତିରୋଧ ପାଇଁ ସ୍ୱପ୍ନର ଔଷଧ ତିଆରି କରୁଥିଲେ।" ଦ୍ୱିତୀୟତଃ, ଏଲିୟଟ ତାଙ୍କ ସାହିତ୍ୟିକ ଦୃଷ୍ଟିକୋଣକୁ ପ୍ରୋତ୍ସାହିତ କରିବାର ଶ୍ରେୟ ତାଙ୍କ ଜନ୍ମସ୍ଥାନକୁ ଦେଇଥିଲେ: "ଏହା ସ୍ୱୟଂ ସ୍ପଷ୍ଟ ଯେ, ସେଣ୍ଟ ଲୁଇସ୍ ମୋତେ ଅନ୍ୟ କୌଣସି ପରିବେଶ ଅପେକ୍ଷା ଅଧିକ ଗଭୀର ଭାବରେ ପ୍ରଭାବିତ କରିଥିଲା।

ମୁଁ ଅନୁଭବ କରେ ଯେ ବଡ଼ ନଦୀ କୂଳରେ ନିଜର ଶୈଶବ ବିତାଇବାରେ କିଛି ଅଛି, ଯାହା ସେହି ଲୋକମାନଙ୍କ ପାଇଁ ଯୋଗାଯୋଗହୀନ ଯେଉଁମାନେ ତାହା କରି ନାହାନ୍ତି। ମୁଁ ନିଜକୁ ଭାଗ୍ୟବାନ ମନେ କରେ ଯେ ମୁଁ ବୋଷ୍ଟନ କିମ୍ବା ନ୍ୟୁୟର୍କ କିମ୍ବା ଲଣ୍ଡନରେ ଜନ୍ମ ହୋଇନି?"

୧୮୯୮ ମସିହାରୁ ୧୯୦୫ ମସିହା ପର୍ଯ୍ୟନ୍ତ ଏଲିୟଟ ୱାଂଶିଟନ ବିଶ୍ୱବିଦ୍ୟାଳୟର ବାଳକ କଲେଜ ପ୍ରସ୍ତୁତି ବିଭାଗ ସ୍ମିଥ୍ ଏକାଡେମୀରେ ଯୋଗ ଦେଇଥିଲେ, ଯେଉଁଠାରେ ତାଙ୍କର ଅଧ୍ୟୟନ ଗ୍ରୀକ୍, ଲାଟିନ୍, ଫରାସୀ ଏବଂ ଜର୍ମାନ ଥିଲା। ସିଏ ୧୪ବର୍ଷ ବୟସରେ ଏଡ୍‌ୱାର୍ଡ଼ ଫିଜ୍‌ଜେରାଲ୍ଡଙ୍କ ଦ୍ୱାରା କରାଯାଇଥିବା ଓମାର ଖୈୟାମଙ୍କ ରୁବାଇୟାତର ଇଂରେଜୀ ଅନୁବାଦର ପ୍ରଭାବରେ କବିତା ଲେଖା ଆରମ୍ଭ କରିଥିଲେ। ସିଏ କହିଛନ୍ତି ଯେ ଫଳାଫଳଗୁଡ଼ିକ ଦୁଃଖଦ ଏବଂ ନିରାଶଜନକ ଥିଲା, ଆଉ ସିଏ ସେଗୁଡ଼ିକୁ ନଷ୍ଟ କରି ଦେଇଥିଲେ। ତାଙ୍କର ପ୍ରଥମ ପ୍ରକାଶିତ କବିତା "ଏ ଫେବଲ୍ ଫର୍ ଫିଷ୍ଟର୍ସ", ସ୍କୁଲର ଅଭ୍ୟାସ ଭାବରେ ଲେଖା ଯାଇଥିଲା ଏବଂ ୧୯୦୫ ମସିହାରେ ସ୍ମିଥ୍ ଏକାଡେମୀ ରେକର୍ଡ଼ରେ ପ୍ରକାଶିତ ହୋଇଥିଲା (ଯାହା ପାଣ୍ଡୁଲିପିରେ ତାଙ୍କର ସବୁଠାରୁ ପୁରୁଣା ବଞ୍ଚିଥିବା କବିତା), ଏକ ଶୀର୍ଷକହୀନ ଗୀତିକା, ପରେ ସଂଶୋଧିତ ଏବଂ ହାର୍ଭାର୍ଡ଼ ଆଡ୍‌ଭୋକେଟ୍‌ରେ "ଗୀତ" ଭାବରେ ପୁନଃ ମୁଦ୍ରିତ ହୋଇଥିଲା। ସିଏ ୧୯୦୫ ମସିହାରେ ମସିହାରେ ତିନୋଟି କ୍ଷୁଦ୍ର ଗଳ୍ପ ପ୍ରକାଶ କରିଥିଲେ, "ବାର୍ଡ୍ସ ଅଫ୍ ପ୍ରେ" ଏ ଟେଲ୍ ଅଫ୍ ଏ ହ୍ୱେଲ୍" ଏବଂ "ଦି ମ୍ୟାନ ହୁ ୱାଜ୍ କିଂଗ୍"। ଶେଷ ଉଲ୍ଲିଖିତ କାହାଣୀଟି ୧୯୦୪ ମସିହାରେ ସେଣ୍ଟ ଲୁଇସ୍ ବିଶ୍ୱମେଳା ପରିଦର୍ଶନ କରିବା ସମୟରେ ଇଗୋରେଟ୍ ଗ୍ରାମର ତାଙ୍କର ଅନୁସନ୍ଧାନକୁ ପ୍ରତିଫଳିତ କରିଥିଲା। ତେଣୁ ଆଦିବାସୀ ଲୋକଙ୍କ ପ୍ରତି ତାଙ୍କର ଆଗ୍ରହ ହାର୍ଭାର୍ଡ ବିଶ୍ୱବିଦ୍ୟାଳୟରେ ତାଙ୍କର ମାନବଶାସ୍ତ୍ର ଅଧ୍ୟୟନ ପୂର୍ବରୁ ଥିଲା।

ସ୍ମିଥ୍ ଏକାଡ଼େମୀରୁ ସ୍ନାତକ ହାସଲ କରିବା ପରେ, ଏଲିୟଟ ମାସାଚୁସେଟ୍ସର

ମିଲ୍‌ଟନ୍ ଏକାଡ଼େମୀରେ ଏକ ପ୍ରସ୍ତୁତି ବର୍ଷ ପାଇଁ ଯୋଗ ଦେଇଥିଲେ, ଯେଉଁଠାରେ ସିଏ ସ୍କୋଫିଲ୍ଡ ଥାୟାରଙ୍କୁ ଭେଟିଥିଲେ, ଯିଏ ପରେ "ଦି ୱେଷ୍ଟ ଲ୍ୟାଣ୍ଡ" ପ୍ରକାଶ କରିଥିଲେ। ସିଏ ୧୯୦୬ ମସିହାରୁ ୧୯୦୯ ମସିହା ପର୍ଯ୍ୟନ୍ତ ହାର୍ଭାଡ଼ କଲେଜରେ ଅଧ୍ୟୟନ କରିଥିଲେ। ୧୯୦୯ ମସିହାରେ ତୁଳନାତ୍ମକ ସାହିତ୍ୟ ପରି ଏକ ଇଲେକ୍ଟିଭ ପ୍ରୋଗ୍ରାମ୍‌ରେ କଳାରେ ସ୍ନାତକ ଏବଂ ପରବର୍ଷ ଇଂରେଜୀ ସାହିତ୍ୟରେ ମାଷ୍ଟର ଅଫ ଆର୍ଟ୍ସ ହାସଲ କରିଥିଲେ। ମିଲ୍‌ଟନ୍ ଏକାଡ଼େମୀରେ ସିଏ ଏକ ବର୍ଷ ଅଧ୍ୟୟନ କରିଥିବା ଯୋଗୁ, ଏଲିୟଟ ସାଧାରଣ ଚାରିବର୍ଷ ବଦଳରେ ତିନିବର୍ଷ ପରେ କଳାରେ ସ୍ନାତକ ହାସଲ କରିବାକୁ ଅନୁମତି ପାଇଥିଲେ। ଫ୍ରାଙ୍କ୍ କରମୋଡ୍ ଲେଖିଛନ୍ତି ଯେ ଏଲିୟଟଙ୍କର ସ୍ନାତକ କ୍ୟାରିୟରର ସବୁଠାରୁ ଗୁରୁତ୍ୱପୂର୍ଣ୍ଣ ମୁହୂର୍ତ୍ତ ୧୯୦୮ ମସିହାରେ ଥିଲା ଯେତେବେଳେ ସିଏ ଅର୍ଥର ସାଇମନ୍ସଙ୍କ "ଦି ସିମ୍ବଲିଷ୍ଟ ମୁଭ୍‌ମେଣ୍ଟ ଇନ୍ ଲିଟରେଚର" ଆବିଷ୍କାର କରିଥିଲେ। ଏହା ତାଙ୍କୁ ଜୁଲ୍ସ ଲାଫୋର୍ଗ, ଆର୍ଥର ରିମ୍ବାଉଡ୍ ଏବଂ ପଲ୍ ଭର୍ଲେନ୍‌ଙ୍କ ସହିତ ପରିଚିତ କରାଇଥିଲା। ଭର୍ଲେନଙ୍କ ବିନା, ଏଲିୟଟ ଲେଖିଥିଲେ, ସିଏ ହୁଏତ କେବେ ଟ୍ରିଷ୍ଟାନ କର୍ବିଏର ଏବଂ ତାଙ୍କ ପୁସ୍ତକ "ଲେସ୍ ଆମୋର୍ସ ଜାଉନ୍ସ" ବିଷୟରେ ଶୁଣିନଥାନ୍ତେ, ଯାହା ଏଲିୟଟଙ୍କର ଜୀବନର ଗତିପଥକୁ ପ୍ରଭାବିତ କରିଥିଲା। ହାର୍ଭାର୍ଡ ଆଡ୍‌ଭୋକେଟ୍‌ରେ ତାଙ୍କର କିଛି କବିତା ପ୍ରକାଶ ପାଇଥିଲା ଏବଂ ସିଏ କନ୍‌ରାଡ୍ ଆଇକେନ୍‌ଙ୍କ ସହିତ ଜୀବନବ୍ୟାପୀ ବନ୍ଧୁ ହୋଇଗଲେ।

୧୯୦୯ ମସିହାରୁ ୧୯୧୦ ମସିହା ପର୍ଯ୍ୟନ୍ତ ହାର୍ଭାର୍ଡରେ ଦର୍ଶନ ସହାୟକ ଭାବରେ କାର୍ଯ୍ୟ କରିବା ପରେ, ଏଲିୟଟ ପ୍ୟାରିସ୍‌କୁ ଚାଲିଗଲେ, ଯେଉଁଠାରେ ୧୯୧୦ ମସିହାରୁ ୧୯୧୧ ମସିହା ପର୍ଯ୍ୟନ୍ତ ସିଏ ପ୍ୟାରିସ୍ ପ୍ୟାରିସ୍ ବିଶ୍ୱବିଦ୍ୟାଳୟରେ ଦର୍ଶନ ଅଧ୍ୟୟନ କରିଥିଲେ। ସିଏ ହେନ୍‌ରୀ ବର୍ଗସନ୍‌ଙ୍କ ବକ୍ତୃତାରେ ଯୋଗ ଦେଇଥିଲେ ଏବଂ ଆଲେନ୍-ଫୋର୍ନିୟରଙ୍କ ସହିତ କବିତା ପାଠ କରିଥିଲେ। ହାର୍ଭାର୍ଡ ସ୍ନାତକ ବିଦ୍ୟାଳୟର ସଦସ୍ୟ ଥିବା ସମୟରେ ଏଲିୟଟ୍ ଏମିଲି ହେଲ୍‌ଙ୍କ ପ୍ରେମରେ ପଡ଼ିଥିଲେ। ୧୯୧୪ ମସିହାରେ ଏଲିୟଟଙ୍କୁ ଅକ୍ସଫୋର୍ଡ଼ର ମେର୍ଟନ କଲେଜରେ ଛାତ୍ରବୃତ୍ତି ପ୍ରଦାନ କରାଯାଇଥିଲା। ସିଏ ପ୍ରଥମେ ଜର୍ମାନ ସାମ୍ରାଜ୍ୟର ମାର୍ବର୍ଗ ଗସ୍ତ କରିଥିଲେ, ଯେଉଁଠାରେ ସିଏ ଗ୍ରୀଷ୍ମକାଳୀନ କାର୍ଯ୍ୟକ୍ରମ ନେବାକୁ ଯୋଜନା କରିଥିଲେ, କିନ୍ତୁ ଯେତେବେଳେ ବିଶ୍ୱଯୁଦ୍ଧ ଆରମ୍ଭ ହେଲା ସେତେବେଳେ ସିଏ ଅକ୍ସଫୋର୍ଡ଼ ବିଶ୍ୱବିଦ୍ୟାଳୟକୁ ଯାଇଥିଲେ। ସେହି ସମୟରେ ଏତେ ଆମେରିକୀୟ ଛାତ୍ର ମାର୍ଟନ ଯୋଗଦେଇଥିଲେ ଯେ ଜୁନିଅର୍ କମନ୍ ରୁମ୍ ଏକ ପ୍ରସ୍ତାବ ଦେଇଥିଲା ଯେ "ଏହି ସମାଜ ଅକ୍ସଫୋର୍ଡର ଆମେରିକୀୟକରଣକୁ ଘୃଣା କରେ।" ଏଲିୟଟ ଛାତ୍ରମାନଙ୍କୁ ଆମେରିକୀୟ ସଂସ୍କୃତି

ପ୍ରତି କେତେ ଋଣୀ ତାହା ମନେ ପକାଇ ଦେବା ପରେ ଏହା ଦୁଇଟି ଭୋଟ୍‌ରେ ପରାସ୍ତ ହୋଇଥିଲା ।

୧୯୧୪ ମସିହାରେ ନବବର୍ଷର ନବ ସଂଧ୍ୟାରେ ଏଲିୟଟ କନରାଡ୍ ଆଇକେନଙ୍କୁ ଲେଖିଥିଲେ: "ମୁଁ ବିଶ୍ୱବିଦ୍ୟାଳୟ ସହର ଏବଂ ବିଶ୍ୱବିଦ୍ୟାଳୟ ଲୋକଙ୍କୁ ଘୃଣା କରେ । ଅକ୍ସଫୋର୍ଡ଼ ବହୁତ ସୁନ୍ଦର, କିନ୍ତୁ ମୁଁ ମୃତ ହେବାକୁ ପସନ୍ଦ କରେନି । ଅକ୍ସଫୋର୍ଡ ଛାଡ଼ି ଏଲିୟଟ ତାଙ୍କର ଅଧିକାଂଶ ସମୟ ଲଣ୍ଡନରେ ବିତାଇଲେ । ଏହି ସହର ଅନେକ କାରଣ ପାଇଁ ଏଲିୟଟଙ୍କ ଉପରେ ଏକ ସ୍ମାରକୀ ଏବଂ ଜୀବନ ପରିବର୍ତ୍ତନକାରୀ ପ୍ରଭାବ ପକାଇଥିଲା, ଯାହା ମଧ୍ୟରୁ ସବୁଠାରୁ ଗୁରୁତ୍ୱପୂର୍ଣ୍ଣ ଥିଲା ପ୍ରଭାବଶାଳୀ ଆମେରିକୀୟ କବି ଏଜ୍ରା ପାଉଣ୍ଡଙ୍କ ସହ ତାଙ୍କର ପରିଚୟ । ଆଇକେନ୍‌ଙ୍କ ମାଧ୍ୟମରେ ଗୋଟିଏ ସମ୍ପର୍କ ଏକ ବ୍ୟବସ୍ଥାବଦ୍ଧ ବୈଠକର ପରିଣାମ ସ୍ୱରୂପ ହୋଇଥିଲା ଏବଂ ୨୨ ସେପ୍ଟେମ୍ବର ୧୯୧୪ ମସିହାରେ, ଏଲିୟଟ ଏଜ୍ରା ପାଉଣ୍ଡଙ୍କ ଘରକୁ ଯାଇଥିଲେ । ପାଉଣ୍ଡ ତୁରନ୍ତ ଏଲିୟଟଙ୍କୁ "ଦେଖିବା ଯୋଗ୍ୟ" ବୋଲି ବିବେଚନା କରିଥିଲେ । ଜଣେ କବି ଭାବରେ ଏହା ଏଲିୟଟଙ୍କ ନୂତନ କ୍ୟାରିୟର ପାଇଁ ଗୁରୁତ୍ୱପୂର୍ଣ୍ଣ ଥିଲା, କାରଣ ତାଙ୍କୁ ସାମାଜିକ କାର୍ଯ୍ୟକ୍ରମ ଏବଂ ସାହିତ୍ୟିକ ସମାବେଶ ମାଧ୍ୟମରେ ଏଲିୟଟଙ୍କୁ ପ୍ରୋତ୍ସାହିତ କରିବାର ଶ୍ରେୟ ଦିଆଯାଇଛି । ତେଣୁ ଜୀବନୀକାର ଜନ୍ ୱାର୍ଥେନ୍‌ଙ୍କ ଅନୁଯାୟୀ ଇଂଲଣ୍ଡରେ ତାଙ୍କ ସମୟ ମଧ୍ୟରେ ଏଲିୟଟ "ଅକ୍ସଫୋର୍ଡକୁ ଯଥାସମ୍ଭବ କମ୍ ଯାଉଥିଲେ । ସିଏ ଲଣ୍ଡନରେ ଥିବା ସମୟରେ ପାଉଣ୍ଡ ହିଁ ସବୁଠାରୁ ଅଧିକ ସାହାଯ୍ୟ କରିଥିଲେ, ତାଙ୍କୁ ସବୁଠି ପରିଚିତ କରାଇଥିଲେ ।"

ଶେଷରେ, ଏଲିୟଟ ମେର୍ଟନରେ ସ୍ଥିର ହୋଇ ନ ରହି, ଗୋଟିଏ ବର୍ଷ ପରେ ସେଠାରୁ ଚାଲିଗଲେ । ୧୯୧୫ ମସିହାରେ ଏଲିୟଟ ଲଣ୍ଡନ ବିଶ୍ୱବିଦ୍ୟାଳୟର ବିର୍କବେକ୍ କଲେଜରେ ଇଂରେଜୀ ଅଧ୍ୟାପକ ଭାବରେ ଯୋଗଦେଲେ । ୧୯୧୬ ମସିହାରେ ହାର୍ଭାର୍ଡ ପାଇଁ ବ୍ରିଟିଶ ଦାର୍ଶନିକ ଏଫ୍.ଏଚ୍.ବ୍ରାଡ୍‌ଲେଙ୍କ ଦର୍ଶନରେ ଜ୍ଞାନ ଓ ଅଭିଜ୍ଞତା ଉପରେ ଗୋଟିଏ ଦାର୍ଶନିକ ପ୍ରବନ୍ଧ ସମାପ୍ତ କରିଥିଲେ, କିନ୍ତୁ ମୌଖିକ ପରୀକ୍ଷା ପାଇଁ ଫେରିପାରି ନଥିଲେ ।

ବିବାହ

ଆମେରିକା ଛାଡ଼ିବା ପୂର୍ବରୁ, ଏଲିୟଟ ଏମିଲି ହେଲଙ୍କୁ କହିଥିଲେ ଯେ ସିଏ ତାଙ୍କ ପ୍ରେମରେ ପଡ଼ିଛନ୍ତି । ସିଏ ୧୯୧୪ ଏବଂ ୧୯୧୫ ମସିହା ମଧ୍ୟରେ ଅକ୍ସଫୋର୍ଡରୁ ତାଙ୍କ ସହିତ ଚିଠି ଆଦାନ ପ୍ରଦାନ କରିଥିଲେ କିନ୍ତୁ, ୧୯୨୭ ମସିହା

ପର୍ଯ୍ୟନ୍ତ ସେମାନଙ୍କର ଆଉ ସାକ୍ଷାତ ହୋଇନଥିଲା। ଡିସେମ୍ବର ୧୯୧୪ ମସିହାର ଶେଷ ଭାଗରେ ଆଇକେନ୍‌ଙ୍କୁ ଲେଖିଥିବା ଏକ ଚିଠିରେ, ୨୬ ବର୍ଷ ବୟସ୍କ ଏଲିୟଟ ଲେଖିଥିଲେ, "ମୁଁ ମହିଳାମାନଙ୍କ ଉପରେ ବହୁତ ନିର୍ଭରଶୀଳ (ମହିଳା ସମାଜ ଅର୍ଥରେ ଲେଖିଛି)"। ଚାରିମାସରୁ କମ୍ ସମୟ ପରେ, ଥାୟର ଏଲିୟଟଙ୍କୁ ଜଣେ କେମ୍ବ୍ରିଜ୍ ଗଭର୍ନେସ୍ ଭିଭିଏନ୍ ହାଇ-ଉଡ୍‌ଙ୍କ ସହିତ ପରିଚୟ କରାଇଥିଲେ। ସେମାନେ ୨୬ ଜୁନ୍ ୧୯୧୫ ମସିହାରେ ହାମ୍ପଷ୍ଟିଡ୍ ରେଜିଷ୍ଟ୍ରାର ଅଫିସ୍‌ରେ ବିବାହ କରିଥିଲେ।

ଆମେରିକାରେ ତାଙ୍କ ପରିବାରକୁ ଏକାକୀ ଏକ ଛୋଟ ଗସ୍ତରେ ଯାଇ ଏଲିୟଟ ଲଣ୍ଡନ ଫେରି ଆସିଲେ ଏବଂ ଲଣ୍ଡନ ବିଶ୍ୱବିଦ୍ୟାଳୟର ବିର୍କବେକ୍ କଲେଜରେ ବକ୍ତୃତା ଦେବା ଭଳି ଅନେକ ଶିକ୍ଷକତା ଚାକିରି ଗ୍ରହଣ କଲେ। ନବ ବିବାହିତ ଦମ୍ପତ୍ତି ଏବଂ ବାଟ୍ରାଣ୍ଡ ରସେଲ୍ ଗୋଟିଏ ଫ୍ଲାଟରେ ରହୁଥିବା ସମୟରେ ଦାର୍ଶନିକ ବଟ୍ରାଣ୍ଡ ରସେଲ୍ ଭିଭିଏନ୍‌ଙ୍କ ପ୍ରତି ଆଗ୍ରହୀ ହୋଇଥିଲେ। କିଛି ବିଦ୍ୱାନ ମତ ଦିଅନ୍ତି ଯେ ତାଙ୍କର ଏବଂ ରସେଲ୍‌ଙ୍କ ମଧ୍ୟରେ ପ୍ରେମ ସମ୍ପର୍କ ଥିଲା, କିନ୍ତୁ ଅଭିଯୋଗ କେବେ ବି ସ୍ଥିର ହୋଇ ପାରିନଥିଲା।

ଭିଭିଏନ୍‌ଙ୍କ ସ୍ୱାସ୍ଥ୍ୟ ସମସ୍ୟା ହେତୁ ଏହି ବିବାହ ସ୍ପଷ୍ଟ ଭାବରେ ଅକୃତକାର୍ଯ୍ୟ ଥିବାପରି ମନେ ହୁଏ। ଏଜ୍ରା ପାଉଣ୍ଡଙ୍କୁ ଲେଖା ଯାଇଥିବା ଗୋଟିଏ ଚିଠିରେ, ସିଏ ତାଙ୍କର ଲକ୍ଷଣଗୁଡ଼ିକର ଏକ ବିସ୍ତୃତ ତାଲିକା ଦେଇଛନ୍ତି, ଯେଉଁଥିରେ ଅଭ୍ୟାସଗତ ଭାବରେ ଉଚ୍ଚ ତାପମାତ୍ରା, ଥକ୍କାପଣ, ଅନିଦ୍ରା, ମାଇଗ୍ରେନ୍ ଏବଂ କୋଲାଇଟିସ୍ ଅନ୍ତର୍ଭୁକ୍ତ। ଏହା ସ୍ପଷ୍ଟ ମାନସିକ ଅସ୍ଥିରତା ସହିତ ମିଳିତ ହୋଇ, ତାଙ୍କୁ ଏଲିୟଟ ଏବଂ ତାଙ୍କ ଡାକ୍ତରମାନେ ତାଙ୍କ ସ୍ୱାସ୍ଥ୍ୟରେ ଉନ୍ନତି ଆଣିବା ଆଶାରେ ଦୀର୍ଘ ସମୟ ପାଇଁ ଦୂରକୁ ପଠାଇ ଦେଇଥିଲେ। ସମୟ ବିତିବା ସହିତ ସିଏ ତାଙ୍କଠାରୁ କ୍ରମଶଃ ବିଚ୍ଛିନ୍ନ ହୋଇଗଲେ। ସାକ୍ଷୀମାନଙ୍କ ଅନୁସାରେ, ଉଭୟ ଶାରୀରିକ ଏବଂ ମାନସିକ ଅସୁସ୍ଥତାର ବାରମ୍ବାର ଅଭିଯୋଗ କରୁଥିଲେ, ଯେତେବେଳେ ଏଲିୟଟ ଅତ୍ୟଧିକ ମଦ୍ୟପାନ କରୁଥିଲେ। ଏହା ବ୍ୟତୀତ କୁହାଯାଏ ଯେ ଭିଭିଏନ୍ ଅଫିମ ଏବଂ ଇଥର୍ ଚିକିତ୍ସା ସମସ୍ୟା ପାଇଁ ନିର୍ଦ୍ଧାରିତ ଔଷଧ ପ୍ରତି ଆକୃଷ୍ଟ ହୋଇଥିଲେ। ଦାବୀ କରାଯାଏ ଯେ ଦମ୍ପତ୍ତିଙ୍କ କ୍ଲାନ୍ତ ଆଚରଣ କିଛି ପରିଦର୍ଶକଙ୍କୁ ଉଭୟଙ୍କ ସହ ଆଉ ଏକ ସଂଧ୍ୟା ବିତାଇବାକୁ ପ୍ରତିଜ୍ଞା କରିଥିଲା। ଏହି ଦମ୍ପତ୍ତି ୧୯୩୨ ମସିହାରେ ଅଲଗା ହୋଇଗଲେ ଏବଂ ୧୯୩୮ ମସିହାରେ ଆନୁଷ୍ଠାନିକ ଭାବରେ ଅଲଗା ହେଲେ। ୧୯୩୮ ମସିହାରେ ଭିଭିଏନ୍‌ଙ୍କ ଭାଇ ମରିସ୍ ତାଙ୍କ ଇଚ୍ଛା ବିରୁଦ୍ଧରେ ତାଙ୍କୁ ଗୋଟିଏ ମାନସିକ ଚିକିତ୍ସାଳୟରେ ଭର୍ତ୍ତି କରାଇଥିଲେ, ଯେଉଁଠାରେ ସିଏ ୧୯୪୭ ମସିହାରେ। ହୃଦରୋଗରେ ତାଙ୍କ

ମୃତ୍ୟୁ ପର୍ଯ୍ୟନ୍ତ ରହିଥିଲେ । ଚିକିତ୍ସାଳୟ ତରଫରୁ ଏକ ଫୋନ୍ କଲ ମାଧ୍ୟମରେ କୁହାଗଲା ଯେ ଭିଭିଏନ୍ ରାତିରେ ଅପ୍ରତ୍ୟାଶିତ ଭାବରେ ମୃତ୍ୟୁ ବରଣ କରିଛନ୍ତି । କୁହାଯାଏ ଯେ ଏଲିୟଟ ତାଙ୍କ ମୁହଁକୁ ହାତ ଦେଇ ମାଡ଼ି ବସିଥିଲେ ଏବଂ 'ହେ ଭଗବାନ, ହେ ଭଗବାନ' ବୋଲି ଚିତ୍କାର କରିଥିଲେ ।

ସେମାନଙ୍କର ସମ୍ପର୍କ ୧୯୮୪ ମସିହାରେ ଏକ ନାଟକ" ଟମ୍ ଆଣ୍ଡ ଭିଭ୍"ର ବିଷୟ ପାଲଟିଥିଲା, ଯାହାକୁ ୧୯୯୪ ମସିହାରେ ଏକ ଚଳଚିତ୍ର ଭାବରେ ରୂପାନ୍ତରିତ କରାଯାଇଥିଲା ।

ଷାଠିଏ ଦଶକରେ ଲିଖିତ ଏକ ବ୍ୟକ୍ତିଗତ ପତ୍ରିକାରେ ଏଲିୟଟ ସ୍ୱୀକାର କରିଥିଲେ: "ମୁଁ ନିଜକୁ ବୁଝାଇବାକୁ ଲାଗିଲି ଯେ ମୁଁ ଭିଭିଏନ୍‌ଙ୍କୁ ଭଲ ପାଉଛି ଏବଂ ଇଂଲଣ୍ଡରେ ରହିବାକୁ ନିଜକୁ ପ୍ରତିବଦ୍ଧ କରିଛି । ଆଉ ସିଏ ନିଜକୁ ବୁଝାଇଲେ (ଏଜ୍ରା ପାଉଣ୍ଡଙ୍କ ପ୍ରଭାବରେ ମଧ୍ୟ) ଯେ ସିଏ କବିଙ୍କୁ ଇଂଲଣ୍ଡରେ ରଖି ରକ୍ଷା କରିବେ । ତାଙ୍କ ପାଇଁ ବିବାହ କୌଣସି ଖୁସି ଆଣିଲାନି । ମୋ ପାଇଁ ଏହା ମାନସିକ ଅସୁସ୍ଥତା ଆଣିଲା ଯେଉଁଥିରୁ 'ଦି ୱେଷ୍ଟ ଲ୍ୟାଣ୍ଡ' ଆସିଲା ।

ଶିକ୍ଷାଦାନ, ବ୍ୟାଙ୍କିଙ୍ଗ୍ ଚାକିରି ଏବଂ ପ୍ରକାଶନ

ମେର୍ଟନ ଛାଡ଼ିବା ପରେ, ଏଲିୟଟ ଜଣେ ସ୍କୁଲ ଶିକ୍ଷକ ଭାବରେ କାର୍ଯ୍ୟ କରିଥିଲେ, ବିଶେଷକରି ଲଣ୍ଡନର ହାଇଗେଟ୍ ସ୍କୁଲରେ, ଯେଉଁଠି ସିଏ ଫରାସୀ ଏବଂ ଲାଟିନ୍ ପଢ଼ାଉଥିଲେ: ତାଙ୍କ ଛାତ୍ରମାନଙ୍କ ମଧ୍ୟରେ ଜନ୍ ବେଟଜେମ୍ୟାନ ମଧ୍ୟ ଥିଲେ । ପରବର୍ତ୍ତୀ ସମୟରେ ସିଏ ବକିଂହାମଶାୟାରର ହାଇ ୱାଇକମ୍ବସ୍ଥିତ ରୟାଲ୍ ଗ୍ରାମର ସ୍କୁଲରେ ଶିକ୍ଷାଦାନ କରୁଥିଲେ । ଅତିରିକ୍ତ ଟଙ୍କା ରୋଜଗାର କରିବା ପାଇଁ ସିଏ ପୁସ୍ତକ ସମୀକ୍ଷା ଲେଖୁଥିଲେ ଏବଂ ୟୁନିଭର୍ସିଟି କଲେଜ ଲଣ୍ଡନ ଏବଂ ଅକ୍ସଫୋର୍ଡରେ ସଂଧ୍ୟାକାଳୀନ ପ୍ରସାରଣ ପାଠକ୍ରମରେ ବକ୍ତୃତା ଦେଉଥିଲେ । ୧୯୧୭ ମସିହାରେ ସିଏ ଲଣ୍ଡନର ଲଏଡ୍ସ ବ୍ୟାଙ୍କରେ ଏକ ପଦବୀ ଗ୍ରହଣ କରିଥିଲେ, ବିଦେଶୀ ଆକାଉଣ୍ଟରେ କାମ କରିଥିଲେ । ୧୯୨୦ ମସିହା ଅଗଷ୍ଟ ମାସରେ କଳାକାର ୱିଣ୍ଡହାମ୍ ଲୁଇସ୍‌ଙ୍କ ସହିତ ପ୍ୟାରିସ୍ ଯାତ୍ରାରେ ଯାଇଥିବା ସମୟରେ ସେଠାରେ ଲେଖକ ଜେମ୍ସ ଜଏସ୍‌ଙ୍କୁ ଭେଟିଥିଲେ । ଏଲିୟଟ କହିଥିଲେ ଯେ ସିଏ ଜଏସ୍‌ଙ୍କୁ ଅହଂକାରୀ ପାଇଥିଲେ ଏବଂ ଜଏସ୍ ସେହି ସମୟରେ ଜଣେ କବି ଭାବରେ ଏଲିୟଟଙ୍କ ଦକ୍ଷତା ଉପରେ ସନ୍ଦେହ କରୁଥିଲେ । କିନ୍ତୁ ଦୁଇଜଣଯାକ ଲେଖକ ଶୀଘ୍ର ବନ୍ଧୁ ହୋଇଗଲେ । ଏଲିୟଟ ଏବଂ ୱିଣ୍ଡହାମ୍ ଲୁଇଟ ମଧ୍ୟରେ ଘନିଷ୍ଠ ବନ୍ଧୁତା ବଜାୟ ରହିଥିଲା, ଯାହାଫଳରେ

ଲୁଇସ୍ ପରେ ୧୯୩୮ ମସିହାରେ ତାଙ୍କର ପ୍ରସିଦ୍ଧ ଏଲିୟଟ ପୋର୍ଟ୍ରେଟ୍ ଚିତ୍ର ତିଆରି କରିଥିଲେ।

ଚାର୍ଲ୍ସ ହ୍ୱିବ୍‌ଲି ଏଲିୟଟଙ୍କୁ ଜେଫ୍ରି ଫାବରଙ୍କୁ ସୁପାରିଶ କରିଥିଲେ। ୧୯୨୫ ମସିହାରେ ଏଲିୟଟ ଲଏଜ୍ସ ଛାଡ଼ି ପ୍ରକାଶନ ସଂସ୍ଥା ଫାବର ଆଣ୍ଡ ଗ୍ୱାୟାର (ପରେ ଯାହା ଫାବର ଆଣ୍ଡ ଫାବର ହେଲା)ରେ ନିର୍ଦ୍ଦେଶକ ହୋଇଥିଲେ, ଯେଉଁଠାରେ ସିଏ ତାଙ୍କ କ୍ୟାରିୟରର ବାକି ସମୟ ପାଇଁ ରହିଥିଲେ।

ଫାବର ଆଣ୍ଡ ଫାବରରେ ସିଏ, ଡବ୍ଲ୍ୟୁ.ଏଚ୍.ଅଡେନ, ଷ୍ଟିଫେନ ସ୍ପେଣ୍ଡର, ଚାର୍ଲ୍ସମ୍ୟାଜ ଏବଂ ଟେଡ୍ ହ୍ୟୁଗ୍ସଙ୍କ ସମେତ ବିଶିଷ୍ଟ ଇଂରେଜୀ କବିମାନଙ୍କର ପ୍ରକାଶନ ପାଇଁ ଦାୟୀ ଥିଲେ।

ଆଙ୍ଗ୍‌ଲିକାନିଜିମ୍ ଏବଂ ବ୍ରିଟିଶ ନାଗରିକତାକୁ ପରିବର୍ତ୍ତନ

୨୯ ଜୁନ୍ ୧୯୨୭ ମସିହାରେ ଏଲିୟଟ ୟୁନିଟାରିଆନିଜିମ୍‌ରୁ ଆଙ୍ଗ୍‌ଲିକାନିଜିମ୍ ଗ୍ରହଣ କରିଥିଲେ ଏବଂ ସେହି ବର୍ଷ ନଭେମ୍ବରରେ ସିଏ ବ୍ରିଟିଶ ନାଗରିକତ୍ୱ ଗ୍ରହଣ କରିଥିଲେ। ସିଏ ତାଙ୍କର ଯୁକ୍ତରାଷ୍ଟ୍ର ଆମେରିକାର ନାଗରିକତା ପରିତ୍ୟାଗ କରିଥିଲେ। ସିଏ ତାଙ୍କର ପାରିସ୍ ଚର୍ଚ୍ଚ, ସେଣ୍ଟ ଷ୍ଟିଫେନ୍ସ, ଗ୍ଲୁସେଷ୍ଟର ରୋଡ୍, ଲଣ୍ଡନର ଜଣେ ଚର୍ଚ୍ଚୱାର୍ଡେନ୍ ଏବଂ ରାଜା ଚାର୍ଲ୍ସ ଦି ମାଟିର ସମାଜର ଆଜୀବନ ସଦସ୍ୟ ହୋଇଥିଲେ। ସିଏ ନିଜକୁ "ସାହିତ୍ୟରେ ଶାସ୍ତ୍ରୀୟ, ରାଜନୀତିରେ ରାଜବାଦୀ ଏବଂ ଧର୍ମରେ ଆଂଗ୍ଲୋ-କ୍ୟାଥଲିକ୍" ଘୋଷଣା କରି ନିଜକୁ ସ୍ୱତନ୍ତ୍ର ଭାବରେ ଆଂଗ୍ଲୋ-କ୍ୟାଥଲିକ୍ ରୂପେ ପରିଚିତ କରାଇଥିଲେ।

ପ୍ରାୟ ୩୦ବର୍ଷ ପରେ ଏଲିୟଟ ତାଙ୍କ ଧାର୍ମିକ ଦୃଷ୍ଟିକୋଣ ଉପରେ ମନ୍ତବ୍ୟ ଦେଇଥିଲେ ଯେ ସିଏ "କ୍ୟାଥଲିକ୍ ମନ, କାଲଭିନିଷ୍ଟ ଐତିହ୍ୟ ଏବଂ ପ୍ୟୁରିଟାନିକାଲ୍ ସ୍ୱଭାବକୁ ଏକତ୍ର କରିଥିଲେ।" ତାଙ୍କର ମଧ୍ୟ ବ୍ୟାପକ ଆଧ୍ୟାତ୍ମିକ ଆଗ୍ରହ ଥିଲା। ସିଏ ମନ୍ତବ୍ୟ ଦେଇଥିଲେ ଯେ "ମୁଁ ଆଧୁନିକ ମଣିଷ ପାଇଁ ପ୍ରଗତିର ପଥ ଦେଖୁଥାଏ, ତା'ର ନିଜସ୍ୱ ଆତ୍ମା ସହିତ, ତା'ର ଅନ୍ତର୍ନିହିତ ସତ୍ତା ସହିତ।" ଆଉ ଜୋହାନ ଉଲଫଗାଙ୍ଗ ଭନ୍ ଗୋଏଥେ ଏବଂ ରୁଡଲ୍ଫ ଷ୍ଟାଇନରଙ୍କୁ ଏହିପରି ଉଦାହରଣ ଭାବରେ ଉଲ୍ଲେଖ କରିଥିଲେ।

ଏଲିୟଟଙ୍କ ଜୀବନୀକାରମାନଙ୍କ ମଧ୍ୟରୁ ଜଣେ, ପିଟର୍ ଆକ୍ରୋଏଡ୍, ମନ୍ତବ୍ୟ ଦେଇଥିଲେ ଯେ "ଏଲିୟଟଙ୍କର ଧର୍ମାନ୍ତରୀକରଣ ଉଦ୍ଦେଶ୍ୟ ଦୁଇଟି ଥିଲା। ଗୋଟିଏ: ଇଂଲଣ୍ଡର ଚର୍ଚ୍ଚ ଏଲିୟଟଙ୍କୁ ନିଜ ପାଇଁ କିଛି ଆଶା ପ୍ରଦାନ କରିଥିଲା ଏବଂ ମୁଁ ଭାବୁଛି

ଏଲିୟଟଙ୍କୁ କିଛି ବିଶ୍ରାମ ସ୍ଥାନର ଆବଶ୍ୟକତା ଥିଲା । କିନ୍ତୁ ଦ୍ୱିତୀୟତ ।, ଏହା ଏଲିୟଟଙ୍କୁ ଇଂରେଜ ସଂପ୍ରଦାୟ ଏବଂ ଇଂରେଜ ସଂସ୍କୃତି ସହିତ ଯୋଡ଼ିଥିଲା ।"

ବିବାହ ବିଚ୍ଛେଦ ଏବଂ ପୁନର୍ବିବାହ

୧୯୩୨ ମସିହା ସୁଦ୍ଧା, ଏଲିୟଟ କିଛି ସମୟ ପାଇଁ ତାଙ୍କ ପତ୍ନୀଙ୍କଠାରୁ ପୃଥକ ହେବା ବିଷୟରେ ଚିନ୍ତା କରୁଥିଲେ । ଯେତେବେଳେ ହାର୍ଭାର୍ଡ ତାଙ୍କୁ ୧୯୩୨-୧୯୩୩ ଶିକ୍ଷା ବର୍ଷ ପାଇଁ ଚାର୍ଲ୍ସ ଏଲିୟଟ ନର୍ଟନ ପ୍ରଫେସର ପଦବୀ ପ୍ରଦାନ କଲା, ସିଏ ଭିଭିଏନ୍‌ଙ୍କୁ ନେଇ କରି ଇଂଲଣ୍ଡରେ ଛାଡ଼ିଦେଲେ । ଫେରିବା ପରେ ସିଏ ତାଙ୍କଠାରୁ ଏକ ଆନୁଷ୍ଠାନିକ ବିବାହ ବିଚ୍ଛେଦର ବ୍ୟବସ୍ଥା କଲେ । ୧୯୩୨ ମସିହାରେ ଆମେରିକା ଯିବା ଏବଂ ୧୯୪୭ ମସିହାରେ ତାଙ୍କ ମୃତ୍ୟୁ ମଧ୍ୟରେ ତାଙ୍କ ସହିତ କେବଳ ଗୋଟିଏ ସାକ୍ଷାତକୁ ଏଡ଼ାଇ ଦେଲେ । ଭିଭିଏନ୍ ୧୯୩୮ ମସିହାରେ ଲଣ୍ଡନର ମାନର ହାଉସ୍‌ର ଉଡ୍‌ବେରୀ ଡାଉନ୍‌ରେ ଥିବା ନର୍ଥମ୍ବରଲ୍ୟାଣ୍ଡ ହାଉସ୍ ମାନସିକ ହସ୍‌ପିଟାଲରେ ଭର୍ତ୍ତି ହୋଇଥିଲେ ଏବଂ ତାଙ୍କ ମୃତ୍ୟୁ ପର୍ଯ୍ୟନ୍ତ ସେଠାରେ ରହିଥିଲେ । ଯଦିଓ ଏଲିୟଟ ଆଇନଗତ ଭାବରେ ତାଙ୍କର ସ୍ୱାମୀ ଥିଲେ, ତଥାପି ସିଏ ତାଙ୍କୁ କେବେ ଭେଟିନଥିଲେ । ୧୯୩୩ ମସିହାରୁ ୧୯୪୭ ମସିହା ପର୍ଯ୍ୟନ୍ତ ଏଲିୟଟଙ୍କର ଏମିଲି ହେଲ୍‌ଙ୍କ ସହିତ ଏକ ଘନିଷ୍ଠ ଭାବପ୍ରବଣ ସମ୍ପର୍କ ଥିଲା । ପରେ ଏଲିୟଟ ହେଲ୍‌ଙ୍କ ନିକଟକୁ ପଠାଇଥିବା ଚିଠିଗୁଡ଼ିକୁ ନଷ୍ଟ କରିଦେଲେ, କିନ୍ତୁ ହେଲ୍ ଏଲିୟଟଙ୍କ ଚିଠିଗୁଡ଼ିକୁ ପ୍ରିନ୍ସଟନ୍ ବିଶ୍ୱବିଦ୍ୟାଳୟର ଲାଇବ୍ରେରୀକୁ ଦାନ କରି ଦେଲେ, ଯେଉଁଠାରେ ଏଲିୟଟ ଏବଂ ହେଲଙ୍କ ଇଚ୍ଛା ଅନୁସାରେ ସେଗୁଡ଼ିକୁ ସିଲ୍ କରି ରଖାଯାଇଥିଲା, ଉଭୟଙ୍କ ମୃତ୍ୟୁ ପରେ ୫୦ବର୍ଷ ପାଇଁ, ୨୦୨୦ ମସିହା ପର୍ଯ୍ୟନ୍ତ । ଯେତେବେଳେ ଏଲିୟଟ ଦାନ ବିଷୟରେ ଶୁଣିଲେ, ସିଏ ହାର୍ଭାର୍ଡ ବିଶ୍ୱବିଦ୍ୟାଳୟ ସହିତ ସେମାନଙ୍କ ସମ୍ପର୍କରେ ନିଜର ଆକାଉଣ୍ଟ ଜମା କଲେ ଯାହା ଦ୍ୱାରା ପ୍ରିନ୍ସଟନ୍ ଚିଠିଗୁଡ଼ିକୁ ଯେତେବେଳେ ଚାହିଁବେ ସେତେବେଳେ ଖୋଲା ଯିବ ।

୧୯୩୮ ମସିହାରୁ ୧୯୫୭ ମସିହା ପର୍ଯ୍ୟନ୍ତ ସାର୍ବଜନୀନ ସାଥୀ ଥିଲେ ଲଣ୍ଡନ ବିଶ୍ୱବିଦ୍ୟାଳୟର ମେରୀ ଟ୍ରେଭିଲିଆନ ଯିଏ ତାଙ୍କୁ ବିବାହ କରିବାକୁ ଚାହୁଁଥିଲେ ଏବଂ ବିସ୍ତୃତ ସ୍ମୃତିଚାରଣ ଛାଡ଼ି ଯାଇଥିଲେ ।

୧୯୪୬ ମସିହାରୁ ୧୯୫୭ ମସିହା ପର୍ଯ୍ୟନ୍ତ, ଏଲିୟଟ ତାଙ୍କ ବନ୍ଧୁ ଜନ୍ ଡେଭି ହେୱାର୍ଡଙ୍କ ସହ ୧୯ କାର୍ଲାଇଲ ମାନସନ୍ସ, ଚେଲସିରେ ଏକ ଫ୍ଲାଟରେ ରହୁଥିଲେ, ଯିଏ ଏଲିୟଟଙ୍କ ପାଇଁ କାଗଜପତ୍ର ସଂଗ୍ରହ ଏବଂ ପରିଚାଳନା କରୁଥିଲେ, ନିଜକୁ "କିପର୍ ଅଫ୍ ଦି ଏଲିୟଟ୍ ଆର୍କାଇଭ" ଶୈଳୀରେ ସଜାଉଥିଲେ । ହେୱାର୍ଡ

ଏଲିୟଟଙ୍କ ମୃତ୍ୟୁ ପରେ ବାଣିଜ୍ୟିକ ଭାବରେ ପ୍ରକାଶିତ ହୋଇଥିଲା "ପ୍ରାଥମିକ ଯୁବାବସ୍ଥାରେ କବିତା ଲେଖା।" ୧୯୫୭ ମସିହାରେ ଯେତେବେଳେ ଏଲିୟଟ ଏବଂ ହେୱାର୍ଡ ସେମାନଙ୍କ ପରିବାରକୁ ଅଲଗା କରିଥିଲେ, ହେୱାର୍ଡ ତାଙ୍କର ଏଲିୟଟ କାଗଜପତ୍ର ସଂଗ୍ରାହଳୟକୁ ବଜାୟ ରଖିଥିଲେ, ଯାହାକୁ ସିଏ ୧୯୬୫ ମସିହାରେ କେମ୍ବ୍ରିଜ୍‌ର କିଙ୍ଗ୍‌ସ କଲେଜକୁ ଦେଇ ଦେଇଥିଲେ।

୧୦ ଜାନୁୟାରୀ ୧୯୫୭ ମସିହାରେ, ୬୮ ବର୍ଷ ବୟସରେ, ଏଲିୟଟ ୩୦ବର୍ଷ ବୟସର ଏସ୍ମେ ଭାଲେରୀ ଫ୍ଲେଚରଙ୍କୁ ବିବାହ କରିଥିଲେ। ତାଙ୍କର ପ୍ରଥମ ବିବାହ ପରିବର୍ତ୍ତେ, ଏଲିୟଟ ଫ୍ଲେଚରଙ୍କୁ ଭଲ ଭାବରେ ଜାଣିଥିଲେ, କାରଣ ସିଏ ୧୯୪୯ ମସିହାଠାରୁ ଫାବର ଆଣ୍ଡ ଫାବରରେ ତାଙ୍କର ସଚିବ ଥିଲେ। ସେମାନେ ସେମାନଙ୍କର ବିବାହକୁ ଗୁପ୍ତ ରଖିଥିଲେ; ଉତ୍ସବ ସକାଳ ୬ଟା୧୫ରେ ଲଣ୍ଡନର କେନ୍‌ସିଂଟନ୍ ସ୍ଥିତ ସେଣ୍ଟ ବାର୍ନାବାସ୍ ଚର୍ଚ୍ଚରେ ଯାହା ଅନୁଷ୍ଠିତ ହୋଇଥିଲା। ତାଙ୍କ ସ୍ତ୍ରୀଙ୍କ ପିତାମାତାଙ୍କ ବ୍ୟତୀତ ଅନ୍ୟ କେହି ଉପସ୍ଥିତ ନଥିଲେ। ୧୯୬୦ ଦଶକ ପ୍ରାରମ୍ଭରେ ସେତେବେଳକୁ ସ୍ୱାସ୍ଥ୍ୟାବସ୍ଥା ଖରାପ ଥିବାରୁ, ଏଲିୟଟ ୱେସଲିଆନ୍ ୟୁନିଭର୍ସିଟି ପ୍ରେସ୍‌ରେ ସଂପାଦକ ଭାବରେ କାର୍ଯ୍ୟ କରୁଥିଲେ। ପ୍ରକାଶନ ପାଇଁ ୟୁରୋପରେ ନୂତନ କବିମାନଙ୍କୁ ଖୋଜୁଥିଲେ। ଏଲିୟଟଙ୍କ ମୃତ୍ୟୁ ପରେ, ଭାଲେରୀ ତାଙ୍କ ଐତିହ୍ୟକୁ ସଂରକ୍ଷଣ କରିବା ପାଇଁ ତାଙ୍କର ସମୟ ଉତ୍ସର୍ଗ କରିଥିଲେ। ଦି ଲେଟର୍ସ ଅଫ୍ ଟି.ଏସ୍.ଏଲିୟଟ" ଏବଂ "ଦି ୱେଷ୍ଟ ଲ୍ୟାଣ୍ଡ" ର ଡ୍ରାଫ୍ଟର ଏକ ପ୍ରତିକୃତି ସଂପାଦନ ଏବଂ ବ୍ୟାଖ୍ୟା କରି। ଭାଲେରୀ ଏଲିୟଟ ୯ ନଭେମ୍ବର ୨୦୧୨ ମସିହାରେ ଲଣ୍ଡନରେ ତାଙ୍କ ଘରେ ମୃତ୍ୟୁ ବରଣ କରିଥିଲେ।

ଏଲିୟଟଙ୍କର କୌଣସି ସନ୍ତାନସନ୍ତତି ନଥିଲେ।

ମୃତ୍ୟୁ ଏବଂ ସମ୍ମାନ

ଏଲିୟଟ ୪ ଜାନୁୟାରୀ ୧୯୬୫ ମସିହାରେ ଲଣ୍ଡନର କେନସିଂଟନ୍‌ରେ ଥିବା ତାଙ୍କ ଘରେ ଏମ୍ଫିସେମାରେ ମୃତ୍ୟୁ ବରଣ କରିଥିଲେ ଏବଂ ଗେଲ୍ଡର୍ସ ଗ୍ରୀନ୍ କ୍ରେମାଟୋରିୟମ୍‌ରେ ତାଙ୍କୁ ଦାହ କରାଯାଇଥିଲା। ତାଙ୍କ ଇଚ୍ଛା ଅନୁଯାୟୀ, ତାଙ୍କ ଚିତା ଭସ୍ମକୁ ସେଣ୍ଟ ମାଇକେଲ୍ ଏବଂ ଅଲ୍ ଏଞ୍ଜେଲ୍ସ ଚର୍ଚ୍ଚ, ଇଷ୍ଟ କୋକରକୁ ନିଆ ଯାଇଥିଲା। ଏହା ସୋମରସେଟ୍‌ର ସେହି ଗ୍ରାମ ଯେଉଁଠାରୁ ତାଙ୍କ ପୂର୍ବପୁରୁଷମାନେ ଦେଶ ଛାଡ଼ି ଆମେରିକାକୁ ଚାଲିଯାଇଥିଲେ। ଚର୍ଚ୍ଚର ଏକ କାନ୍ଥ ଫଳକ ତାଙ୍କ କବିତା "ଇଷ୍ଟ କୋକର"ରୁ ଏକ ଉଦ୍ଧୃତି ସହିତ ତାଙ୍କୁ ସ୍ମରଣ କରେ "ଆଦିରେ ମୋହର

ଅନ୍ତ। ମୋର ଅନ୍ତ ହିଁ ମୋର ଆଦି।"

୧୯୬୭ ମସିହାରେ, ତାଙ୍କର ମୃତ୍ୟୁର ଦ୍ୱିତୀୟ ବାର୍ଷିକୀରେ, ୱେଷ୍ଟମିନିଷ୍ଟ ଆବେରେ ପୋଏଟ୍ସ କର୍ଣ୍ଣରର ମହଲାରେ ଗୋଟିଏ ବଡ଼ ପଥର ସ୍ଥାପନା କରି ଏଲିୟଟଙ୍କୁ ସ୍ମରଣ କରାଯାଇଥିଲା। ଡିଜାଇନ୍‌ର ରେନୋଲ୍ଡସ୍ ଷ୍ଟୋନ୍‌ଙ୍କ ଦ୍ୱାରା କଟା ଯାଇଥିବା ଏହି ପଥରରେ ତାଙ୍କ ଜୀବନ ତାରିଖ, ତାଙ୍କର ମେରିଟ୍ ଅର୍ଡର ଏବଂ ତାଙ୍କ କବିତା "ଲିଟିଲ ଗିଡିଂଗ୍"ରୁ ଏକ ଉଦ୍ଧୃତି ଲେଖା ଯାଇଛି: ମୃତର ବାଣୀ ବିନିମୟ ଅଗ୍ନିଜିହ୍ୱା ଦେଇ ହୁଏ, ଜୀବିତ ଲୋକର ଭାଷା ସେଠାକୁ ଯାଏନି।"

୧୯୮୬ ମସିହାରେ।, ସିଏ ଯେଉଁଠାରେ ରହୁଥିଲେ ଏବଂ ମୃତ୍ୟୁ ବରଣ କରିଥିଲେ- ନମ୍ବର ୩ କେନସିଂଟନ୍ କୋର୍ଟ ଗାର୍ଡେନ୍ସ- କୋଠାରେ ଏକ ନୀଳ ଫଳକ ଲଗାଯାଇଥିଲା।

ଏଲିୟଟଙ୍କ କବିତା

ତାଙ୍କ ଭଳି ଜଣେ କବିଙ୍କ ହିସାବରେ, ଏଲିୟଟ ଅପେକ୍ଷାକୃତ କମ୍ କବିତା ସୃଷ୍ଟି କରିଥିଲେ। ସିଏ ତାଙ୍କ କ୍ୟାରିୟରର ପ୍ରାରମ୍ଭରେ ମଧ୍ୟ ଏହି ବିଷୟରେ ଅବଗତ ଥିଲେ। ସିଏ ତାଙ୍କର ପୂର୍ବତନ ହାର୍ଭାର୍ଡ ପ୍ରଫେସର ଜେ.ଏଚ୍.ଉଡ୍ସଙ୍କୁ ଲେଖିଥିଲେ, "ଲଣ୍ଡନରେ ମୋର ଖ୍ୟାତି ଗୋଟିଏ ଛୋଟ ମଦ୍ୟ ଉପରେ ନିର୍ମିତ ଏବଂ ବର୍ଷକୁ ଦୁଇଟି କିମ୍ବା ତିନୋଟି କବିତା ମୁଦ୍ରଣ କରି ଏହାକୁ ବଜାୟ ରଖାଯାଏ। କେବଳ ଗୁରୁତ୍ୱପୂର୍ଣ୍ଣ କଥା ହେଉଛି ଏଗୁଡ଼ିକ ନିଜ ନିଜ ପ୍ରକାରରେ ସିଦ୍ଧ ହେବା ଉଚିତ, ଯାହା ଦ୍ୱାରା ପ୍ରତ୍ୟେକଟି ଏକ ଘଟଣା ହେବା ଉଚିତ।"

ସାଧାରଣତଃ, ଏଲିୟଟ ପ୍ରଥମେ ତାଙ୍କ କବିତାଗୁଡ଼ିକୁ ପତ୍ରିକା କିମ୍ବା ଛୋଟ ପୁସ୍ତକ କିମ୍ବା ପୁସ୍ତିକାରେ ବ୍ୟକ୍ତିଗତ ଭାବରେ ପ୍ରକାଶ କରିଥିଲେ ଏବଂ ପରେ ସେଗୁଡ଼ିକୁ ପୁସ୍ତକରେ ସଂଗ୍ରହ କରିଥିଲେ। ତାଙ୍କର ପ୍ରଥମ ସଂକଳନ ଥିଲା "ପ୍ରୁଫ୍ରକ୍ ଆଣ୍ଡ ଅଦର୍ ଅବଜରଭେସନ୍ସ" (୧୯୧୭)। ୧୯୨୦ ମସିହାରେ ସିଏ ଆରା ଭୋସ୍ ପ୍ରେକ୍ (ଲଣ୍ଡନ) ଏବଂ ପୋଏମ୍ସ : ୧୯୨୦ ନ୍ୟୁୟର୍କରେ' ଅଧିକ କବିତା ପ୍ରକାଶ କରିଥିଲେ। ଏଥିରେ ସମାନ କବିତା ଥିଲା (ଭିନ୍ନ କ୍ରମରେ)। କେବଳ ବ୍ରିଟିଶ ସଂସ୍କରଣରେ "ଓଡ୍"କୁ ଆମେରିକୀୟ ସଂସ୍କରଣରେ "ହିଷ୍ଟେରିଆ" ସହିତ ବଦଳା ଯାଇଥିଲା। ୧୯୨୫ ମସିହାରେ, ସିଏ "ଦି ୱେଷ୍ଟ ଲ୍ୟାଣ୍ଡ" ଏବଂ "ପ୍ରୁଫ୍ରକ୍ ଆଣ୍ଡ ପୋଏମ୍ସ"ରେ ଥିବା କବିତାଗୁଡ଼ିକୁ ଗୋଟିଏ ଖଣ୍ଡରେ ସଂଗ୍ରହ କରିଥିଲେ, ଆଉ "ଦି ହଲୋ ମେନ୍"

କୁ "ପୋଏମ୍ସ :୧୯୦୯-୧୯୨୫" ଭାବରେ ଯୋଡ଼ିଥିଲେ। ସେବେଠାରୁ, ସିଏ ଏହି କାର୍ଯ୍ୟକୁ "ସଂଗୃହୀତ କବିତା" ଭାବରେ ନବୀନ ରୂପ ପ୍ରଦାନ କରିଥିଲେ। ଏହାର ବ୍ୟତିକ୍ରମ ହେଉଛି "ଓଲ୍ଡ ପୋଏମ୍ସ ବୁକ୍ ଅଫ୍ ପ୍ରାକ୍ଟିକାଲ୍ କ୍ୟାଟ୍ସ" (୧୯୩୯), ହାଲୁକା ପଦ୍ୟର ଏକ ସଂଗ୍ରହ। ତାଙ୍କର ଯୁବକ ଅବସ୍ଥାରେ ଲିଖିତ କବିତା, ମରଣୋତ୍ତର ଭାବରେ ୧୯୬୭ ମସିହାରେ ପ୍ରକାଶିତ ଏବଂ ମୁଖ୍ୟତଃ ୧୯୦୭ ମସିହାରୁ ୧୯୧୦ ମସିହା ମଧ୍ୟରେ ଦି ହାର୍ଭାର୍ଡ ଆଡ୍‌ଭୋକେଟ ଓ ଇନ୍‌ଭେନ୍‌ସନ୍ସ ଅଫ ଦି ମାର୍ଚ୍ଚ ହେର : ପୋଏମ୍ସ ୧୯୦୯-୧୯୧୭ ମସିହାରେ ପ୍ରକାଶିତ କବିତାଗୁଡ଼ିକୁ ନେଇ ଗଠିତ। ଏଲିୟଟ ଯାହାକୁ କେବେ ପ୍ରକାଶ କରିବାକୁ ଚାହୁଁ ନଥିଲେ, ସେଗୁଡ଼ିକ ୧୯୯୬ ମସିହାରେ ମରଣୋତ୍ତର ଭାବରେ ପ୍ରକାଶିତ ହୋଇଥିଲା।

ଏଲିୟଟଙ୍କ ନାଟକ

ଏଲିୟଟ 'ମର୍ଡର ଇନ୍ ଦି କ୍ୟାଥେଡ୍ରାଲ୍' (୧୯୩୫), 'ଦି କକ୍‌ଟେଲ୍ ପାର୍ଟି'(୧୯୪୯)କୁ ମିଶାଇ ୭ଟି ନାଟକ ରଚନା କରିଥିଲେ।

ଏଲିୟଟଙ୍କର ପ୍ରଥମ ନାଟକ 'ସ୍ୱିନି ଆଗୋନିଷ୍ଟେସ୍' ଯାହା ୧୯୨୬ ମସିହାରେ ପ୍ରକାଶ ପାଇଥିଲା ଏବଂ ପ୍ରଥମ ଥର ପାଇଁ ପ୍ରଦର୍ଶିତ ହୋଇଥିଲା ୧୯୩୪ ମସିହାରେ। ତାଙ୍କର ଶେଷ ନାଟକ ଥିଲା 'ଦି ଏଲ୍ଡର ଷ୍ଟେଟ୍‌ସମ୍ୟାନ' ଯାହା ଥିଲା ଗୋଟିଏ ପଦ୍ୟ ନାଟକ ଏବଂ ୧୯୫୮ ମସିହାରେ ଅଭିନୀତ ହେବା ପରେ, ଏହା ୧୯୫୯ ମସିହାରେ ପ୍ରକାଶିତ ହୋଇଥିଲା।

ଏଲିୟଟଙ୍କ ପ୍ରବନ୍ଧ

'ଚୟନିତ ପ୍ରବନ୍ଧ: ୧୯୧୭-୧୯୩୨' ହେଉଛି ଏଲିୟଟଙ୍କ ଦ୍ୱାରା ଲିଖିତ ଗଦ୍ୟ ଏବଂ ସାହିତ୍ୟିକ ସମାଲୋଚନାର ଏକ ସଂଗ୍ରହ। ଏଲିୟଟଙ୍କ କାର୍ଯ୍ୟ ସାହିତ୍ୟିକ ଚିନ୍ତାଧାରାକୁ ମୌଳିକ ଭାବରେ ପରିବର୍ତ୍ତନ କରିଥିଲା ଏବଂ 'ଚୟନିତ ପ୍ରବନ୍ଧ' ତାଙ୍କ ତତ୍ତ୍ୱର ଏକ ସାରାଂଶ ଏବଂ ଗଭୀର ପରୀକ୍ଷା ପ୍ରଦାନ କରେ। ଏହା ୧୯୩୨ ମସିହାରେ ଫେବର ଆଣ୍ଡ ଫେବର ଦ୍ୱାରା ପ୍ରକାଶିତ ହୋଇଥିଲା।

ସମ୍ମାନ ଏବଂ ପୁରସ୍କାର

ଏଲିୟଟଙ୍କ ଦ୍ୱାରା ପ୍ରାପ୍ତ କିମ୍ବା ତାଙ୍କ ସମ୍ମାନରେ ପ୍ରଦାନ କରାଯାଇଥିବା କିମ୍ବା ସୃଷ୍ଟି କରାଯାଇଥିବା ସମ୍ମାନ ଏବଂ ପୁରସ୍କାର ଗୁଡ଼ିକର ଏକ ଆଂଶିକ ତାଲିକା

ତଳେ ଦିଆଯାଇଛି।

ଜାତୀୟ କିମ୍ବା ରାଜ୍ୟସମ୍ମାନ

ଏହି ସମ୍ମାନଗୁଡ଼ିକ ପ୍ରଦାନ ତାରିଖ ନୁହେଁ, ବରଂ ଏଲିୟଟଙ୍କର ଜାତୀୟତା ଏବଂ ନୀତି ନିୟମ ଅନୁସାରେ ପ୍ରାଧାନ୍ୟ କ୍ରମରେ ପ୍ରଦର୍ଶିତ ହୁଏ।

ମେରିଟ୍ ଅର୍ଡର	ଯୁକ୍ତରାଜ୍ୟ	୧୯୪୮
ରାଷ୍ଟ୍ରପତି ସ୍ୱାଧୀନତା ପଦକ	ଯୁକ୍ତରାଜ୍ୟ	୧୯୬୪
ଅଫିସର୍ ଦେ ଲା ଲେଜି ଅନ୍ ଡି ହେନେର୍	ଫ୍ରାନ୍ସ	୧୯୫୧
କମାଣ୍ଡର ଦେ ORDER DES ART ET DES LETTERS	ଫ୍ରାନ୍ସ	୧୯୬୦

ସାହିତ୍ୟ ପୁରସ୍କାର

- ବର୍ତ୍ତମାନ କବିତାରେ ତାଙ୍କର ଉଲ୍ଲେଖନୀୟ ଅଗ୍ରଣୀ ଅବଦାନ ପାଇଁ ସିଏ ସାହିତ୍ୟରେ ନୋବେଲ ପୁରସ୍କାର ପାଇଥିଲେ ୧୯୪୮ ମସିହାରେ।
- ହାନସିଆଟିକ୍ ଗୋଏଥ ପୁରସ୍କାର (ହାମବର୍ଗର) (୧୯୫୫)
- ଦାନ୍ତେ ପଦକ (ଫ୍ଲୋରେନ୍ସର) (୧୯୫୯)

ନାଟକ ପୁରସ୍କାର

- ୧୯୫୦ ମସିହାରେ ଦି କକ୍‌ଟେଲ୍ ପାର୍ଟିର ବ୍ରଡୱେ ପ୍ରଯୋଜନା ପାଇଁ ଶ୍ରେଷ୍ଠ ନାଟକ ପାଇଁ ଟୋନି ପୁରସ୍କାର।
- ୧୯୮୩ ମସିହାରେ ସଂଗୀତ "କ୍ୟାଟ୍ସ"ରେ ବ୍ୟବହୃତ ତାଙ୍କ କବିତା ପାଇଁ "ସର୍ବୋତ୍ତମ ସଂଗୀତ ପୁସ୍ତକ" ପାଇଁ ଟୋନି ପୁରସ୍କାର।
  (ମରଣୋତ୍ତର ପୁରସ୍କାର)
- ୧୯୮୩ ମସିହାରେ ସଂଗୀତ "କ୍ୟାଟ୍ସ" (ଏଣ୍ଡ୍ରୁ ଲଏଡ୍ ୱେବରଙ୍କ ସହ ଅଂଶୀଦାରିତ)ରେ ବ୍ୟବହୃତ ତାଙ୍କ କବିତା ପାଇଁ ସର୍ବୋତ୍ତମ ମୌଳିକ ସ୍କୋର ପାଇଁ ଟୋନି ପୁରସ୍କାର।
  (ମରଣୋତ୍ତର ପୁରସ୍କାର)

ସଂଗୀତ ପୁରସ୍କାର

- ମେମୋରୀ (୧୯୮୨) ଗୀତରେ ବ୍ୟବହୃତ ତାଙ୍କ କବିତା ପାଇଁ ସଂଗୀତ ଏବଂ ଗୀତିକା ଭାବରେ ଶ୍ରେଷ୍ଠ ଗୀତ ପାଇଁ ଆଇଭର ନୋଭେଲେ ପୁରସ୍କାର। (ମରଣୋତ୍ତର ପୁରସ୍କାର)

ଏକାଡେମିକ୍ ପୁରସ୍କାର

- ଫି ବେଟା କାପା (୧୯୩୫)ରେ ସାମିଲ।
- ଆମେରିକୀୟ କଳା ଏବଂ ବିଜ୍ଞାନ ଏକାଡେମୀକୁ ନିର୍ବାଚିତ (୧୯୫୪)।
- ଆମେରିକୀୟ ଦର୍ଶନ ସମାଜକୁ ନିର୍ବାଚିତ (୧୯୬୦)
- ୧୩ଟି ସମ୍ମାନ ସୂଚକ ଡକ୍ଟରେଟ୍ (ଅକ୍ସଫୋର୍ଡ଼୍, କେମ୍ବ୍ରିଜ୍, ସେରବନ୍ ଏବଂ ହାର୍ଭାର୍ଡ଼ରୁ ମଧ୍ୟ)।

ଅନ୍ୟାନ୍ୟ ସମ୍ମାନ

- ଇଂଲଣ୍ଡର କେଣ୍ଟ ବିଶ୍ୱବିଦ୍ୟାଳୟର ଏଲିୟଟ କଲେଜ, ତାଙ୍କ ସମ୍ମାନରେ ନାମିତ।
- ଆମେରିକାର ସ୍ମାରକୀ ଡାକଟିକଟ।
- ସେଣ୍ଟ ଲୁଇସ୍ ୱାକ୍ ଅଫ୍ ଫେମ୍‌ରେ ତାରକା।

ନୋବେଲ ପୁରସ୍କାର ସ୍ୱୀକୃତିର ଭାଷଣ: ୧୦ ଡିସେମ୍ବର ୧୯୪୮

ଆଜି ସଂଧ୍ୟାରେ ମୁଁ ଆପଣଙ୍କୁ କହିବି ତାହା ଭାବିବା ଆରମ୍ଭ କରିବା ପରେ, ସ୍ୱିଡିସ୍ ଏକାଡେମୀ ମୋତେ ଯେଉଁ ଉଚ୍ଚ ସମ୍ମାନ ପ୍ରଦାନ କରିବାକୁ ଉଚିତ ମନେ କରିଛି, ତାହା ପ୍ରତି ମୋର କୃତଜ୍ଞତା ପ୍ରକାଶ କରିବାକୁ ମୁଁ କେବଳ ଇଚ୍ଛା କରିଥିଲି। କିନ୍ତୁ ଏହା କରିବା କୌଣସି ସରଳ କାମ ନୁହେଁ : ମୋର କାମ ଶବ୍ଦ ସହିତ, ତଥାପି ଶବ୍ଦଗୁଡ଼ିକ ମୋ କର୍ତ୍ତବ୍ୟ ବାହାରେ ଥିଲା। କେବଳ ଏହା ସୂଚାଇବା ପାଇଁ ଯେ ମୁଁ ଜଣେ ସାହିତ୍ୟିକଙ୍କୁ ପ୍ରଦାନ କରାଯାଇ ପାରୁଥିବା ସର୍ବୋଚ୍ଚ ଆନ୍ତର୍ଜାତୀୟ ସମ୍ମାନ ପାଇଥିବା ବିଷୟରେ ଅବଗତ ଥିଲି, ତାହା କେବଳ ସମସ୍ତେ ଜାଣନ୍ତି ବୋଲି କହିବି। ମୋର ଆଯୋଗ୍ୟତାକୁ ସ୍ୱୀକାର କରିବା ଏକାଡେମୀର ଜ୍ଞାନ ଉପରେ ସନ୍ଦେହ କରିବା ହେବ; ଏକାଡେମୀକୁ ପ୍ରଶଂସା କରିବା ଦ୍ୱାରା ଏହା ସୂଚିତ ହୋଇପାରେ ଯେ ମୁଁ ଜଣେ ସାହିତ୍ୟିକ ସମାଲୋଚକ ଭାବରେ ନିଜକୁ କବି ଭାବରେ ଦିଆଯାଇଥିବା ସ୍ୱୀକୃତିକୁ ଅନୁମୋଦନ କରୁଛି। ତେଣୁ ମୁଁ କ'ଣ ଏହାକୁ ମାନିନେବାକୁ କହିପାରେ ଯେ, ଏହି ପୁରସ୍କାର ବିଷୟରେ ଜାଣିବା ପରେ, ଚାଟୁକାର ଉପଭୋଗ କରିବା ସହିତ ଏବଂ ଅସୁବିଧାରେ ବିରକ୍ତି ସହିତ, ରାତାରାତି ଏକ ସାର୍ବଜନୀନ ବ୍ୟକ୍ତିତ୍ୱରେ ପରିଣତ ହେବାର ସମସ୍ତ ସାଧାରଣ ଭାବନା ଅନୁଭବ କରିଥିଲି ? ଯଦି ନୋବେଲ ପୁରସ୍କାର ଅନ୍ୟ କୌଣସି ପୁରସ୍କାର ସହିତ ସମାନ ହୋଇଥାନ୍ତା ଏବଂ କେବଳ ଉଚ୍ଚତର ହୋଇଥାନ୍ତା, ତେବେ ମୁଁ ତଥାପି ପ୍ରଶଂସାର ଶବ୍ଦ ଖୋଜିବାକୁ ଚେଷ୍ଟା କରିଥାନ୍ତି : କିନ୍ତୁ ଯେହେତୁ ଏହା ଅନ୍ୟ ଯେକୌଣସି ପୁରସ୍କାରଠାରୁ ଭିନ୍ନ, ଜଣଙ୍କ ଭାବନାର ପାଇଁ ଏପରି ସମ୍ବଳ ଆବଶ୍ୟକ ଯାହା ଭାଷା ଯୋଗାଇ ପାରିବନି।

ତେଣୁ ମୁଁ ଆପଣଙ୍କୁ ସାହିତ୍ୟରେ ନୋବେଲ ପୁରସ୍କାରର ଗୁରୁତ୍ୱ ବିଷୟରେ।

ମୋର ନିଜସ୍ୱ ବ୍ୟାଖ୍ୟା ଉପସ୍ଥାପନ କରି ପରୋକ୍ଷ ଭାବରେ ନିଜକୁ ପ୍ରକାଶ କରିବାକୁ ଚେଷ୍ଟା କରିବି। ଯଦି ଏହା କେବଳ ଯୋଗ୍ୟତାର ସ୍ୱୀକୃତି କିମ୍ବା ଜଣେ ଲୋକଙ୍କ ଖ୍ୟାତି ତାଙ୍କ ନିଜ ଦେଶ ଏବଂ ନିଜ ଭାଷାର ସୀମା ଅତିକ୍ରମ କରିସାରିଛି, ତେବେ ଆମେ କହିପାରିବା ଯେ ଆମ୍ଭମାନଙ୍କ ମଧ୍ୟରୁ କେହି ଅନ୍ୟମାନଙ୍କ ତୁଳନାରେ ଏତେ ବିଶିଷ୍ଟ ହେବାର ଯୋଗ୍ୟ ନୁହନ୍ତି। କିନ୍ତୁ ମୁଁ ନୋବେଲ ପୁରସ୍କାରରେ ଏପରି ସ୍ୱୀକୃତିଠାରୁ ଅଧିକ ଏବଂ ଭିନ୍ନ କିଛି ପାଉଛି। ଏହା ମୋତେ ଅଧିକ ମନେ ହୁଏ ଯେ ଜଣେ ବ୍ୟକ୍ତିକୁ ସମୟ ସମୟରେ ଗୋଟିଏ ଜାତିରୁ ମନୋନିତ କରାଯାଇଛି, ଏକ ଅଦ୍ଭୁତ ଭୂମିକା ପୂରଣ କରିବା ଏବଂ ଏକ ଅଦ୍ଭୁତ ପ୍ରତୀକ ହେବା ପାଇଁ। ଏକ ଉତ୍ସବ ଘଟେ, ଯାହା ଦ୍ୱାରା ଜଣେ ବ୍ୟକ୍ତି ହଠାତ୍ କିଛି କାର୍ଯ୍ୟ ସହିତ ସଂପନ୍ନ ହୁଏ ଯାହା ସିଏ ଏତେ ସ୍ୱତନ୍ତ୍ର ହେବାର ଯୋଗ୍ୟ ଥିଲା କି ନାହିଁ, ବରଂ ସିଏ ଆପଣ ତାଙ୍କୁ ଯେଉଁ କାର୍ଯ୍ୟ ପ୍ରଦାନ କରିଛନ୍ତି ତାହା କରିପାରିବେ କି ନାହିଁ : ଜଣେ ପ୍ରତିନିଧି ଭାବରେ ସେବା କରିବାର କାର୍ଯ୍ୟ, ଯେ ପର୍ଯ୍ୟନ୍ତ କୌଣସି ବ୍ୟକ୍ତି ନିଜେ ଯାହା ଲେଖୁଛନ୍ତି ତାହାର ମୂଲ୍ୟ ଅପେକ୍ଷା ବହୁତ ଗୁରୁତ୍ୱପୂର୍ଣ୍ଣ ହୋଇପାରେ।

କବିତାକୁ ସାଧାରଣତଃ ସମସ୍ତ କଳା ମଧ୍ୟରୁ ସବୁଠାରୁ ସ୍ଥାନୀୟ ବୋଲି ବିବେଚନା କରାଯାଏ। ଚିତ୍ରକଳା, ମୂର୍ତ୍ତିକଳା, ସ୍ଥାପତ୍ୟ, ସଂଗୀତ ଯେଉଁମାନେ ଦେଖନ୍ତି କିମ୍ବା ଶୁଣନ୍ତି, ସେମାନେ ଉପଭୋଗ କରି ପାରିବେ। କିନ୍ତୁ ଭାଷା, ବିଶେଷକ କରି କବିତାର ଭାଷା, ଏକ ଭିନ୍ନ ବିଷୟ। କବିତା, ଏପରି ମନେ ହୁଏ, ଲୋକଙ୍କୁ ଏକତ୍ର କରିବା ପରିବର୍ତ୍ତେ ପୃଥକ କରିଥାଏ।

କିନ୍ତୁ ଅନ୍ୟ ପକ୍ଷରେ ଆମକୁ ମନେରଖିବାକୁ ହେବ ଯେ, ଭାଷା ଏକ ପ୍ରତିବନ୍ଧକ ହୋଇଥିଲେ ମଧ୍ୟ, କବିତା ନିଜେ ଆମକୁ ପ୍ରତିବନ୍ଧକୁ ଅତିକ୍ରମ କରିବାକୁ ଚେଷ୍ଟା କରିବାର ଏକ କାରଣ ପ୍ରଦାନ କରେ। ଅନ୍ୟ ଭାଷାର କବିତା ଉପଭୋଗ କରିବା ହେଉଛି ସେହି ଭାଷାର ଲୋକମାନଙ୍କର ବୁଝାମଣା ଉପଭୋଗ କରିବା, ଏକ ବୁଝାମଣା ଯାହା ଆମେ ଅନ୍ୟ କୌଣସି ଉପାୟରେ ପାଇପାରିବା ନାହିଁ। ଆମେ ୟୁରୋପର କବିତାର ଇତିହାସ ଏବଂ ଗୋଟିଏ ଭାଷାର କବିତା ଅନ୍ୟ ଭାଷା ଉପରେ କେତେ ପ୍ରଭାବ ପକାଇ ପାରେ ସେହି ବିଷୟରେ ମଧ୍ୟ ଚିନ୍ତା କରିପାରିବା, ଆମକୁ ପ୍ରତ୍ୟେକ ପ୍ରମୁଖ କବିଙ୍କର ନିଜ ଭାଷା ବ୍ୟତୀତ ଅନ୍ୟ ଭାଷାର କବିମାନଙ୍କ ପ୍ରତି ଅପାର ଋଣ ମନେରଖିବାକୁ ହେବ; ଆମେ ପ୍ରତିଫଳିତ କରିବା ଯେ ପ୍ରତ୍ୟେକ ଦେଶ ଏବଂ ପ୍ରତ୍ୟେକ ଭାଷାର କବିତାର ଅବନତି ଓ ବିନାଶ ହୁଅନ୍ତା, ଯଦି ଏହା ବିଦେଶୀ ଭାଷାରେ କବିତା ଦ୍ୱାରା ପୋଷିତ ହୋଇନଥାନ୍ତା। ଯେତେବେଳେ ଜଣେ କବି ନିଜ

ଲୋକଙ୍କ ସହିତ କଥାହୁଅନ୍ତି, ସେତେବେଳେ ତାଙ୍କୁ ପ୍ରଭାବିତ କରିଥିବା ଅନ୍ୟ ଭାଷାର ସମସ୍ତ କବିଙ୍କ ସ୍ୱର ମଧ୍ୟ କହୁଥାନ୍ତି। ଆଉ ସେହି ସମୟରେ ସିଏ ନିଜେ ଅନ୍ୟ ଭାଷାର ଯୁବ କବିମାନଙ୍କ ସହିତ କଥାହୁଅନ୍ତି, ଏବଂ ଏହି କବିମାନେ ତାଙ୍କ ଜୀବନ ପ୍ରତି ଦୃଷ୍ଟିକୋଣ ଏବଂ ତାଙ୍କ ଲୋକଙ୍କ ଆତ୍ମାର କିଛି କଥା ସେମାନଙ୍କ ନିକଟରେ ପହଞ୍ଚାନ୍ତି। ଆଂଶିକ ଭାବରେ ଅନୁବାଦ ମାଧ୍ୟମରେ, ଯାହା ଅନ୍ୟ କବିମାନଙ୍କ ଦ୍ୱାରା ତାଙ୍କ କବିତାଗୁଡ଼ିକର ଏକ ପ୍ରକାର ପୁନଃନିର୍ମାଣ ହେବା ଆବଶ୍ୟକ, ଆଂଶିକ ଭାବରେ ତାଙ୍କ ଭାଷାର ପାଠକମାନଙ୍କ ମାଧ୍ୟମରେ ଯେଉଁମାନେ ନିଜେ କବି ନୁହଁନ୍ତି, କବିଲୋକମାନଙ୍କ ମଧ୍ୟରେ ବୁଝାମଣା ଦିଗରେ ଯୋଗଦାନ ଦେଇପାରିବେ।

ପ୍ରତ୍ୟେକ କବିଙ୍କ କୃତିରେ ନିଶ୍ଚିତ ଭାବରେ ଏମିତି ଅନେକ କିଛି ରହିବ ଯାହା କେବଳ ସେହି ଲୋକଙ୍କୁ ଆକର୍ଷିତ କରି ପାରିବ ଯେଉଁମାନେ କବିଙ୍କ ପରି ସମାନ ଅଞ୍ଚଳରେ ବାସ କରନ୍ତି କିମ୍ବା ସମାନ ଭାଷା କହନ୍ତି। କିନ୍ତୁ ତଥାପି "ୟୁରୋପର କବିତା" ବାକ୍ୟାଂଶର ଏକ ଅର୍ଥ ଅଛି, ଏବଂ ସାରା ବିଶ୍ୱରେ "କବିତା" ଶବ୍ଦର ମଧ୍ୟ। ମୁଁ ଭାବୁଛି ଯେ କବିତାରେ ଯଦିଓ ଏହା ସ୍ପଷ୍ଟ ଭାବରେ କୌଣସି ଗୋଟିଏ ଦେଶରେ ଏକ କ୍ଷୁଦ୍ର ସଂଖ୍ୟାଲଘୁଙ୍କ ମାଧ୍ୟମରେ ହେଉ- ପରସ୍ପରର ବୁଝାମଣା ହାସଲ କରନ୍ତି ଯାହା ଆଂଶିକ ଭାବରେ, ତଥାପି ଆବଶ୍ୟକ। ଆଉ ମୁଁ ସାହିତ୍ୟରେ ନୋବେଲ ପୁରସ୍କାର ଗ୍ରହଣ କରେ, ଯେତେବେଳେ ଏହା ଜଣେ କବିଙ୍କୁ ଦିଆଯାଏ, ମୁଖ୍ୟତଃ କବିତାର ସର୍ବୋପରି ଜାତୀୟ ମୂଲ୍ୟର ଏକ ଦୃଢ଼ୀକରଣ ଭାବରେ। ଏହି ଦୃଢ଼ୀକରଣ କରିବା ପାଇଁ, ସମୟ ସମୟରେ ଜଣେ କବିଙ୍କୁ ନିଯୁକ୍ତ କରିବା ଆବଶ୍ୟକ : ଏବଂ ମୁଁ ଆପଣଙ୍କ ସମ୍ମୁଖରେ ଠିଆ ହୋଇଛି, ମୋର ନିଜସ୍ୱ ଯୋଗ୍ୟତାରେ ନୁହେଁ, ବରଂ ଏକ ପ୍ରତୀକ ଭାବରେ, କିଛି ସମୟ ପାଇଁ କବିତାର ମହତ୍ତ୍ୱ ଯୋଗୁ।

■

BLACK EAGLE BOOKS

www.blackeaglebooks.org
info@blackeaglebooks.org

Black Eagle Books, an independent publisher, was founded as a nonprofit organization in April, 2019. It is our mission to connect and engage the Indian diaspora and the world at large with the best of works of world literature published on a collaborative platform, with special emphasis on foregrounding Contemporary Classics and New Writing.

www.ingramcontent.com/pod-product-compliance
Lightning Source LLC
LaVergne TN
LVHW060552061026
849523LV00002B/493
* 9 7 8 1 6 4 5 6 0 8 3 2 5 *